Juni	Juli	August	September	Oktober	November	Dezember

höchste Bruttätigkeit,
  größte Volksstärke   Erbrüten der Winterbienen
                              Auslaufen der Brut   Winterruhe

:it   letzte Ausflüge

        hoher Pollenbedarf …
  Anlegen von Pollenvorräten

intensives Nektarsammeln,
Anlegen von Honigvorräten

                        Verarbeiten des Winterfutters

Ackerbohnen

  Kleearten als Ackerfutter
      2. Schnitt   3. Schnitt

          Maispollen

                    Zwischenfrüchte
          (Gelbsenf, Ölrettich, Phazelia, Sonnenblume, Perserklee)

e, Bärenklau, Kohldistel u. a. Wiesenblumen
          2. Schnitt   3. Schnitt

er, Weißdorn
Robinien, Linden
triegel, Faulbaum, Heckenkirsche
                      Heidekraut

Steingarten, Sommerblumen, Sonnenblumen, Astern u. a. Herbstblüher

    Fichte
          Weißtanne
    Laubbäumen (Eiche, Ahorn …)
idelbeere, Himbeere, Brombeere

ttelwänden

                    Einfüttern   **Einwintern**
                                          Varroa-Bekämpfung

rung
und -betreuung
htwetterperioden
sammeln
ern …
          Ausschleudern
von Altwaben …

Hälfte. Ein außergewöhnliches Frühjahr bringt entweder Verspätungen oder eine Verfrühung der Vorgänge von 1 bis 2 Wochen.

Probst · Selbstversorgen durch Bienenhaltung

Gabriele Probst

Selbstversorgen durch Bienenhaltung

Der Ratgeber für die Haltung
und Pflege von Bienenvölkern

Pietsch Verlag Stuttgart

Einbandgestaltung und Schutzumschlag: Siegfried Horn

ISBN 3-613-50013-2

1. Auflage 1985
Copyright © by Pietsch Verlag, Postfach 1370, 7000 Stuttgart 1.
Eine Abteilung des Buch- und Verlagshauses Paul Pietsch GmbH & Co. KG
Sämtliche Rechte der Verbreitung – in jeglicher Form und Technik – sind vorbehalten.
Satz und Druck: Todt-Druck GmbH, 7730 VS-Villingen.
Bindung: Großbuchbinderei E. Riethmüller, 7000 Stuttgart.
Printed in Germany.

Inhalt

Einleitung

Es gibt Dinge, deren Wert uns erst dann richtig bewußt wird, wenn ihre vertraute Nähe fehlt, wenn die Grenzen und Unzulänglichkeiten des Neuen, gegen das wir alte, bewährte Dinge eintauschten, deutlich vor unsere Augen treten, wenn wir diese Neuentwicklungen mit etwas Abstand anschauen können und dabei eine neue Einstellung zu alten, überlieferten Werten gewinnen. Diese so weise klingende Erfahrung kann man auf vieles beziehen, auch auf eine kleine Imkerei zur Selbstversorgung. Jahrhundertelang gehörten Bienenhaltungen in jedem Dorf und vor den Toren der Städte zur nötigen Versorgung der Anwohner. Andererseits hielten sich in ausgedehnten Waldgebieten die Zeidler mit ihrer hoch einzuschätzenden Waldbienenzucht. Der Honigüberschuß wurde in andere Gegenden verkauft oder zu Lebkuchen »veredelt«. Der berühmte Nürnberger Lebkuchen und das Zeidelwesen im Nürnberger Reichswald bedingten einander, um ein Beispiel zu nennen. Der haltbare Honig sowie das Bienenwachs stellten ein begehrtes Tauschgut dar, womit z. B. auch die Hanse in ihren Vorposten in Osteuropa gerne handelte. Dennoch, für die Masse der Bevölkerung bildete die ortsnahe kleinere Imkerei die Grundlage der Versorgung mit Honig und den anderen Bienenprodukten. Das Berücksichtigen der Imkerei in den Musterwirtschaften wie in den von Karl dem Großen gegründeten Meiereihöfen oder in den Klostergütern zeugt von der Bedeutung, die der flächendeckenden Versorgung auch mit Wachs und Honig zugeteilt wurde. Die Abgaben an Wachs und Honig waren streng geregelt. Der Lorscher Bienensegen, der in Althochdeutsch überliefert wurde, läßt etwas von der Wichtigkeit ahnen, welche die Imkerei im frühen Mittelalter hatte. Diese wenigen Hinweise aus der Geschichte sollen genügen, uns die Selbstverständlichkeit einer Imkerei und ihre Notwendigkeit zur Selbstversorgung vor Augen zu führen.

Im Laufe der Jahrhunderte gestalteten technische Fortschritte die Imkerei um. In unserer Zeit nimmt dieses Umgestalten ein so rasches Tempo an wie nie zuvor, aber in weit größerem Maße haben wir Menschen unsere Umwelt und die der Bienen verändert. Damit gaben wir der Imkerei eine völlig andersartige Bedeutung: Nachdem sie in den Notzeiten um den Weltkrieg noch einmal eine Blüte im Rahmen einer Selbstversorgung weiter Bevölkerungskreise erlebte mit einem Höchststand der Imker- und Bienenvölkerzahlen von 1950 bis 1953, nahmen Imker und Bienenvölker seitdem stetig ab. Man konnte alles kaufen, der Handel umspannt die Welt und bringt alle erdenklichen Erzeugnisse in den Laden der Nachbarschaft oder den Supermarkt. Geld steht mehr als ausreichend zur Verfügung für alle Wünsche. Man gewöhnt sich schnell an Bequemlichkeit. Eine vor Jahrzehnten unvorstellbare Technisierung des täglichen Lebens und die Folgen davon veränderten die Lebensgestaltung jedes einzelnen von uns sowie der gesamten Gesellschaft. Seit neuestem wissen wir einiges über die Grenzen und die spürbaren Nachteile dieser Entwicklung. Wir sehen die Zerstörung der Umwelt, das Infragestellen moralischer Werte, die Abhängigkeit von technischen Einrichtungen, die andererseits das Zusammenleben in Städten erst ermöglichten, die übergroße Flut an Information. Wie können wir diese Entwicklung bewältigen? Wie kann ein einzelner Mensch als Mitglied dieser Gesellschaft es schaffen, die technischen Möglichkeiten in sinnvollen Maßen zu nutzen, ohne ihnen gleich zu verfallen, ohne seine Freiheit aufzugeben und von ihnen ausgehende Schäden an der Umwelt sowie an sich selbst zu vermeiden und auszuschalten? Die Erfahrungen von Ärzten, Seelsorgern und anderen Beobachtern von Menschen zeigen, daß dies am besten Menschen können, die auf irgendeine Weise vom Umgang mit der Natur beeinflußt werden, die das Jahr miterleben unter dem Diktat der Jahreszeiten, den Lebensrhythmen von Pflanzen und Tieren. Solche Menschen verlernen das Staunen nicht, sie freuen sich über vieles Schöne, sie müssen mit Unbilden kämpfen. Sie wissen besser als andere über Wichtiges und weniger Wichtiges Bescheid. Sie haben in der Beschäftigung mit der Natur einen Ausgleich zu der Überlastung durch den Alltag. Sie brauchen die Pensionierung nicht fürchten, sondern freuen sich darauf. Sie finden Erfüllung darin und stehen unvermeidbare Belastungen und Probleme durch, ohne am Sinn des Daseins zu verzweifeln.

Die Betreuung von Bienen stellt eine solche Beschäftigung mit der Natur dar. Vergleicht man einen alten Imker mit einem Durchschnittsmenschen ohne solch ein Hobby, fällt die Ausgeglichenheit auf, sein aufmerksamer froher Blick, seine oft genug bessere Gesundheit, seine Begeisterung für seine Bienen. Wer sich begeistern kann, dessen Herz bleibt jung. Wer einmal in den Bann der Bienen geraten ist, in diese Wunderwelt, der kommt davon nie mehr los. Als Gegenleistung für die Mühen und die Betreuung seiner Bienen erhält er neben viel Freude Honig, Wachs, Blütenpollen, Propolis, Gelée royale. Nur, man muß wissen, wie die Bienenvölker betreut werden, wie man ihre natürlichen Ansprüche und seine eigenen Wünsche nach ihren Erzeugnissen »unter einen Hut bringt«. Zur Begeisterung müssen Kenntnisse kommen. Nur eine Bienenhaltung, bei der die natürlichen Bedürfnisse der Bienen verwirklicht werden, bedingt Erfolg in Form einer erwünschten Ernte, auch wenn die ideellen Werte wie Erholung, Entspannung usw. nicht zu kurz kommen. So schließt sich der Kreis, und wir wenden uns den früher selbstverständlichen Grundsätzen für eine Selbstversorgung zu, indem die eigene Erzeugung von Honig für Familie, Verwandtschaft, Nachbarschaft eine neue Berechtigung erhält im Rahmen eines bewußteren Lebens. Gute, alt überlieferte Werte wie eine Bienenhaltung und das Leben in der hektischen, modernen Welt können verbunden werden, indem manche Nachteile und falschen Ideale überwunden werden. Technische Arbeitserleichterungen und Verfahren sowie ein enges Verhältnis zur umgebenden Natur, Beobachtung der Umwelt und handwerkliche Geschicklichkeit – alles dies kann in der Betreuung von Bienenvölkern angewendet werden. Nur: war früher die Bienenhaltung weit verbreitet und hatten so die nachwachsenden Jungimker in der nächsten Umgebung die nötige Anleitung und Einweisung, so sind heute solche Berater dünner gesät. Da man aber keine Bienenhaltung ohne ein gewisses Grundwissen beginnen kann, soll diese Schrift helfen, die Bienen und ihre Ansprüche zu verstehen und daraus die imkerliche Arbeit an und mit den Bienen abzuleiten.

Der langen Rede kurzer Sinn: Hier soll erklärt werden, wo, wie und mit welchem Aufwand wir Bienen betreuen können, welche Erwartungen eine Imkerei erfüllen kann, welche Weiterentwicklungen und Zukunftsaussichten derzeit abzusehen sind. Die Imkerei bleibt ein Leben lang spannend, es gibt immer Neues zu lernen, jedes Jahr bringt neue Erfahrungen. Darüber hinaus wird über den Wert des Honigs als Nahrungs- und Naturheilmittel berichtet und auf die übrigen Bienenerzeugnisse eingegangen. Praktische Hinweise, Steuertips und ein kurzer betriebswirtschaftlicher Abschnitt als Hilfe für die Beurteilung von Aufwand und Ertrag runden das Bild ab.

Gründe
für eine Selbstversorger-Imkerei

Gelegentlich entdeckt, wer aufmerksam durch das Land reist, ein altes Bienenhaus wie das abgebildete. Von den fünf Bienenwohnungen war nur eine besetzt – ob dieses Bienenvolk »wild« dort hauste oder gepflegt wurde, konnte ich natürlich nicht feststellen. Jedenfalls steht dieses kleine Bienenhaus stellvertretend für die einst weit verbreiteten typischen Selbstversorger-Bienenhaltungen. Soll es als Kulturdenkmal für eine genügsame, ländliche Lebensweise gelten oder ist es heute sinnvoll, solch ein altes Vorbild wieder aufzugreifen? Die Lebensweise früher, in der Bargeld zum Kaufen vieler benötigter Güter nur eine geringe Rolle spielte, was vor allem für die ländlichen Gebiete mit dem überwiegenden Bevölkerungsanteil zutraf, gab in den Haushalten mit einer kleinen Imkerei gar nicht den Anlaß zu Überlegungen über die Gründe für die hergebrachte Imkerei. Sie wurde von Generation zu Generation beibehalten, man erntete Honig und Wachs und tauschte den nicht im Haushalt verbrauchten Überschuß in der Nachbarschaft des Dorfes ein gegen andere nützliche Dinge. Mit der Selbstverständlichkeit, mit der Tinte im Haushalt hergestellt und Kleidung genäht und geflickt wurde, gehörte auch die Verwendung der Bienenprodukte zu einem recht weitgehend unabhängigen Haushalt. Etwas erweitert gilt dies auch für die Imkerei in einer Dorfgemeinschaft: Sie rundete das Bild der Selbstversorgung im Dorf durch Bauern und Handwerker ab. Heute stoßen wir beim Nachdenken über den Sinn einer kleinen Imkerei auf noch mehr Gründe als die notwendige Ergänzung des selbsterzeugten Nahrungsmittelsortimentes. Wer in einer Zeit, in der unabhängig von der Jahreszeit und der jeweiligen regionalen Honigernte Honig und die übrigen Bienenprodukte mühelos zu kaufen sind, selbst Honig ernten möchte, zeigt eine andere Lebenseinstellung als die meisten seiner Zeitgenossen. Zunächst überwiegt sicher die praktische Einstellung: Eigener Honig – da weiß man, was man hat. Dieser Honig wird weder erhitzt noch verflüssigt, um zum Transport in Fässer gefüllt zu werden, er wird nicht vermischt, er schmeckt nicht immer gleich, er wird nicht geschönt und nicht verfälscht, seine Lagerung hat man selbst in der Hand. Man kann sicher sein, daß seine empfindlichen, wie ein Naturheilmittel wirkenden Bestandteile (Enzyme, Antibiotika u. a.) bei sachgerechter Behandlung voll erhalten und wirksam bleiben.

Bei der Betreuung von Bienenvölkern bleibt es nicht bei der Honigernte als leicht meßbarem Ergebnis für die Mühen der Betreuung. Gewiß, Honig, der eine Belohnung für Arbeit und Mühe darstellt, schmeckt besonders gut. Dieses Gefühl des Belohntseins wirkt natürlich auch auf das Gemüt, auf die Psyche. Außerdem wird der Imker automatisch in den Ablauf des Bienenjahres hineingezogen und muß die umgebende Natur sowie seine Bienen laufend beobachten. Damit gerät er in den natürlichen Jahresrhythmus aus der Winterruhe und der gesteigerten Aktivität des Sommerhalbjahres, der auch unserem Körper natürlich ist. Wir heutigen Menschen besitzen ja noch dieselbe körperliche Ausstattung wie unsere Vorfahren in der Bronzezeit, während das moderne Berufsleben keine Rücksicht auf den angeborenen Bedarf einer gewissen Winterruhe nimmt und wir verlernt haben, auf die eigentlichen Bedürfnisse des Körpers zu achten. Die Beschäftigung mit den Bienen, in dieser Beziehung mit der Betreuung eines Gartens vergleichbar, bringt uns ein wenig auf die Spur eines natürlichen Jahresablaufs. Eine spürbare innere Gelassenheit tritt auf, aus der ein Ausgleich der häufigen Überlastungen des modernen Lebens ermöglicht wird. Ob monotone Arbeitsabläufe vorherrschen oder die nervliche Dauerbelastung eines Baggerführers, eines leitenden Angestellten, einer Lehrerin sich zu Gesundheitsschädigungen steigern können, bei den Bienen vergessen Imker oder Imkerin solche Anstrengungen. Man gewinnt Abstand, man regt sich weniger über Unnötiges auf, der Ärger kann weniger »fressen«. Auf den mit seinen Bienen verbundenen Imker übertragen sich die Winterruhe und die Sommeraktivität doch in gewisser Weise, was man an sich nach einigen Jahren Imkerei erstaunt beobachten kann. So ist es nicht zuviel gesagt, wenn ein Imker (oder eine Imkerin) mit zivilisationsbedingten, psychosomatischen Krankheiten weniger zu schaffen hat als ein durchschnittlicher Mitteleuropäer.

Ein weiterer, ähnlicher Nebeneffekt ergibt sich aus dem Umgang mit den Bienen: Sie gewöhnen einem hastige, nervöse Bewegungen sehr schnell ab, indem sie aggressiv und stechlustig auf einen übereifrigen Imker reagieren. Ruhiges Hantieren und Besonnenheit nützen nicht nur bei den Bienen, auch im täglichen Leben nützt uns vielfach eine solche Verhaltensweise, welche die Bienen uns anerziehen können.

Wer sich schon mit mehreren Dingen des täglichen Bedarfs selbst versorgt und die Honigerzeugung zur Vervollständigung seiner eigenen Nahrungsmittelpalette hinzunehmen möchte, kann davon ausgehen, daß der mit der Bienenhaltung zusammenhängende Arbeitsanfall sich mit der Gartenarbeit und der Haltung anderer Tierarten gut verträgt: Die Hauptarbeiten fallen von April bis Juli an, dazu kommt später im August/September das Einfüttern. Sie lassen sich zwischen alle regelmäßigen Arbeiten in Garten und Stall einfügen. Auf die einzuplanende Zeit für die Bienenvölker wird noch ausführlich eingegangen. Hier möge die Feststellung reichen, daß bei einiger Übung und nicht extrem schlechtem Wetter ein Bienenvolk 5–10 Stunden Arbeitszeit/Jahr erfordert. Ein zu hoher Arbeitsaufwand für eine kleine Bienenhaltung als Grund gegen sie trifft also nicht zu, vielmehr kann man davon ausgehen, eine Bienenhaltung eigne sich besonders gut als Beschäftigung »nebenbei«.

Darüber hinaus steht die Bienenhaltung beispielhaft da für eine ideale Nutzung der Natur durch den Menschen, ohne sie zu beeinträchtigen oder gar zu zerstören. Ein naturnah geführtes Bienenvolk, das unter Berücksichtigung seiner natürlichen Ansprüche gepflegt wird und sich »unter loser Oberleitung« entfalten kann, erbringt lohnende Honigernten. Der Mensch ersetzt den entnommenen Honig durch Zucker. Sonst wird wenig an natürlichen Vorgängen manipuliert. Es gibt keine widernatürlichen Haltungsformen, die Bienen leben ihre angeborene Verhaltungsweise voll aus. Falsche Haltung oder Behandlung zeigen im allgemeinen recht schnell ihre Auswirkungen.

Beinahe jeder kann eine kleine Imkerei betreiben: man kann in jungen Jahren ebenso beginnen wie in mittleren oder reifen Jahren; auch vom Rollstuhl aus lassen sich Bienen in bestimmten geeigneten Kästen betreuen. Viel Freude macht die Imkerei zu zweit, ob als Ehepaar oder Vater und Sohn oder in anderen »Kombinationen«. Sie ist also bei aller Freude an der Sache kein unproduktives Hobby, sondern alle entstehenden Kosten werden durch den Honigertrag im Durchschnitt der Jahre aufgefangen. Wer sich eine Imkerei aufbaut, kann jegliche Vorwürfe hinsichtlich einer kostspieligen Liebhaberei entkräften.

Als letzten Grund für eine Bienenhaltung sei auf die Rolle der Bienen im Naturhaushalt hingewiesen. Auch in unseren vom Menschen geprägten Kulturlandschaften darf die flächendeckende Verbreitung von Bienenvölkern nicht fehlen. Alle unsere Obstarten blühen im Frühjahr, dazu weitere Kulturpflanzen wie die Ölfrucht Raps, verschiedene Kleearten und die Ackerbohne, außerdem zahlreiche Wildkräuter. Wenn solche überaus bedeutenden Blütenbestände möglichst vollständig befruchtet werden sollen, müssen zur Bestäubung schon im zeitigen Frühjahr Massen von Insekten zur Verfügung stehen. Außer den als Volk überwinternden Bienen kommen für die Blütenbestäubung im Frühjahr vor allem Hummeln in Frage. Andere Insekten wie Schwebfliegen und Schmetterlinge, die ebenfalls Blüten bestäuben, gibt es erst im Sommer und Herbst in größerer Anzahl. Hummeln und einzeln lebende Bienenarten überdauern den Winter ja nur als Einzeltiere (Königinnen) und können vergleichsweise geringe Blütenmengen bestäuben, während die Honigbienen bei schönem Flugwetter pro Volk einige Tausend Flugbienen stellen. Ein Bienenstand mit 10, 20 oder mehr Völkern sorgt also auch bei den Milliarden Blüten einer Apfel- oder Kirschanlage in den Stunden und Tagen, die bei dem meist unbeständigen Wetter im April bis Juni zur Bestäubung ausreichen müssen, für eine Befruchtungsrate, die ein lohnender Obstertrag voraussetzt. Die »Arbeit« der Hummeln ergänzt die der Bienen: Die robusten, größeren Tiere fliegen auch bei leichtem Regen und sofort nach einem Regen, wenn es den Bienen noch zu naß draußen ist, sowie bei tieferen Temperaturen. Zwar erreichen diese wenigen, fleißigen Hummeln nie die Leistung eines Bienenvolkes, aber bei andauernd schlechtem Wetter sichern sie eine mindeste Befruchtung und verhüten so einen völligen Ertragsausfall. Gleichmäßig ausgebildete Früchte erntet man nur bei vollständiger Befruchtung aller Samenanlagen in einer Blüte. Von allen Insekten liefert die Honigbiene hierbei die gründlichste, sorgfältigste Arbeit. Fachleute haben den Wert der Bestäubungsarbeit der Bienen in den Kulturpflanzen mit 1–2 Mrd. DM pro Jahr in Westdeutschland geschätzt.

Für die Wildpflanzen läßt sich eine solche Schätzung natürlich nicht aufstellen. Etwa 80 % der Wildblütenpflanzen werden durch Insekten bestäubt. Man stellte bei botanischen Untersuchungen fest, daß im Flugbereich von Bienenvölkern sich die meisten Wildkräuter besser halten als an Standorten ohne Bienen. Insektenblütige Pflanzen, die durch Farbe und Duft Insekten anlocken und als Belohnung Nektar und Pollen bieten, werden bei gesicherter Vermehrung aufgrund der Befruchtung durch Bienen oder andere Insekten von den »windblütigen« Pflanzen nicht zurückgedrängt. Bleiben in einem gemischten, wilden Pflanzenbestand z. B. an einer Böschung auf einmal die Bienenbesuche weg, verändert sich die Artenzusammensetzung an diesem Standort: Windblütler wie Gräser breiten sich mehr aus, die sich selbst befruchtenden Arten werden kaum beeinflußt. Manche Pflanzenarten sind nicht festgelegt auf eine Weise der Bestäubung und können ausweichen, aber in der Natur gibt es nicht ohne Grund nebeneinander Pflanzen mit verschiedenen Bestäubungsverfahren. Deshalb besteht zur Erhaltung einer vielfältigen Pflanzenwelt unserer Heimat eine Notwendigkeit,

13

überall im Lande Bienenvölker zu halten, um die Bestäubung der insektenblütigen Pflanzen zu sichern. Wenn unsere Landschaften und damit auch
die Wildpflanzen beeinflußt und sogar in recht starkem Maße beeinträch-
tigt werden, so müssen wir jede erdenkliche Möglichkeit nutzen, diese
natürlichen Bestandteile unserer Umwelt zu schonen, ja zu fördern. So kann
man eine kleine Bienenhaltung durchaus als ein beispielhaftes Stück Zivilisation sehen, das in einer modernen Kulturlandschaft die Lebensgrundlagen gleichzeitig nutzt und schont.

So verbindet eine Imkerei privaten Nutzen des Imkers in materieller wie
in geistig-seelischer Hinsicht mit dem Nutzen für die Allgemeinheit.

Voraussetzungen für die Einrichtung einer kleinen Imkerei

Während der Reifezeit, die der Entschluß zur Bienenhaltung bei den meisten angehenden oder wieder beginnenden Imkern benötigt, drängen sich Fragen auf, ob es denn überhaupt Sinn hat, diesen Plan weiter zu verfolgen. Welchen Platz erfordern die Bienenvölker und alles, was dazu gehört? Diese Frage erscheint um so ernster, je städtischer die Wohnumgebung ist. Auf dem Lande oder am Rande einer kleinen oder mittleren Stadt hat man es leichter mit der Beantwortung der Frage, aber dennoch interessiert den ländlichen Imker die für Bienen und Imker beste Aufstellung und Anordnung. Im Prinzip müssen aber der städtische wie der ländliche Imker dieselben Überlegungen betreffs der Einrichtung ihrer Imkerei anstellen, so daß wir damit beginnen, die Ansprüche der Bienen und den nötigen Platz für den Imker zu beschreiben.

Über die erste Voraussetzung für eine Bienenhaltung, nämlich die »Lust und Liebe« dazu, müssen keine Worte verloren werden. Welche Ansprüche stellen nun die Bienen an ihren Standort und ihre Wohnung? Von Natur aus leben sie in Baumhöhlen und Felsspalten und haben im Laufe von Jahrmillionen Fähigkeiten entwickelt, um ungünstige Formen und undichte Stellen in diesen natürlichen Behausungen zu beseitigen. Löcher und Spalten wurden mit Kittharz und Wachs verschlossen, zu große Einflugöffnungen verkleinert, die Anordnung der Waben richtete sich nach der Form der Höhle. Im Vergleich dazu bieten wir den Bienen mit den verschiedenen Bienenkästen recht komfortable Wohnungen an. Wichtig ist, **wo** wir den Bienen die Wohnungen anbieten. Wie würden sich wilde Bienen entscheiden, wenn sie einen Standplatz beurteilen müßten? Die langjährigen Beobachtungen erfahrener Imker über das Gedeihen von Völkern an verschiedenen Standplätzen und mit unterschiedlichen Ausflugrichtungen lassen sich ebenso auswerten wie ein Blick in die Geschichte des »Zeidelwesens«. Die hochentwickelte Waldimkerei, die als Grundlage die Bewirtschaftung von in Baumhöhlen wohnenden Bienenvölkern besaß, wurde in alten Überlieferungen ausführlich beschrieben. Die Zeidler strebten einen möglichst hohen Bienenbesatz ihres Waldes an, d. h. sie kümmerten sich darum, daß jeder hohle Baum mit einem Volk besetzt war. Bei der Auswahl der hohlen Bäume wurde nie über eine Bedeutung der Himmelsrichtung des Flugloches berichtet. Alte Imkerbücher widmen dieser Frage kaum viele Worte. So können wir davon ausgehen, daß sich die Bienen mit der gegebenen Richtung für den Aus- und Einflug abfinden und jede der vier Himmelsrichtungen Vorteile sowie Nachteile aufweist.

Andere Eigenschaften des Standortes sind viel wichtiger als die Flugrichtung. Doch soll ein Hinweis zur Fluglochrichtung nicht unterbleiben: Man vermeide es, die Völker genau nach Süden fliegen zu lassen, da diese Richtung die meisten Nachteile zeigt. Im Winter und Frühjahr lockt die warm vor dem Flugloch scheinende Sonne die Bienen zu früh heraus, die nach Verlassen der Beute in die zu kalte Umgebung geraten und erstarren. Auf diese Weise entstehen Flugbienenverluste in einer Jahreszeit, in der man sie am wenigsten brauchen kann. Solche Völker sind meist geschwächt, bevor die Frühjahrsentwicklung beginnt. Darüber hinaus ist es im Sommer von Nachteil, wenn die Sonne die Bienenkästen aufheizt und die Bewohner viel Energie verbrauchen, um zur Kühlung und zum Luftaustausch zu fächeln; d. h. die Klimatisierung für den empfindlichen Nachwuchs blockiert Arbeitskräfte, die wir Imker lieber beim Sammeln und Verarbeiten des Honigs sähen. Daraus ergibt sich eine weitere Anforderung an den guten Bienenstandort: Im Schatten von Bäumen, hohen Sträuchern oder als Behelf unter einem Dach sollte das Bienenhaus oder die Bienenkästen stehen, damit vor der Sommerhitze ein gewisser Schutz besteht. Am besten kühlen natürlich hohe, alte Bäume, aber meist sind sie nicht vorhanden. So pflanzt man ein schnell wachsendes Gebüsch an, das in wenigen Jahren Schatten spendet oder nutzt z. B. eine schattenwerfende Gebäudewand, einen Zaun, ein Schilfrohrgeflecht, Schilfmatten (eine praktische, billige Lösung) oder ähnliches. Pflanzt man eine Hecke, die wie ein Gebüsch ungeschnitten sich entfalten darf, wählt man als geeignete, rasch wachsende Pflanzen Weiden, Haselnüsse, Geißblatt, Holunder, die im Halbkreis um die Bienenkästen oder das Haus angeordnet werden. Bei reichlich Platz sollten auch Bäume wie Linden, Obstbäume, Robinien, Kastanien eingeplant werden.

Für jemanden, der in einer Gegend mit hohen Grundstückspreisen wohnt und zum Imkern ein beengtes Reihenhausgrundstück zur Verfügung hat, bleiben solche lebenden Schattenspender wegen ihres Platzbedarfs

Winterruhe! – Einfache Freiaufstellung:
Steine, Bretter, Dachpappe oben darüber,
Steine zum Beschweren.

Blick durch das Glasfenster an der Rückseite
einer Zarge im Magazin.

25. 12. 1983: Reinigungsflug am (zu) warmen
Weihnachtstag – eine Wohltat für die Bienen!

»Bienenbrot« im Frühjahr: Krokus.

Hochbetrieb am Flugloch: Gelbe Pollenhöschen vom (1984) spät blühenden nahen Rapsfeld.

Überraschung am Pfingstsonntag: Ein Schwarm in der Erle am Bach! Die längste
Leiter reichte nicht, so sägten wir den Ast ab. Ideen muß man haben!

Gelbsenf als Bienenweide im »Bienengarten«.

Flugbetrieb an einem Sommersonnentag.

leider Wunschträume. So dienen eine Pergola oder Schilfmatten usw. als platzsparender Sichtschutz und Ersatz für das Gebüsch.

Nach der Beschattung sorgt ein lebender oder künstlicher Schattenspender für einen Windschutz, eine Wirkung, die man ruhig in seine Überlegungen einbeziehen sollte. Rauhe Ost- und Nordwinde im Winter und zeitigen Frühjahr können, wenn sie ungebrochen auf den Bienenwohnungen stehen, es den Bienen unnötig schwer machen. Dies gilt vor allem für den Brutbeginn gegen Winterende. Das Brutnest mit Eiern, jungen und älteren Maden benötigt eine gleichbleibende Temperatur von 35 bis 36 °C. An Tagen mit eisigen Winden, wie sie in unserem Klima im März durchaus vorkommen, ist die »Heizarbeit« von den Arbeiterinnen auch bei erhöhtem Futterverbrauch kaum zu schaffen. Die Brut verkühlt, bzw. es wird ein kleineres Brutnest angelegt. Im Frühjahr bei der ersten Blütentracht und der Aufzucht von zahlreichen Sommerbienen spürt der Imker diese erste fehlende Arbeitergeneration. Darüber wird noch ausführlicher berichtet. Kurz und gut, im Interesse der Bienen und damit zur Gewährleistung der eigenen Freude an der Imkerei ist auf wirksamen Windschutz vor allem gegen kalte Ost- und Nordwinde zu achten. Wie weit man Rücksicht auf die Wetterseite nehmen will oder kann, hat dagegen weniger Bedeutung: Im Regen fliegen die Bienen nicht, gegen Regenwasser hilft ein wetterfester Anstrich der Bienenkästen, ein festes, überstehendes Dach mit gutem Wasserabfluß bzw. ein kleines Bienenhaus.

Ob aber der vorgesehene Standplatz den Bienen zum Gedeihen verhilft, entscheiden noch mehr als Sonnen-, Wind- und Regenschutz die Lage der Tränke und die umgebende Vegetation als Lieferant für Pollen und Nektar, die Bienenweide also. Dazu lohnen sich mehrere Spaziergänge mit offenen Augen durch die Umgebung des vorgesehenen Standplatzes, nach Möglichkeit zu verschiedenen Jahreszeiten. Wo finden die Bienen die nächste Wasserversorgung? Ein Teich, Weiher oder Tümpel mit ruhigen Rändern, wo sie sich auf einen Halm, ein Blatt, einen Zweig oder einen Stein setzen und sich vollsaugen können, stellt eine geeignete Tränke dar, sofern kein Ölfilm oder ähnliche Verschmutzungen festzustellen sind. Ein sauberer Bach oder ein anderes Fließgewässer mit ruhigen Zonen ist noch besser, da dort das Wasser ausgetauscht wird und so vielleicht vorhandene, von den Bienen ausgeschiedene Krankheitskeime (Nosemasporen ...) fortfließen. Bedenkt man, daß im April und Mai das wachsende Bienenvolk zur Brutpflege etwa 250 ml (oder einen Viertelliter) Wasser täglich verbraucht und diese Menge auf mehreren hundert Flügen herbeigeschafft wird, so versteht man die Bedeutung einer nahen guten Bienentränke für die Entwicklung der Völker. Das oft kalte bis kühle, windige, unbeständige Wetter in diesen Monaten ist häufig die Ursache hoher Flugbienenverluste: Die Wasserholerinnen, die vom »Pflichtgefühl« auch bei widrigem Wetter nach draußen getrieben werden, erstarren in der Kälte um so eher, je weiter ihr Weg zum Wasser ist. Die Tierchen können ja nicht abwägen, ob es sinnvoller für das Volk ist, ihr Leben für eine »Ladung« Wasser aufs Spiel zu setzen, oder trotz Wassernot noch länger für das Volk zu arbeiten.

Steht also eine natürliche Bienentränke in einem Umkreis von 200 bis 300 m nicht zur Verfügung, muß der Imker zumindest im Frühjahr eine künstliche Tränke aufbauen. Eine Schale mit Wasser eignet sich nicht, denn die Flugbienen als »alte« Bienen scheiden die Erreger mehrerer Bienenkrankheiten aus und verseuchen so die Tränke sehr schnell. Das Entstehen einer solchen Infektionsquelle vor allem mit Nosemasporen (über die Nosematose wird noch berichtet) wird vermieden, wenn ständig aus einem Vorratsbehälter frisches Wasser auf eine Unterlage tropft, auf der sich die Bienen leicht vollsaugen können. Eine geschützte, sonnige Lage sowie peinliche Sauberkeit zeichnet eine den Bienen hilfreiche Tränke aus. Zwar bietet ein Brettchen als Landeplatz zum Wasserholen infolge der rauhen Oberfläche guten Halt, mit der Sauberkeit hapert es, so daß davon abgeraten werden muß. Bewährt hat sich auch eine einfache Mulde im Boden, die mit Torf ausgefüllt wird. Auf ihm lassen sich die Bienen nieder und saugen sich voll, allerdings muß der Torf regelmäßig alle paar Tage ausgewechselt werden. Ein Bett aus Moos oder Kieselsteinchen ist ebenfalls möglich. Als Vorratsbehälter kann man Eimer, Fäßchen oder ähnliches aus Holz oder Kunststoff mit einem Löchlein im Boden verwenden, aus dem das Wasser langsam heraustropft. Futterflaschen eignen sich ebenfalls. Es reicht, sich einfach mit Dingen zu behelfen, die nichts kosten.

Die Bedeutung einer Tränke in der Nähe des Bienenstandortes erhält heute eine weit größere Bedeutung als früher: Auch Bienen handeln arbeitssparend und nutzen Tau- und Regentropfen in der unmittelbaren Nähe des Flugloches. Nun werden die meisten landwirtschaftlichen und gärtnerischen Kulturen ein- bis vielmals mit Pflanzenschutzmitteln behandelt. Deren Wirkstoffe werden in Wasser gelöst und in Mengen von 150 bis 600 l/ ha Wasser auf den Pflanzenbeständen verteilt. Diese feinen Sprühtröpfchen mit ihren winzigen, aber wirksamen Fremdstoffgehalten werden von den Bienen für Tautropfen gehalten und gesammelt. Gerade bei trockenem Wetter erfolgen die überwiegenden Spritzungen – eine besondere Gefahr. Sind die Bienen an ihre nahe, bequeme Tränke gewöhnt, besteht eine geringere Gefahr von Bienenschäden durch Pflanzenschutzmittel; bzw. auch ungiftige Mittel gelangen so kaum auf dem Weg über das Wasser in das Bienenvolk, denn zu suchen haben solche Fremdstoffe dort nichts.

Der Bienenweide in der Umgebung gilt unser nächstes Augenmerk. Ideal wäre natürlich eine Landschaft, in der es vom März bis in den Oktober hinein blüht und in der größere und ältere Baumbestände für Blatthonig sorgen. Wohnviertel mit nicht zu kleinen Zier- und Nutzgärten, größere Parks und Friedhöfe stellen eine beinahe ideale Bienenweide dar und bieten zu jeder Jahreszeit den Bienen Nahrung. Imker in den Außenbezirken der Städte finden recht häufig solche Bedingungen vor. Ein Wald, nicht weiter als 1 km, wäre eine lohnende Ergänzung der Nahrungsgrundlage für unsere Bienen. Landwirtschaftliche Nutzflächen können reiche Bienenweide bereitstellen, können aber genausogut eine Wüste für die Bienen sein. Eine intensive, hoch produktive Landwirtschaft ohne Unkräuter und bunte Wiesenblumen stellt zwar einige Massentrachten zur Verfügung wie den Raps, dessen gelb leuchtende Felder häufig anzutreffen sind, oder einige Kleearten, aber eine stete Versorgung der Bienen ist hier nicht zu erwarten. Das sog. Ödland mit Wildkräutern und Gebüschen, Böschungen, Feldgehölze, Eisenbahn-, Weg- und Straßenränder liefern meist eine abwechslungsreiche Bienenweide, obgleich sie leider in unserem dicht besiedelten und überall genutzten Land keine bedeutenden Flächenanteile einnehmen. Eine »schöne« Landschaft mit Wäldern, Feldern, Wiesen und Weiden, Gärten und Gewässern, die unserem Auge abwechslungsreich und vielfältig erscheint, wird den Bienen ebenso vielfältige Nahrung liefern und den Imkern ein relativ leichtes Imkern. Auch bei einer nicht so idealen Bienenlandschaft läßt sich eine kleine Imkerei einrichten, man kann manches Fehlende ausgleichen, muß aber Bescheid wissen, was an seinem Standort fehlt. Kurz: ein »Bienenweide-Inspektionsgang« rund um den geplanten Bienenstandort bis zu etwa 1,5 km Entfernung, was dem Flugradius der Bienen entspricht, sollte auf jeden Fall durchgeführt werden, um die Beurteilung des Standortes abzurunden.

Nun, nicht nur an seine Bienen wird der Imker denken, sondern auch an sich selbst. Bei Arbeiten in der Sommerhitze schätzt man Schatten sehr, zumal bei den Bienen ja nicht luftig ausgezogen gearbeitet werden kann. Ein Bienenhaus, auf dessen Dach die Sonne scheint und in dem sich die Hitze staut, erleichtert die Arbeit kaum. Zusätzlich benötigt man Bewegungsraum hinter den Bienenkästen, wenn man dort hantieren und unbehindert auch mit einem Kasten in den Händen gehen will. Einen Meter zwischen Bienenkästen und Mauer, Zaun oder einer anderen Begrenzung an der Rückseite der Bienenkästen sollte man sich gönnen. In einem Bienenhaus ist natürlich passend zur angestrebten Völkerzahl ausreichender Arbeitsraum und Platz zum Aufheben der Waben, Honigräume und Geräte einzuplanen.

Der Einfachheit halber wird getrennt die Einrichtung einer Freiaufstellung und eines Bienenhauses beschrieben. Beide Arten der Imkerei haben ihre Berechtigung, beide weisen Vor- und Nachteile auf. Gewiß, in den größeren Imkereibetrieben in Mitteleuropa und besonders in Nord- und Südamerika, Australien, Neuseeland usw. wird nur mit frei aufgestellten Bienenkästen gearbeitet, aber für eine kleine Imkerei zur Selbstversorgung gelten etwas andere Bedingungen als für einen großen Betrieb mit über 50 Völkern. Für welches System sich der Jungimker entscheidet, hängt schließlich davon ab, wo er seine Bienen aufstellen kann oder will und ob er eine Möglichkeit hat, alles übrige, außer den Bienen zur Imkerei Gehörende in einem Hobbykeller, einem ungenutzten Nebenraum oder ähnlichem unterzubringen.

Freiaufstellung: Damit haben wir die einfachste Aufstellung, die am preiswertesten und außerdem leicht veränderbar ist. Man stellt die Bienenkästen, die von außen wetterfest gestrichen sein müssen, auf Böcke, Pfosten, Betonsteine, hochdruckgepreßte Strohballen oder einfache Bretterbänke. Dazu kommt ein Dach auf jeden Bienenkasten, das den Regen abhält. Es gibt Bienenkästen mit einem entsprechenden Deckel (Wanderbeuten) aus verzinktem Blech, die kein zusätzliches Dach benötigen. Sonst reicht ein Stück Dachpappe, die man über die Bienenkästen rollt und mit Steinen beschwert. Man kann auch Spanplatten mit Dachpappe überziehen und als Dächer auf die Kästen legen. Ebenso eignen sich passend zugeschnittene Eternitplatten oder die leichteren, biegsamen Bitumenwellplatten. 10–15 cm sollten die Platten an jeder Seite den Kastenrand überragen, damit der Regen gut ablaufen kann. Es empfiehlt sich, das Dach durch Unterlegen eines Steins oder Brettchens ein wenig nach hinten geneigt aufzulegen. Daß man solch ein Dach mit ein paar Steinen beschwert, versteht sich von selbst.

Ob die Völker einzeln in einem Garten stehen auf Böcken oder Strohballen oder in einer Reihe auf einer Bank, ist gleichgültig. Es gibt auch sehr schöne sog. Wanderstände mit aufklappbarem Pultdach für 4–8 Völker zu kaufen. Über Schatten, Windschutz usw. wurde genügend gesagt.

Der ideale Aufstellungsort für diese Freiständer ist ein Garten oder ein sonstwie eingezäuntes Grundstück. Die Vorbedingung für die Freiaufstellung allerdings ist ein Raum im Haus für die Wabenvorräte und die im Winter nicht benötigten Honigaufsätze bzw. leeren Magazine, Werkzeug, die Honigschleuder, Honigeimer, Rähmchendraht, Mittelwände, einen Sack für alte Waben und Wachs, einen Arbeitstisch, ein Regal für Schleier, Handschuhe, Pfeife usw. 6–10 m² reichen völlig. Praktisch ist es, wenn die Bienen in der Nähe des Hauses stehen und man z. B. beim Schleudern mit den Waben nicht hin und her fahren muß.

24

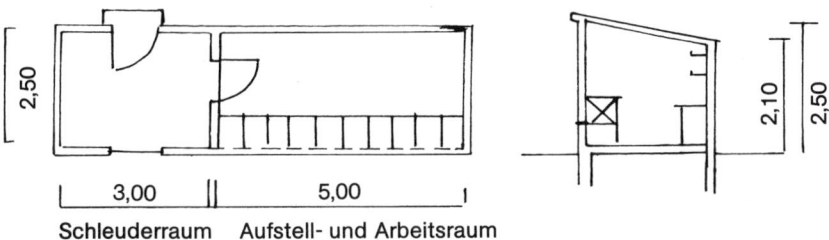

BIENENHAUS FÜR 5 BIS 10 VÖLKER

2,50 | 3,00 | 5,00 | 2,10 | 2,50

Schleuderraum Aufstell- und Arbeitsraum

Bienenhaus: Das Bienenhaus ist eine typisch deutsche Erfindung. Feiert darin die Gründlichkeit, Ordentlichkeit, die Freude am Bauen und Verzieren Triumphe? Oder ergab sich seine Notwendigkeit aus dem Bedarf nach einer festen Bleibe für die Bienen und alles, was zu ihrer Pflege gehört? Beides kam wahrscheinlich zusammen. So zeigt manches Heimatmuseum alte, kunstvoll gebaute und verzierte Bienenhäuser. Das Bildbeispiel zeigt ein einfaches, zweckmäßiges altes Bienenhaus aus Mittelfranken. Man kann fertige, genormte, zerlegbare Bienenhäuser kaufen. Zum Selbstbau gibt es bei den Landesverbänden des Imkerbundes bewährte Baupläne, die dem Interessenten zugesandt werden. Ein Beispiel für ein Bienenhaus mit 10 Völkern wird hier abgebildet.

Wo stellt man nun sein Bienenhaus hin? Eignet sich der eigene Garten und seine Umgebung für die Bienenhaltung, dient er natürlich als Standplatz, die einfachste Lösung. Besitzt man kein eigenes, geeignetes Grundstück, wird es kompliziert. Ein günstiger Standplatz in der freien Landschaft, etwa an einem geschützten Waldrand, in einem Feldgehölz, auf Streuobstwiesen oder neben einer Hecke in der Feldflur, ist ziemlich leicht gefunden. Bei einem Standort am Wald wendet man sich an die zuständige Forstbehörde wegen der Genehmigung und ggf. der Pacht für die Aufstellung eines Bienenhauses. Bei einem Platz in der Feldflur kann das gewählte Grundstück Eigentum der betreffenden Gemeinde oder einer Privatperson sein. Weiß der hoffnungsvolle Jungimker endlich, ob er sein Bienenhaus dort planen darf, steht er vor der schwierigsten Hürde: Das »Bienenhaus im Außenbereich« – so heißt es nämlich im Amtsdeutsch – fällt nach dem Bundesbaugesetz unter die genehmigungspflichtigen Bauvorhaben und muß folglich von der zuständigen Kreisverwaltungsbehörde seinen Segen erhalten. Man mache sich also auf den dornenvollen Weg zu den Ämtern mit einer Skizze des geplanten Bienenhauses. Inzwischen weiß auch jede Behörde, daß die Bienenhaltung aus ökologischen Gründen Förderung verdient. Daher ist heute die Genehmigung auch gut zu bekommen, wenn man

25

sich an die Auflagen hält, die einen Mißbrauch des Bienenhauses als Wochenendhaus oder eine »Beeinträchtigung des Landschaftsbildes« ausschließen sollen. Wie könnte es in Deutschland ohne Verordnungen gehen! So folgen kurz diese Verordnungen, soweit sie für die Planung von Interesse sind:

Die Bienenhäuser sind »nach Lage und Aussehen mit dem Landschaftsbild und den Erfordernissen der Landschaftspflege zu vereinbaren«.
Sie dürfen nicht größer sein, als »es für die Zwecke der Imkerei erforderlich ist«.
Sie müssen »äußerlich als Bienenhäuser erkennbar sein«.
Das Bienenhaus kann neben dem Aufstellungsraum, dessen Länge von der Zahl der nebeneinander aufgestellten Beuten abhängt, einen Schleuderraum enthalten. Er darf nicht größer sein als 8 m² (bis 20 Völker). Die größte Breite des Hauses darf 2,4 m bei Anordnung auf einer Seite und 2,8 m bei Anordnung auf zwei Seiten, die lichte Höhe der Innenräume 2,2 m nicht überschreiten.
Die Bauweise hat einfach aus Holz zu sein ohne auffälligen Anstrich, nur das Einlassen mit einem naturbraunen Holzschutzmittel wird zugelassen.
Die Fensterfläche darf höchstens 10 % der Grundfläche betragen. Unterkellerung und Feuerungsanlage sind nicht zulässig.
Man muß sich im Antrag verpflichten, das Bienenhaus sofort abzubauen, wenn es zur Bienenhaltung nicht mehr benötigt wird. Solange das Bienenhaus steht, muß es mit mindestens ¾ der auf der Baugenehmigung genannten Völkerzahl belegt sein (Ausnahmen: bei Krankheits- und Seuchenfällen). Kontrollen, ob eine mißbräuchliche Verwendung vorliegt, durch Amtspersonen sind zu dulden. Eine turnusmäßige Überprüfung spätestens alle drei Jahre ist angeordnet.

Der Amtsschimmel darf aufhören zu wiehern, sobald noch die allgemeinen amtlichen Empfehlungen für die bei der Aufstellung von Bienen einzuhaltenden Abständen zu Wegen und Nachbargrundstücken aufgeführt sind:
Ein Abstand von mindestens 5 m ist einzuhalten, wenn es auch keine gesetzliche Vorschrift dafür gibt. Zusätzlich wird ein Schutzzaun oder eine Hecke zum Nachbargrundstück empfohlen, welche die Bienen zum Hochfliegen zwingen und so vom Nachbargrundstück fernhalten. Wenn die Bienenhaltung »ortsüblich« ist, d. h. auf dem Lande oder am Rand von kleineren Städten dürfte das durchweg der Fall sein, muß sich ein Nachbar die Bienen gefallen lassen und wird mit einer Beschwerde keinen Erfolg haben. Es liegt im Interesse des nachbarlichen Friedens, die Flugrichtung der Bienen so zu bestimmen, daß kein Nachbar gestört wird.
Bienen, die im Nachbargarten die Blüten besuchen, lassen sich im allgemeinen nicht stören. Schlägt jemand nach ihnen oder fühlen sie sich verfolgt, können sie vor allem bei schwül-warmem Wetter oder Gewitterstim-

mung angreifen und stechen. Das zu vermeiden, dient ein freundliches Gespräch über den Zaun mit der entsprechenden Aufklärung der Nachbarn und eine gelegentliche Bestechung mit einem Glas Honig nach guter Ernte ...

Die Frage, ob Freiaufstellung oder Bienenhaus, ist entschieden, alle Probleme bezüglich des Standplatzes sind gelöst, wie geht es nun weiter mit der Imkerei? Wie kommt man an Bienenvölker und das Zubehör? Am einfachsten hat es der, der einen Imker kennt und sich vertrauensvoll an ihn wenden kann. Entweder wird im örtlichen Imkerverein ein älterer, erfahrener Imker den Neuling »unter die Fittiche« nehmen, oder im Rahmen von Vorträgen und Einführungskursen wird Wissen über die Bienen vermittelt. Nun gerät ein Neuimker in die Gemeinschaft der übrigen Imker und versteht nichts von ihren Unterhaltungen, wenn er gar keine Ahnung besitzt. Vorher sollte man auf jeden Fall sich mit Hilfe von Büchern und der Imkerzeitung informieren, damit man zunächst theoretisch weiß, was im Laufe des Bienenjahres auf einen zukommt. Das Wichtigste über die Bienen selbst sollte man sich ebenfalls anlesen. Langweilig wird das nicht – über die Bienen lernt man nie aus. Da sie das am besten erforschte Insekt ist und weltweit zahlreiche Wissenschaftler über sie forschen und kein Ende sehen, gilt ebenso für den Imker die Gewähr einer lebenslangen spannenden Beschäftigung.

Besonders wichtig erweist sich das vorherige theoretische Kennenlernen der Bienen, falls man folgenden Weg für den Beginn der eigenen Imkerei geht: Man schaut die Anzeigen in einer Imkerzeitung an und findet, daß wegen eines Todesfalles oder aus Altersgründen Bienen samt allem Zubehör abgegeben werden. Mit ein paar Fuhren schafft man also Bienenkästen, Werkzeuge, Wabenvorrat, Rähmchen, Schleuder usw. zu sich an seinen Standplatz und fühlt sich wie jemand, der ins Wasser geworfen wird und nicht weiß, wie er schwimmen soll. Man kommt auf diese Weise preiswert zu einer kleinen Imkerei und kann so nach und nach Verbrauchtes ersetzen, Kästen reparieren, muß aber dafür gleich voll in die Bienenhaltung einsteigen. Für wagemutige, tatkräftige Naturen eignet sich ein solcher Imkereianfang durchaus. Man macht zwar mehr oder weniger schwerwiegende Fehler, lernt allerdings unter dem Muß der Notwendigkeiten schnell.

Für vorsichtigere Menschen empfiehlt sich ein anderer Beginn mehr: Unter der Anleitung eines älteren Imkers bekommt der Neuimker und natürlich die Neuimkerin im Sommer zwei Ableger, d. h. Jungvölker mit einer jungen Königin oder zwei Schwärme und lernt diese zu pflegen. Mit nur einem Volk anzufangen, hat wenig Sinn: Durch gut gemeinten Übereifer kann der Neuimker das Volk »totimkern«. Niemand weiß vorher, ob ein Ableger oder Schwarm sich typisch entwickelt, ein völliger Versager wird mit Unruhe und Stechlust oder durch Krankheit, Hunger oder Verlust der Königin eingehen. Es wäre zu schade, die Lust am Imkern gleich zu Anfang durch solch ein Mißgeschick zu verlieren. Dies Risiko ist bei zwei oder ein paar mehr Völkern geringer.

So weit, so gut: die Bienen, ob als Gemisch aus alten und jungen Völkern oder als einheitlichere Gruppe aus Ablegern, sind da. Welche Geräte und Werkzeuge benötigt ein Neuimker, der einerseits nicht für Überflüssiges Geld ausgeben und andererseits nicht durch etwas Fehlendes bei der Arbeit behindert werden möchte? Da in den folgenden Kapiteln die für jede Jahreszeit nötigen Arbeiten an den Bienen beschrieben werden, erscheinen dabei die Namen der jeweiligen Werkzeuge, bzw. Grundkenntnisse über die Teile eines Bienenkastens werden vorausgesetzt.

Bevor wir versuchen, die schwierige Frage nach dem »besten« Bienenkasten zu beantworten, soll kurz die Grundausstattung an Werkzeug vorgestellt werden:

1) Arbeitskleidung: Ein hellgrauer Arbeitskittel, ein alter oder auch neuer Laborkittel reicht völlig und wird ergänzt durch einen Imkerhut mit Schleier oder einen Schlupfschleier, der einfach über den Kopf gestülpt wird. Die im Imkerfachhandel erhältlichen weißen Imkerkombis lohnen sich in einer kleinen Imkerei nicht. Auf eine helle Farbe des Anzugs ist zu achten, da dies die Bienen besänftigt und sie auf eine dunkle Farbe leicht aggressiv reagieren. Ein paar, am besten lederne Handschuhe mit anliegenden, durch Gummizug geschlossenen Stulpen vervollständigen den Stichschutz. Man sieht häufig alte Imker ohne Schleier und Handschuhe an ihren sanften Bienen arbeiten – wer das kann, der mache es so. Für den Neuimker ist auf jeden Fall ein guter Stichschutz ratsam, denn in einer summenden Bienenwolke muß man ruhig und gelassen bleiben und keine nervösen, hastigen Bewegungen machen!

2) Werkzeug für die Arbeit an den Bienen: Ein sogenannter »Wabenheber« oder Stockmeißel, ein 2–3 cm breiter, metallener, stabiler Meißel mit einem geraden und einem hakenförmigen Ende, dient zum Anheben und Losmachen der meist festgekitteten Waben und zum Entfernen von »wild« gebautem Wabenwerk (»Wildbau«). Ebenso nötig wie einfach ist ein Fegebesen, um die Bienen schonend von der Wabe fegen zu können. Dazu eignet sich ein Gänseflügel oder ein einreihiger, leichter Besen mit weichen Borsten, den es im Imkerfachhandel gibt.

Zum Instandhalten und Reparieren der Bienenkästen und des Standes usw. verwendet man die üblicherweise für häusliche Heimwerkereien vorhandenen Werkzeuge.

Einige Rauchstöße beruhigen die Bienen und treiben sie in die Wabengassen hinein, was das Nachschauen, Wabenentnehmen und Füttern erleichtert. Eine Imkerpfeife oder ein Rauchgerät mit Federaufzug, genannt Smoker, gehört unbe-

Plan für einen einfachen Sonnenwachsschmelzer im Eigenbau

Als Material eignet sich Sperrholz von 1,5 bis 2 cm Stärke. Die Größe des Sonnenwachsschmelzers richtet sich nach dem vorhandenen Wabenmaß. Zwei Waben sollen übereinander hineinpassen, so daß man für die Breite die Länge einer Wabe einschließlich der Wabenohren mit einer Zugabe von etwa 2 cm auf jeder Seite und für die Länge zwei Waben übereinander samt einer Zugabe nimmt. Eine einfache Fensterglasscheibe läßt man passend zuschneiden und baut für sie einen Rahmen, den man auflegen kann. Etwa 2 cm darf die Scheibe kleiner sein als die Platte, auf der die Waben liegen, da der Rahmen zu berücksichtigen ist. An der Unterseite des Rahmens sollten Falze eingeschnitten sein, damit er auf der Schräge nicht abrutscht. Es reicht, die Scheibe mit Leisten und Nägeln zu befestigen.

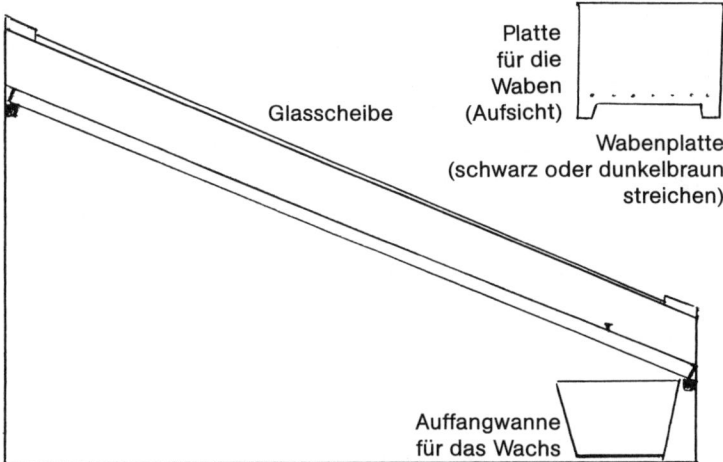

Glasscheibe

Platte
für die
Waben
(Aufsicht)

Wabenplatte
(schwarz oder dunkelbraun
streichen)

Auffangwanne
für das Wachs

Um die nötige Neigung zur besten Ausnutzung des Sonnenlichtes und zum guten Fließen des Wachses zu erhalten, sollte die Hinterseite mindestens dreimal so hoch werden wie die Vorderseite. Einige Nägel am unteren Ende der Wabenplatte verhindern ein Abrutschen der Rähmchen oder Waben. Die Wabenplatte liegt auf an die Wände genagelten Leisten und muß leicht herausgenommen werden können, um die Wachswanne zu entleeren.

Als Auffangwanne für das geschmolzene Wachs dienen je nach Größe ein oder zwei rechteckige, schmale Alu-Tiefkühlformen bzw. eine billige kleine Kasten-Backform. Vor dem Schmelzen wird etwas Wasser in die Wanne gefüllt, weil sonst das hereintropfende Wachs an den Wänden kleben würde. Reicht z. B. bei niedrigem Sonnenstand die Neigung des Sonnenwachsschmelzers nicht aus, stellt man Steine oder Brettchen unter das hohe Ende, um die Neigung zu erhöhen. Die »schönen« käuflichen Sonnenwachsschmelzer lassen sich verstellen wie ein Fernrohr. Man darf beim Schmelzen nicht vergessen, alle Stunde den Schmelzer ein wenig der wandernden Sonne nachzurücken.

dingt dazu. Als kostenloses und bestes Rauchmaterial sammelt man Fichtennadelstreu im Wald und trocknet sie gut. Heu und Heublumen eignen sich weniger, da sie sehr schnell verbrannt sind. Natürlich gibt es auch speziellen Bienenrauchtabak zu kaufen. Wenn ein Imker nur richtigen Pfeifentabak mag und sich von seiner Pfeife nicht gerne trennt, nehmen die Bienen darauf Rücksicht.

3) Geräte zur Honigernte und -lagerung: Man entnimmt die vollen Waben und schleudert sie in der Honigschleuder aus. Für die Selbstversorgerimkerei bietet die Industrie eine kleine Zwei-Wabenschleuder an, die man in der Küche auf dem Tisch drehen kann. Hat man einen eigenen Raum für seine Imkerei, wählt man eine 3- oder 4-Wabenschleuder zum Aufstellen mit Handantrieb. Größere Schleudern mit Hand- oder Elektroantrieb werden erst bei einer Nebenerwerbsimkerei ab 30 und mehr Völkern sinnvoll.

Eine Entdeckelungsgabel zum Aufreißen und Entfernen der Wachsdeckel auf den Honigwaben vor dem Schleudern muß vorhanden sein. Ein Teig- oder Honigschaber zur Reinigung von Honigeimern und der Schleuder ist praktisch ebenso wie ein großer, stabiler Löffel oder Honigspaten aus Edelstahl für das Ab- und Umfüllen des Honigs.

Aus der Schleuder läuft der Honig durch ein Honigsieb, das aus einem grobmaschigen Ober- und einem feinmaschigen Untersieb besteht.

Die Lagerung des Honigs, der sehr leicht jeden Fremdgeruch und Feuchtigkeit anzieht, erfolgt gut und auf billige Weise in 10- oder 12,5-kg-Eimern aus Plastik mit dicht schließendem Deckel. 10 Stück reichen für eine kleine Imkerei gut aus. Bitte keine Farbeimer verwenden, auch wenn sie noch so sauber gespült wurden – dieses besonders billige Plastikmaterial eignet sich nicht für die Lagerung von einem Lebensmittel, zumal die im Honig enthaltenen Säuren aus einer weichen, rauhen Oberfläche leicht Fremdstoffe herauslösen und wir damit unser Naturprodukt verderben.

Metallgefäße aus beschichtetem Weißblech eignen sich ebenfalls, sollten aber vor dem Befüllen genau auf Roststellen angesehen werden. Schon kleinste Roststellen geben dem Honig einen Geschmack nach Metall.

4) Hilfen zum Füttern der Bienen: Da wir den Bienen den Honig stehlen, müssen wir ihnen durch Füttern die Vorräte ersetzen. Das »große« Einfüttern im Spätsommer und Frühherbst sowie die bei anhaltend schlechtem Wetter in Frühjahr und Sommer nötige Notfütterung erfordern Einrichtungen, den Bienen das Zuckerwasser, den Zuckerteig ggf. normalen Trockenzucker oder siruppartigen, extra für die Imkerei hergestellten Invert-Zucker im Kasten zum sofortigen Verzehr oder zum Verarbeiten und Einlagern in die Waben darzureichen. Für neue Beuten gibt es leicht zu reinigende Futtereinsätze aus Plastik zu kaufen, die man in einem sog. Futterdeckel über die Bienen setzt. Diese Lösung ist praktisch, aber nicht ganz billig.

Alt bewährt und einfach sind Ballonflaschen aus Glas oder Plastik mit einem Futterteller, die man auf das in den Deckeln der meisten Beuten vorhandene

Futterloch stülpt. Die Bienen erreichen das Flüssigfutter von innen. Das Nachfüllen geht leicht, da der Futterteller im Futterloch bleibt und man die leere Flasche abnimmt und gefüllt wieder aufsetzt. Mit ein wenig Übung verschüttet man kaum etwas vom Futter. Ein Nachteil besteht in der etwas schwierigen Reinigung der Ballons. Für Freiaufstellung eignen sich die Ballons nicht so gut, denn man muß die Abdeckung mit Ziegelsteinen hoch stellen, was etwas umständlich ist. Eine weitere, sehr preiswerte, für Naß- und Trockenfütterung geeignete Methode stellt eine aus Sperrholz gebaute Futtertasche dar, in Quaderform passend zu den Maßen der Beute. Sie soll den Raum von 2 Waben einnehmen und wird einfach anstelle von 2 Waben in den Kasten gestellt. Zum Einfüttern kann man in den leeren Honigraum mehrere solcher Futtertaschen stellen. Das Vernageln und Verleimen muß sorgfältig erfolgen, damit die Tasche für Flüssigkeiten dicht ist. An den rauhen Sperrholzwänden krabbeln die Bienen gut hoch und hinunter. Wichtig ist eine Handvoll Hölzchen, Leistenstücke oder Stöckchen, die auf dem Flüssigfutter schwimmen, weil sich die Bienen auf diese Inseln setzen und sich vollsaugen.

Alles in allem ist diese Grundausstattung, verglichen mit anderen Hobbies, durchaus bescheiden.

Wenden wir uns nun den Beuten, den Bienenkästen, zu. Wer alte Beuten übernimmt oder gebrauchte günstig aufkauft, sieht sich zunächst der Qual der Wahl des Beutentyps enthoben. Im Laufe der Zeit lernt er die Vor- und Nachteile der vorhandenen Kästen kennen, kommt damit gut zurecht oder wünscht sich andere. Im deutschsprachigen Raum, der von jeher schon viele Tüftler und Erfinder beherbergte, wurden zahllose Beutentypen und die dazu gehörenden imkerlichen Betriebsweisen erfunden, so daß heute trotz notwendiger Vereinfachungen und Konzentrationen der Bienengerätehersteller immer noch eine weit größere Vielfalt im Angebot von Bienenwohnungen vorhanden ist als in anderen Ländern, in denen man mit ein bis zwei Systemen auskommt. Gewiß, jeder Beutenerfinder machte mit seiner Beute in seiner Landschaft mit ihren charakteristischen Klima- und Trachtverhältnissen gute Erfahrungen. In einer anderen Gegend bewährt sich eine andere Beute besser, bzw. sie hat dort ihre Berechtigung. Ein altes Bienenlehrbuch von 1921 nennt allein 14 verschiedene Wabenmaße und beschreibt 19 unterschiedliche Beuten als »gebräuchlichste Bienenwohnungen«!

Im wesentlichen handelt es sich bei den heute erhältlichen Bienenwohnungen um zwei Systeme, von denen jedes in verschiedenen Ausführungen und Typen angeboten wird. Auch wenn die Beutenfrage und Rähmchenmaße Zündstoff für endlose Imkerdiskussionen liefern, so sollten wir es uns hier nicht so kompliziert machen und die wichtigsten Kennzeichen zusammenfassen:

1) **Hinterbehandlungsbeuten** (oder kurz Hinterlader genannt): Die Rückwand dieser Beuten ist abnehmbar, und man zieht die Waben nach hinten zum Arbeiten an den Bienen heraus, entweder einzeln bei der Längsanordnung (»Kaltbau«) der Waben oder etagenweise bei Queranordnung (»Warmbau«). Ein Beispiel für einen Kaltbau-Hinterlader ist die beliebte »Einheitsblätterbeute«, eins für den Warmbau-Hinterlader die »Martins-Auszugsbeute«.

Vorteile der Hinterlader: Im Bienenhaus lassen sie sich gut stapeln; beim Bearbeiten muß der Imker keine Lasten heben oder versetzen, da die Waben bequem herausgezogen werden, wobei jede Wabe des Volkes gleich gut zu erreichen ist; die Arbeitshöhe kann man sich durch die Aufstellung einrichten, um ohne Bücken oder Verrenken den Brut- und den Honigraum bearbeiten zu können. Wer also seinem Kreuz schweres Heben und Tragen ersparen will und muß, ist mit einem Hinterlader gut beraten.

Nachteile: Sie ergeben sich aus der Bauweise, denn diese Beuten sind mit einem Leergewicht von 25 bis 30 kg sehr schwer (Bienen, Wabenbau, Futter- und Honigvorräte kommen noch dazu); die vielen Einzelteile, Führungsschienen usw. bedingen auch den verhältnismäßig hohen Anschaffungspreis. Das Wandern ist zwar mit diesen Kästen möglich, aber wegen des Gewichtes nicht einfach und wegen der etwas komplizierten Mechanik u. U. eine klapprige Angelegenheit, wenn man keinen speziellen Wanderwagen besitzt. Der begrenzte Raum in meist zwei, selten drei Etagen erlaubt nicht die ideale Anpassung an die jeweilige Volksgröße; die 24 Waben der zwei Etagen bieten einem Volk von durchschnittlicher Stärke genügend Raum, aber eine leistungsfähige, gute Königin kann sich nicht voll entfalten – bei der Schwarmverhinderung besteht die Möglichkeit, daß man mit solch einem an sich hervorragendem Volk besonders viel Arbeit hat oder Schwärme abgehen.

Für größere, rationell geführte Imkereien, die mit sehr starken Völkern arbeiten, eignet sich der Hinterlader kaum, aber in einer kleineren Imkerei im Bienenhaus wird der Hinterlader seine Freunde behalten und weiterhin ein zu Recht beliebter Bienenkasten bleiben.

2) **Oberbehandlungsbeuten** (oder kurz Oberlader genannt): Diese Bienenwohnungen öffnet man von oben und schaut von oben auf das Wabenwerk. Die Bauweise ist vergleichsweise einfach, weil rechteckige Etagen aufeinandergesetzt werden, in denen die Waben in Längs- oder Queranordnung hängen. Im Bienenhaus gibt es meist Platz für einen zweietagigen Aufbau aus Brut- und Honigraum, während bei Freiaufstellung eine beliebige, der Volksstärke angepaßte Zahl von Etagen aufeinander stehen. Das ältere System der Oberbehandlung, die Trogbeute, u. a. die sog.

Zanderbeute von Prof. E. Zander, besteht aus einem dickwandigen, gut iso-
lierten Brutraum, in dem das Volk überwintert, und einem leichten Honigraum, der nur den Sommer über aufgesetzt bleibt. Die Weiterentwicklung
daraus ist eine Baukasten-Beute aus Bodenbrett und Deckel sowie
mehreren, oben und unten offenen Etagen, den »Magazinen« oder
»Zargen«. Diese Magazinbeuten werden heute in allen größeren Imkereien
verwendet, eignen sich aber ebenso für den kleinen Betrieb.

Vorteile: Die einfache Bauweise aus zusammengesteckten Teilen ermöglicht einen relativ günstigen Anschaffungspreis; Reparaturen und Selbstbau
sind auch einem durchschnittlichen »Heimwerker« zuzutrauen; alle Teile
sind beliebig tauschbar und vielseitig zu verwenden; die Anpassung an die
Volksstärke ist durch Auf- und Abbau von Magazinen leicht durchzuführen; die Freiaufstellung und das Wandern sind erleichtert.

Nachteile: Möchte man an den Brutraum, muß der Honigraum abge-
hoben oder mit Hilfe einer Kippvorrichtung und Kippbeschlägen gekippt
werden, eine nicht unbedingt leichte Arbeit, das Tragen voller Honig-
magazine zum Schleudern ebenfalls. Größere Imkereien haben spezielle
Transporthilfen, in kleinen Imkereien sollte man zu zweit anfassen und eine
Schubkarre nehmen.

Der Handel bietet das Magazin in zahlreichen Variationen an, z. B. den
»Armbruster Sparstock«, die »Hohenheimer Wanderbeute«, das »Erlanger
Magazin«, die »Magazinbeute Europa« u. a. Wer gerne bastelt, mit seiner
Imkerei beweglich sein möchte und ohne Probleme ein volles Magazin
heben kann, der dürfte ein zufriedener Magazin-Imker werden und bleiben.

Die Frage der »besten« Bienenwohnung wird zwar weiterhin die Imkerschaft in verschiedene Lager teilen, aber kein Imker darf vergessen, daß
nicht die Form des Kastens die Honigernte bringt, sondern die Bienen darin,
bei deren Betreuung man das Richtige zur richtigen Zeit unternehmen oder
unterlassen muß.

Nicht nur die Bauweise der Bienenwohnung bewegte die Gemüter der
Imker, auch die Maße der dazu gehörenden Waben zeugen von der Erfin-
dungsgabe berühmter Imker. Als unsere Vorfahren noch mit dem Stroh-
korb imkerten, z. B. mit dem berühmten Lüneburger Stülper, der bis zu 1 m
langen Thüringer Walze, dem Kanitzkorb, bauten die Bienen ihre Waben
selber passend zur Größe des Korbes. Um die Mitte des vorigen Jahrhunderts wurde gleichzeitig in verschiedenen Landschaften das Rähmchen entwickelt, so daß die Bienen nur innerhalb der vier Leisten des Rähmchens
ihren Bau ausführen konnten. Die unterschiedlichen Meinungen über das
natürlichste Wabenmaß bildeten die Grundlage für die heute noch vorhandene Vielfalt der Wabengrößen. Wer also alte, gut erhaltene Beuten über-

nimmt und damit zufrieden ist, wird auch das alte Wabenmaß behalten. Wer neue Beuten kauft, findet als die am häufigsten angebotenen Maße das Zandermaß und das Normalmaß (oder Deutsch-Normalmaß). Die aus dem englischen Sprachraum stammenden Maße, das Langstroth- und das Dadantmaß, verbreiten sich auch in Mitteleuropa samt den dazu passenden Magazinen. Die wichtigsten Rähmchen- und Wabenmaße werden in der folgenden Übersicht dargestellt.

Die Rähmchen hängen auf den am oberen Rand der Beutenwand eingelassenen Schienen. Nun müssen die Waben immer den gleichen Abstand zueinander haben und bei Transporten usw. auch behalten. Deshalb klemmt man sog. Abstandhalter aus Metall an die auf den Schienen liegenden »Ohren« der Rähmchen. Bei häufigen Wanderungen erwiesen sich die Abstandhalter als nicht ideal, die Waben verrutschten doch ziemlich, die Abstandhalter rosten im Laufe der Zeit und verbiegen sich leicht, weshalb sich das sog. Hoffmann-Rähmchen besser eignet. Die Seitenleisten sind am oberen Ende unter den Ohren auf 3 cm verbreitert und geben dadurch dem gesamten Wabenbau seitlich einen besseren Halt. Das Rähmchen bzw. die Leisten dazu werden etwas teurer, aber die Ausgabe lohnt sich. Selbstverständlich kann man beide Rähmchen-Typen nebeneinander in derselben Beute verwenden.

Übersicht 1: **Gängige Rähmchen- und Wabenmaße in cm**

Name des Maßes	Außenmaße der Rähmchen		Wabenfläche	Maß der Mittelwand	
	Höhe	Breite	in cm ^{2}	Höhe	Breite
Zandermaß	22	42	800	19,5	39
Normal-Breitmaß	22,3	37	725	20,5	35
Normal-Hochwabe	37,6	22,3	741	35	20
Freudenstein	20	33,8	592	18	31,8
Kuntzsch	25	33,3	736	23	31,13
Gerstung	41	26	956	39	24,3
Dadant*	28	43	1066	26	41
Langstroth*	22	44	840	20	42

* nur Magazinbeuten

Welches Wabenmaß **ist** nun das beste? Die Bienen wurden nie direkt gefragt. Als indirekte Antwort mögen die Honigerträge gelten, aber da lieferten die einzelnen Wabenmaße keine gesicherten Unterschiede, welche unmittelbar vom Wabenmaß abhingen. Wichtig ist, daß sich ein Bienenvolk entfalten kann, d. h. reichlich Brutfläche zur Verfügung hat. Je mehr

Arbeiterinnen, um so höher der Honigertrag – das Wetter und die Bienenweide bedingen ihn natürlich auch – folglich bietet die nicht zu kleine Wabe den entsprechenden Raum für ein starkes, leistungsfähiges Volk. Daher erklärt sich die zunehmende Verbreitung des Zander- und Normalmaßes, die zudem noch handlich sind. In den großen Imkereien in Übersee wird vor allem das Langstroth- und das Dadantmaß benutzt mit guten Erfolgen.

Unsere eigenen Bienen übernahmen wir in alten Zander-Beuten. Wir kommen mit dem Maß gut zurecht, unsere Bienen anscheinend ebenso. Die Kenntnis der Bedürfnisse eines Bienenvolkes und seine richtige Betreuung legen mehr den Grundstein für eine lohnende Honigernte als das Wabenmaß oder der Kastentyp. Daher ist es jetzt angebracht, mit den Bienen durch das Jahr zu gehen und sie dabei kennenzulernen. Gleichzeitig befassen wir uns mit den Arbeiten an den Bienen. Über die Bienen, ihre Lebensweise, Physiologie und Krankheiten gibt es von den großen Bienenforschern so gute Schilderungen und Erklärungen, daß es hier nicht sinnvoll erscheint, nachzuerzählen, was sie besser geschrieben haben. In dieser Schrift steht die praktische Anleitung im Vordergrund mit Erklärungen der Arbeiten am Bienenvolk, die sich aus der Lebensweise der Bienen und dem Wunsch des Imkers nach einer Honigernte ergeben.

Ein Gang mit den Bienen
durch das Jahr

Wo beginnen wir diesen Gang? Wir dürfen nicht unseren Kalender als Maßstab nehmen, sondern den der Bienen. Der Neuimker fängt entweder mit Völkern an, die er nach der Überwinterung im Frühjahr übernimmt, oder mit Ablegern, die eingefüttert und überwintert wurden. Mit dem ersten Bruteinschlag nach der Winterruhe beginnt für die Bienen das neue Bienenjahr. In den überwiegenden Fällen fängt der Neuimker im Frühjahr mit seinen imkerlichen Gehversuchen an. So paßt für Bienen und Imker der Beginn mit dem zeitigen Frühjahr. Vorher im Winter sollte der Neuimker allerdings einiges über die Bienen gelesen haben und eine theoretische Vorstellung davon haben, was ihn erwartet.

DAS ENDE DER WINTERRUHE

Vorgänge im Bienenvolk

Für uns zählt die Zeit um Ende Februar und Anfang März noch zum Winter. Die Tage sind länger geworden, die Sonne steht höher. In Bäumen und Sträuchern fängt der Saft an zu steigen, die Zwiebeln der Frühlingsblumen treiben aus oder bereiten den Austrieb vor. Alle übrigen Insekten bleiben aufgrund der winterlichen Temperaturen noch in der Winterstarre. Säugetiere wie Igel, Bilche, Fledermäuse verharren noch im Winterschlaf. Nur wenige Vogelarten wie z. B. die Kiebitze treffen aus ihren Winterquartieren ein. Lange genug haben die Arbeiterinnen unserer Völker dicht an dicht in der Wintertraube gegangen und durch ihr Muskelzittern die nötige Wärme erzeugt, um am Leben zu bleiben, am Rande der Traube 18–20 °C, in der Mitte bei der Königin 25 °C. Nun wird die Königin »verwöhnt«, d. h. reichlich ernährt aus den Pollen- und Zuckervorräten. Ihre Eierstöcke schwellen und nehmen ihre Arbeit auf. Die »Ammenbienen«, Jungbienen, deren Aufgabe die Brutpflege und -ernährung ist, produzieren in den Futtersaftdrüsen den ersten Futtersaft. Im Zentrum der Wintertraube legt die Königin die ersten Eier in die Wabenzellen. Um dieses zunächst kleine, kreisförmige Brutnest auf zwei gegenüberliegenden Wabenseiten wird aufgeheizt auf die Brutnesttemperatur von 35 bis 36 °C. Auch wenn draußen die eisigen Winde toben und in klaren Nächten das Thermometer etliche Minusgrade zeigt, die Wärme im Brutnest muß gleich bleiben. Nach 3 Tagen als Ei erreicht die kleine »Biene« das Madenalter. Sie schwimmt im Futtersaft, den die Ammenbienen laufend auf den Grund der Zelle geben. Die Wachstumsleistung der Made ist erstaunlich: In den 6 Madentagen nimmt sie um das 500fache zu! Zur Vorstellung ein Vergleich von Prof. Max v. Frisch, nach dem ein Baby mit einem durchschnittlichen Geburtsgewicht in 6 Tagen ein Gewicht von 16 Zentnern (oder 8 dt) erreichen müßte. An dieses Stadium der »offenen Brut« schließt sich das der »gedeckelten Brut« an, denn die Arbeitsbienen verschließen die Zelle mit einem Wachsdeckel. Die Made verwandelt sich zur fertigen Biene in genau 12 Tagen. Zum Schlüpfen, das bei Arbeiterinnen 21 Tage nach der Eiablage erfolgt, bricht die junge Biene langsam den Wachsdeckel auf und kriecht hinaus. Arbeit wartet genug auf sie, denn das Brutnest wurde ausgeweitet und reicht kugelförmig über mehrere Waben.

Wie groß das Brutnest des Vorfrühlings angelegt wird, hängt von mehreren Einflüssen ab: Da ist zunächst die Königin, deren individuelle Leistungsfähigkeit und -bereitschaft je nach Alter, Veranlagung und Gesundheit sehr unterschiedlich ausfällt, als erster, direkter Einfluß. Dann folgen die Vorräte an Pollen und Zuckerfutter (Winterfutter) und die draußen herrschende Witterung. Futtermangel bedeutet eine Einschränkung der Brut bis hin zur Aufgabe. Strenge Kälte erfordert eine erhöhte Heizleistung. Ob sie erbracht werden kann, hängt von der Anzahl der Arbeiterinnen des Volkes ab, d. h. von der Volksstärke. Daraus folgt, daß ein starkes Volk Kälterückschläge, die für diese Jahreszeit typisch sind, ausgleichen kann und in seiner Entwicklung kaum zurückgeworfen wird im Vergleich zu einem schwachen, kleineren Volk. Die Vielfalt in der Natur im allgemeinen und in unseren Bienenvölkern im besonderen sorgt für die Ausrede, keine genaueren Angaben über die Größe des Brutnestes und die danach erfolgende Entwicklung des jeweiligen Volkes machen zu können.

Eines jedoch gilt für alle imkerlichen Betriebsweisen und alle Klimagebiete und Landschaften: Über die gesunde Volksentwicklung im Frühjahr entscheidet die Futterversorgung, vor allem die Pollen-, d. h. Eiweißversorgung. Das beginnt schon mit den »Winterbienen«, die im August schlüpfen. Die noch helle, gerade geschlüpfte Jungbiene hat in den ersten Tagen einen hohen Futterbedarf, damit sich in ihr das Fett-Eiweiß-Polster bilden kann. Es stellt die Reserve, die Kraftquelle dar für das Wachstum der Futtersaftdrüsen, in denen die Nahrung für die junge Brut erzeugt wird. Die Futtersafterzeugung im Kopf (Pharynxdrüsen) wird bei den Winterbienen, welche die erste Frühjahrsbrut pflegen, zunächst aus dem Fett-Eiweiß-Polster gespeist. Nach seiner Erschöpfung nimmt die Ammenbiene reichlich Pollen und Zucker oder Nektar auf, denn die Futtersafterzeugung wird 8–10 Tage aufrechterhalten. So kommt hier die Bedeutung ausreichender Vorräte zum Tragen, die Leistungsfähigkeit der Ammenbienen bei der Brutpflege hängt daran, und an der Brutpflege hängt die Zukunft des Volkes! Das Brüten beginnt ja noch vor dem ersten Erscheinen von Schneeglöckchen und Winterlingen, bevor es für die Bienen draußen etwas zu holen gibt.

Die Winterbienen erschöpfen sich allmählich in den ersten Wochen der Brutpflege und bei den ersten Ausflügen. Sie haben ihre Aufgabe erfüllt und werden von den frisch geschlüpften Jungbienen abgelöst. Das Brutnest wird immer größer, entsprechend mehr Jungbienen schlüpfen und vergrößern das Volk. Bald nach dem Schlüpfen fangen die Aufgaben der neuen Biene an: An ihrem ersten und zweiten Tag putzt die »Putzbiene« die Zellen, die für neue Eier vorbereitet werden, und sich selbst, dazu hat sie beim Wärmen der Brut mitzuhelfen. Am dritten bis fünften Tag arbeiten ihre Futtersaftdrüsen, und sie versorgt die älteren Maden. Der 6.–12. Tag bringt die höchste Futtersafterzeugung, dann füttert sie die jüngeren Maden, die nur Futtersaft bekommen. Die älteren erhalten zusätzlich Pollen und Honig. Einige Jungbienen mit arbeitenden Futtersaftdrüsen gehören zum Hofstaat der Königin und füttern sie. Es gibt natürlich noch andere Arbeiten für diese »Stockbienen«: Wasser und Nektar entgegennehmen von den Flugbienen, das Einstampfen der hereingebrachten Pollenpakete und das allgemeine Sauberhalten der Wohnung.

Vom 12. bis 18. Tag treten die Wachsdrüsen in Funktion. Zwischen den Bauchschuppen sind 4 Paar Wachsdrüsen vorhanden, von denen 3 Paar zu arbeiten beginnen. Feine, meist farblose Wachsplättchen werden abgeschieden und für den Neubau sowie die Reparatur von Waben verwendet, soweit dazu Bedarf besteht. Über den Bautrieb eines Volkes wird im Abschnitt über den Frühsommer und die Schwarmzeit ausführlicher berichtet. Im Gegensatz zu den Futtersaftdrüsen, die sich nach dem 12. Lebenstag zurückbilden, bleiben die Wachsdrüsen das ganze Leben der Arbeiterin funktionsfähig. Das Bauen überhaupt und sein Ausmaß werden von äußeren Einwirkungen bedingt, z. B. vom Bedarf an Brutwaben, von notwendigen Reparaturen bei zerstörten Waben, zum Verdeckeln von Honig und Brut usw. Daher gibt es durchaus Bienen, die nie in ihrem Leben bauen müssen. Andererseits müssen oft genug ältere Bienen wieder mit der Bautätigkeit anfangen.

Solange die Jungbienen als »Stockbienen« putzen, füttern, bauen und Pollen und Nektar verarbeiten, sind sie sanft und friedlich. Ihre Giftblase enthält noch wenig Bienengift im Vergleich zu ihren älteren Kolleginnen. Nimmt man eine Wabe aus der Beute, an der z. B. auf junger Brut zahlreiche Pflegebienen sitzen, bleiben sie meist fest auf den Waben sitzen. Deshalb empfiehlt es sich, im Sommer an den Bienen zu arbeiten, wenn bei schönem Wetter mittags und nachmittags die Flugbienen unterwegs sind. Es läßt sich ruhiger arbeiten, solange man nicht von Tausenden angriffslustiger Bienen umschwirrt wird, denn nervös werden sollte man auf keinen Fall.

Nach der Zeit als Baubiene kommt die Aufgabe als Wächterbiene, etwa 2 Tage lang das Flugloch gegen Eindringlinge zu verteidigen und als gewissenhafte Pförtner Freund und Feind zu unterscheiden. Dazu gehört auch, sich mit hochgerecktem Hinterleib und ausgestülpten Duftstoffdrüsen den heimkehrenden Flugbienen entgegenzustrecken. Der beobachtende Imker sieht mit bloßem Auge gut die wie einen hellen Wulst zwischen den hintersten Hinterleibsringen herausschauenden Duftdrüsen. Die Flügel fächeln und verteilen den charakteristischen Duft des eigenen Volkes, so daß die einfliegenden Bienen den Anflug in das richtige, eigene Flugloch erleichtert finden. Ein wenig kann man dies mit der Landebahnbefeuerung an Flughäfen vergleichen. Landet eine fremde Biene auf dem Flugbrettchen, so wird sie als Fremde erkannt, aber hereingelassen, wenn sie einen vollen Honigmagen und/oder Pollenhöschen mitbringt. Räubern ergeht es anders, aber auf das Problem der Räuberei wird an der gegebenen Stelle eingegangen.

Den Rest ihrer Lebenszeit verbringt die Sommerbiene als Flugbiene, zunächst holt sie Wasser, das bei einem günstigen Standort nicht weit entfernt ist, nach einigen Tagen fliegt sie nach Nektar und Pollen. Ihre Lebensdauer hängt u. a. von einer gesunden Aufzucht ab, einer reichlichen Ernährung, einer nicht zu anstrengenden Ammenperiode (das Füttern der Maden stellt eine große Belastung des Organismus dar) und nicht zuletzt der fehlenden Berührung mit bienengefährlichen Pflanzenschutzmitteln. Eine im Frühjahr und Sommer geschlüpfte Biene bringt es auf eine Lebensdauer von 4 bis 6 Wochen. Bei gutem Wetter und guter Bienenweide schafft eine Flugbiene dann – **einen** Tropfen Honig als Lebensleistung.

Die ersten, oft Anfang März schlüpfenden Bienen finden also reichlich Arbeit vor beim Pflegen der folgenden Brut. In den März- und Aprilwochen erscheinen die bekannten Frühjahrsblüher je nach Klimagebiet früher oder später. Sobald die ersten wärmeren Tage mit Temperaturen von 10 bis 12 °C auftreten, wird es am Flugloch lebendig. Winterlinge, Schneeglöckchen, Krokusse, Schneeheide (Erica), Hasel, Erlen und vor allem die Weiden werden besucht, soweit die Bienen in der Nähe des Standes Blüten und Kätzchen finden. Zu Beginn sind die Ausflüge nur in der nahen Umgebung, nicht weiter als 100 m um den Stock. Mit zunehmend schönen Tagen und wachsendem Trachtangebot wird der Flugradius schnell weiter. Zu dieser ersten Tracht, dem ersten frischen Naturpollen sagt der Imker »Entwicklungstracht«, da sie das Erstarken der Völker besonders fördert. Es gibt natürlich auch Jahre, in denen naß-kalte Witterung und Kälterückschläge das Ausnutzen von Hasel, Weide, Kornelkirsche unmöglich machen. In Gebieten mit sehr zeitigem Blühbeginn, also den milden Weinklimaten, kommt das häufiger vor als in rauhen Lagen, die mit allem später, aber dafür sicherer in die Frühjahrsentwicklung kommen. Nun greifen wir zurück auf den vorgeschlagenen Rundgang durch das Fluggebiet der (geplanten) Bienen: Der Frühjahrsgang mit der Erfassung früh blühender Bäume, Sträucher und Blumen in einem Umkreis von wenigen hundert Metern ist sehr wichtig!

Dasselbe gilt, und zwar nicht weniger, für das Wasser. Der Futtersaft zur Versorgung der Brut ist eine wäßrige Lösung, daher stellt frisches Wasser eine äußerst nötige Grundlage der Brutpflege dar, worauf schon hingewiesen wurde. Hier können wir den Bienen mit wenig Aufwand viel helfen: An einer Plastikfolie, die auf den Waben und unter dem Deckel liegt, sammeln sich Tropfen mit Kodenswasser aufgrund der vom Volk aufsteigenden Wärme. Für die anfänglich zu versorgende Brut reicht diese Wasserversorgung, und die Arbeiterinnen brauchen nicht bei widriger Witterung wegen Wasser ausfliegen. Bald erfordert das wachsende Brutnest mehr Wasser. Hier wird wieder auf die Bedeutung einer nahen Wasserquelle verwiesen.

Ein weiterer Vorgang gehört noch zu diesem Abschnitt über den Abschluß der Winterruhe, nämlich der Reinigungsflug. Die Bienen, während sie in der dichtgedrängten Wintertraube hängen und zur Wärmeproduktion am Winterfutter zehren, können ihren Kot nicht über ihre Stockgenossinnen und die Königin und nicht in den Stock abgeben, denn sonst würden sich bald Fäulnis, Krankheitserreger und Schimmel ausbreiten und den Untergang des Volkes zur Folge haben. Nur äußerste Hygiene läßt eine große Gemeinschaft wie ein Bienenvolk überleben – die Evolution von Jahrmillionen sorgte dafür. Die Kotblase der Biene dehnt sich und nimmt den Kot von 2 bis 3 Monaten auf, wenn die Biene gesund und das Futter ohne Tadel ist. Verdorbenes, gärendes Futter verursacht schnell Darmerkrankungen und damit verschmutzte Waben und als weitere Folge kümmernde, geschwächte Völker, die nicht auf die Höhe kommen. Tragen die Bienen im Herbst noch späten Honig ein, den der Imker nicht mehr entnehmen kann, so wird infolge des höheren Gehaltes an Schlacken (im Vergleich zum aufgearbeiteten Zuckerfutter) mehr Kot als normal anfallen und die Kotblase leicht überlasten.

Trotz des beachtlichen Aufnahmevermögens der Kotblase muß sie einmal entleert werden. Optimal für die Bienen ist ein sonniger, warmer Tag noch im Winter mit einer Außentemperatur von mindestens 9 °C, an dem die Bienen ihren »Reinigungsflug« unternehmen können. Die Arbeiterinnen fliegen in die nähere Umgebung des Stockes und koten ab, mit Vorliebe auf helle Flecken. Das kann ein weißes Auto sein oder trocknende Wäsche. Kündet sich ein solcher Tag an, sollte man die Nachbarschaft vorwarnen, damit niemand seine Wäsche heraushängt – die Bienenflecken sind mehr als hartnäckig. Schadenersatzforderungen und Streit kamen häufig genug vor.

Konnte zwischen Dezember und Februar ein Reinigungsflug stattfinden, erspart dies dem Imker ein banges Abwarten eines ersten schönen Tages im März. Denn nun wird es höchste Zeit für den Reinigungsflug, die Kotblasen sind gefüllt, und ein schöner Tag wird nötiger denn je. In unseren Breiten gestaltet sich das Wetter im zeitigen Frühjahr häufig unfreundlich, um so mehr wird der Imker einen früheren Reinigungsflug begrüßen. Das gesunde Überwintern eines Volkes hängt entscheidend vom Termin der Reinigung ab.

Imkerliche Arbeiten

Noch hat es der Imker einfach: Die Bienen sollten in Ruhe gelassen werden. Jede Störung verursacht Unruhe im Stock, wobei der Futterverbrauch steigt und die Bienen unnötig Kräfte verbrauchen. Wie der sorgsame Imker Störungen durch Fremde und größere Tiere von den Bienen fernhält, wird bei der Einwinterung beschrieben. Soweit es möglich ist, lohnt sich eine Fluglochbeobachtung während des Reinigungsfluges. Fliegen alle Völker? Falls das ein oder andere sich noch nicht rührt, darf man vorsichtig ins Flugloch blasen oder leicht an den Kasten klopfen. Hört man einen gleichmäßigen Summton, ist das Volk zunächst in Ordnung. Es gehört vielleicht zu den »Spätzündern«, deren Wintertraube hoch in der Ecke weit vom Flugloch sitzt, so daß die Bienen von dem guten Wetter nichts mitbekommen haben. Es kann leider auch sein, man hört nichts. Dann ist das Volk eingegangen, wovon als Ursache Futtermangel oder eine Krankheit denkbar ist. Falls man die Nachbarvölker durch ein Hantieren nicht stört, z. B. bei Freiaufstellung oder in einem geräumigen Bienenhaus, sollte man den Kasten mit dem toten Volk aus- und aufräumen.

Findet man die toten Bienen mit den Köpfen tief in den Zellen stecken, so suchten sie dort die letzten Reste des Futters und sind verhungert. Es kann nun sein, dies Volk hatte zu wenig Futter bekommen bei der Einfütterung im Spätsommer oder Herbst; hatte es aber genug Futter, so besteht die Möglichkeit, daß es als vielleicht etwas schwaches Volk keine ausreichend starke Wache am Flugloch besaß und von stärkeren Standnachbarn oder Wespen ausgeräubert wurde. In diesen Fällen ist der Imker nicht ohne Schuld (Näheres s. im Abschnitt über die Vorbereitung auf den Winter). Es kommt aber auch vor, daß ein Volk Futtervorräte besitzt und dennoch verhungert: Die Wintertraube geriet in die zu den Vorräten entgegengesetzte Ecke des Kastens, verlor also den Anschluß ans Futter. Da kann man nichts helfen, und auch ein erfahrener Imker findet hin und wieder solch ein verhungertes Volk.

Saubere, leere, nicht verschimmelte Waben lassen sich in den Wabenvorrat einreihen nach gutem Lüften und Abschwefeln, bzw. verwendet man zur Abwehr von Wachsmotten Imker-Globol-Tabletten im Wabenschrank oder -kasten, erübrigt sich das Schwefeln. Der Kasten des toten Volkes wird gründlich gereinigt, am besten mit der Flamme einer Lötlampe, wobei sicher alle vorhandenen Krankheitserreger abgetötet werden. Waben mit viel toten Bienen und Schimmelbefall nimmt man zur Seite, um sie bei Gelegenheit einzuschmelzen oder mit den gesamten übrigen Altwaben gegen neue Mittelwände einzutauschen. Die Rähmchen, aus denen man die unbrauchbaren Waben ausschneidet, sollten wie die Kästen mit der Lötlampe abgeflammt werden. Danach darf man sie in anderen Völkern weiter verwenden.

Einige Hinweise folgen zum richtigen Aufheben von Altwaben, die in einer unüblichen Zeit anfallen (die übliche Zeit stellt der Spätsommer dar, wenn die Honigernte vorüber ist und die zu alten Waben aussortiert werden): Die Große Wachsmotte (Galleria mellonella) hat sich auf Wabenvorräte spezialisiert und schädigt sie durch ihren Fraß. Den Winter über bleibt sie in der Kältestarre, die unterhalb von 10 °C einsetzt. Solange es kalt ist, reicht ein Sack in der Ecke für alte Waben, wenn man sicher sein kann, daß keine Mäuse im Raum oder Bienenhaus wohnen (Feldmäuse überwintern gerne in Bienenhäusern). Sie zernagen Waben zu Bröseln, die der Imker nur noch auf den Kompost werfen kann. Beginnt die warme Jahreszeit, empfiehlt sich ein Einschmelzen, um die Mottenzucht nicht zu fördern. Mehr über das Wachs und seine Behandlung kommt im Abschnitt über die Sommerarbeiten.

Das Ausräumen eines Kastens mit einem eingegangenen Volk bedeutet für einen Neuimker eine recht traurige Angelegenheit, aber 5–10 % Winterverluste muß man als durchschnittliche Rate hinnehmen. In einem kleinen Bestand mit wenigen Völkern macht ein totes Volk mehr oder weniger gleich 20 oder 30 % aus. Als Trost sei gesagt, daß die Zeit bald da ist für die Bildung einiger Ableger, und dann vergißt man diesen Verlust schnell. Es gibt im Laufe der Jahre ungünstige Winter, in denen die Imker einer Landschaft bis zur Hälfte aller Völker verlieren.

Dennoch, den für Bienen und Imker schwierigeren Teil des Frühlings stellt nicht der Vorfrühling dar, sondern der folgende Vollfrühling. Im Vorfrühling schaut der Imker beim Reinigungsflug und bei gelegentlichem Flugwetter, ob alle Völker fliegen und am Leben sind. Sonst hat er nicht viel zu helfen, wenn wir von einer indirekten Hilfe absehen, nämlich der Anpflanzung und Pflege der ersten Bienenweidepflanzen:

im Hausgarten Schneeglöckchen, Winterling, Krokus; im größeren Garten, im Gelände neben Wegen, an Böschungen und Ufern: verschiedene Weiden-Arten, Haselnuß, Erle, Zitterpappel oder Espe, Kornelkirsche.

Einige Flugstunden kommen auch in der kalten, unbeständigen Vorfrühlingszeit vor. Dann sollten den Bienen blühende Nahrungspflanzen mit Pollen und manchmal etwas Nektar, z. B. an weiblichen Weiden, zur Verfügung stehen.

DAS FRÜHJAHR

Vorgänge im Bienenvolk

Vollzog sich das Ende der Winterruhe mit Brutbeginn, den ersten wenigen Ausflügen, dem folgenden Schlüpfen der ersten Jungbienen recht unauffällig, so erfolgt die weitere Aufwärtsentwicklung nach dem Verblühen der zeitigen Frühlingsboten erheblich stürmischer. Das entspricht einerseits dem beinahe täglich wachsenden Blütenangebot in der »Natur« draußen, andererseits wirken sich Störungen durch schlechtes Wetter, fehlendes Wasser und Futter besonders nachteilig aus. Müssen wir doch daran denken, daß die Massentrachten vom Obst sowie in vielen Gegenden von Raps und vom Löwenzahn bald einsetzen und dafür möglichst viele Flugbienen zur Verfügung stehen sollen. Die schon genannte »Entwicklungstracht« geht oft genug übergangslos in die »Frühtracht« (s. o.) über. Die alten Winterbienen arbeiten sich vollends ab und gehen ein. Die Zahl der Jungbienen hat so zugenommen, daß sie zur Brutpflege und zur Versorgung des Volkes ausreichen. Es ist auch gut für ein Volk, die Altbienen abzustoßen: Das Stichwort »Nosema« oder Darmseuche gehört hierhin.

Die angestiegene Bruttätigkeit des Bienenvolkes im wechselhaften April bedeutet eine besondere Anstrengung für das Volk als Ganzes, muß ja das große Brutnest ständig geheizt werden und Maden, Königin und Arbeiterinnen satt gefüttert werden. »Streß« ist kein falscher Ausdruck für diesen Zustand. Ein leistungsfähiges, starkes Volk mit junger, fruchtbarer Königin verkraftet eine solche Anstrengung ohne Probleme auch bei nicht so günstigem Wetter, da es die wenigen Flugstunden intensiv nutzt mit den vorhandenen vielen Flugbienen und deshalb auch einen Futter- und Wassermangel vermeiden kann. Vor allem enthält es reichlich Jungbienen zum Wärmen der Brutflächen, weshalb keine oder kaum Brut verkühlt und eingeht. Nun ist nicht jedes Volk ein solches Mustervolk. Manche kommen schwächer aus dem Winter, manche beginnen zu früh mit dem Brüten, manche besitzen keine ausreichenden Vorräte – für solche Völker wird die Anstrengung bei Kälterückschlägen oder einer Regenperiode zu viel, bei einer derartigen Schwächung kommt die große Stunde eines Schwächeparasiten oder einer Faktorenseuche, nämlich der Nosematose.

Der Erreger der Nosematose ist eine sogenannte Mikrosporidie, ein beweglicher Einzeller, der als Dauerform eine widerstandsfähige, robuste Spore bilden kann, mit dem Namen Nosema apis Zander. Die Sporen gibt es in jedem Bienenvolk, in Ecken und Ritzen der Kästen, an Waben und Rähmchen. Temperaturen über 60 °C töten sie ab, sonst nichts (daher die Lötlampe zum Säubern von Kästen und Teilen!). Sie bleiben über ein Jahr ansteckungsfähig. Mit der Nahrung nimmt eine Biene Nosema-Sporen auf. Im Mitteldarm entwickelt sich der Parasit, frißt Darmzellen leer und bildet neue Sporen, die von der befallenen Biene ausgeschieden werden. Solange in einem Volk ein großes Brutnest mit einer Temperatur von 35 bis 36 °C unterhalten wird, ist es der Nosema zu warm, die ihrerseits die zur starken Vermehrung optimale Temperatur von 32 bis 34 °C benötigt. Dies ist in schwächeren Völkern gegeben, die ihre Brutnesttemperatur nicht auf der normalen Höhe halten können. Es tritt eine rasante Vermehrung des Parasiten ein, und man versteht dann den alten Namen »Bienenschwindsucht« sehr gut. Befallene Bienen haben einen stark angeschwollenen Darm, dessen Wände zudem leicht reißen (das sieht der Imker nicht). Dem Imker fällt an einem stark mit Nosema verseuchten Volk das Beschmutzen der Beute und ihrer nahen Umgebung mit dünnflüssigem Kot. Dabei werden natürlich sehr große Mengen von Sporen im Stock ausgeschieden und die Jungbienen sofort vermehrt angesteckt. Zuletzt krabbeln die schwer kranken Bienen flugunfähig vor dem Stand, sie zittern mit den Flügeln und weisen einen erkennbar aufgetriebenen Hinterleib auf. Das Volk kann schließlich eingehen.

Die Nosema-Sporen befinden sich in jedem Bienenvolk. Man weiß, daß jede ältere Biene sich irgendwann mit einigen von ihnen infiziert hat. Einer gut genährten Biene macht ein geringer Befall nichts aus. Man fand bei Forschungen sogar eine längere Lebensdauer bei gut genährten Nosema-Bienen als bei schlecht genährten, Nosema-freien Bienen. Demnach kommen alle älteren Bienen als Ausscheider von Nosema-Sporen in Frage. Die Jungbienen schlüpfen stets Nosema-frei. Je weniger alte Bienen im Stock sind, um so weniger infizieren sich die Jungbienen. Da ausgangs des Winters nur »alte« Bienen vorhanden und die wenigen jungen Bienen von »Nosema-Spendern« umgeben sind, erscheint es als überaus wichtig, daß die Altbienen sich rasch abarbeiten und durch eine wachsende Menge von Jungbienen ersetzt werden. Eine zügige Aufwärtsentwicklung im Frühjahr zeigt also auch einen Vorteil für die Gesundheit der Völker.

Eine andere Bienenkrankheit, die sogenannte Maikrankheit, tritt gelegentlich auf: Die »Maikrankheit« befällt nur junge Bienen, die noch nicht im Flugdienst gearbeitet haben. Wenn nach kalten, regnerischen Tagen, in denen kein Wasser geholt werden konnte, plötzlich schöne Tage kommen, findet man zitternde Bienen mit aufgetriebenem Hinterleib vor dem Flugloch. Sie versuchen, Kot abzusetzen, fallen vom Brett und gehen auf dem Boden schnell ein. Zwar kennt man die Ursachen der Maikrankheit nicht mit allen Einzelheiten, aber eine Art Stuhlverstopfung aufgrund von Wassermangel dürfte die wesentliche Ursache sein. Die mit Pollen üppig ernährten Jungbienen erleiden bei Wassermangel eine übermäßige Anhäufung und Verdickung des Kotblaseninhalts, der nicht mehr auf gewöhnliche Weise abgegeben werden kann. Ansteckungsgefahr besteht bei der Maikrankheit zum Glück nicht. Schnelle Abhilfe ermöglicht eine sofortige Gabe lauwarmen Zuckerwassers (1:3). Auch im Sommer bis in den August hinein kann mit der Maikrankheit gerechnet werden.

Entwickelt sich das Frühjahr ohne lange Regenperioden und Kälterückschläge, wird ein durchschnittliches bis gutes, weitgehend gesundes Bienenvolk bis Anfang Mai eine solche Stärke erreichen, daß es mehr Platz benötigt. Der Imker erweitert es. Dazu wird um diese Zeit der Baubetrieb besonders stark; dies wird ausgenutzt, um neue Waben ausbauen zu lassen, damit zu alte Waben ausgewechselt werden können. Die Bienen bereiten sich auf die Schwarmzeit vor, der Höhepunkt des Bienenjahres ist nicht mehr weit, und der Imker steht jetzt vor der arbeitsreichsten Zeit des Jahres.

Imkerliche Arbeiten

In der Frühjahrsentwicklung des Bienenvolkes wird der Grundstein gelegt für die mögliche Honigernte. Das Wetter und das Pflanzenwachstum kann der Imker nicht beeinflussen, so bleibt ihm nur übrig, seine Bienenvölker so zu führen und ihnen bei schlechtem Wetter so zu helfen, daß sie zur Zeit der Obstblüte leistungsfähig sind und dies den ganzen Sommer bleiben. Das klingt sehr einfach, ist aber mit die anspruchsvollste Arbeit des Imkers. Der natürliche Drang, dem die Bienen seit Jahrmillionen folgen, besteht in der Bereitstellung mehrerer Schwärme im Mai/Juni zur Vermehrung des eigenen Volkes. Statt einer Anzahl von Schwärmen, die auf und davon fliegen, möchte der Imker lieber ein Volk, das nicht schwärmt und seine Energie auf das Honigsammeln richtet. Diese Unterdrückung des Schwarmtriebes dürfte der größte widernatürliche Eingriff des Menschen in den natürlichen Ablauf des Bienenjahres sein. Zumindest trifft das für die Imkerei zu, die auf die Ausnutzung der Früh- und Sommertracht angewiesen ist. Die Heideimkerei, die allein die im August/September blühende Besenheide (Calluna vulgaris) in der Lüneburger Heide beispielsweise nutzte und auf den Restflächen heute noch nutzt, beruht auf einer schwarmfreudigen Bienenrasse: Der Heideimker oder Heidjer erstrebt von einem überwintertem Volk 4 Schwärme; bis zur Heideblüte wachsen sie zu einem starken Volk; der Heidehonig wird geerntet; ein Viertel bis ein Fünftel der Völker werden in den Winter genommen, um im Mai wieder Schwärme zu liefern.

Nun, wie helfen wir unseren Völkern, nach der ersten vorsichtigen Entwicklung im zeitigen Frühjahr zu einem starken Volk anzuwachsen? Ideal wäre, wir brauchten gar nicht zu helfen – solche Jahre und solch gute Standorte finden sich auch manchmal. Grundsätzlich lassen wir gelten, daß ein Selbstversorger-Imker die Frühtracht nutzen möchte, und dazu braucht er starke Völker. Einige Eingriffe oder Arbeiten erfolgen auf jeden Fall, einige zusätzliche Hilfen werden nur durchgeführt, wenn schlechtes Wetter oder/ und fehlende Nahrung dies erfordern.

Im zeitigen Frühjahr blieb die »Arbeit« an den Bienen auf eine mehr oder weniger regelmäßige Fluglochbeobachtung beschränkt. So weiß der Imker, welches Volk gut fliegt, welches ein Spätentwickler ist, welches Anlaß zur Sorge gibt. Im Laufe des April wird es Zeit zur großen **Frühjahrsdurchschau**. Man sucht sich dazu einen warmen, sonnigen Tag aus, an dem die Flugbienen unterwegs sind und das Öffnen der Beute keinen zu großen Wärmeverlust für das Volk bedingt. Jedes Volk wird angeschaut, ob Futtervorräte und Brut vorhanden sind. Jede Wabe wird kritisch geprüft, ein Blick genügt, wenn es darum geht, Größe und Geschlossenheit des Brutnestes

46

festzustellen. Ist junge und verdeckelte Brut da, spart man sich die Suche nach der Königin. Findet man keine Brut, ist das Volk weisellos. Oft merkte man schon bei der Fluglochbeobachtung, wenn solch ein Volk nicht in Ordnung ist. Es fliegt schlechter, außerdem hört man im Kasten statt des feinen gleichmäßigen Summens einen unruhigen Ton, der an ein unstetes Heulen erinnert. Man findet auch Völker, die nur noch geringe Futtervorräte besitzen und schwächer erscheinen. Darüber hinaus kann bei einzelnen Völkern die Vorderfront und das Anflugbrettchen der Beute mit Kotspritzern befleckt sein, ein Anzeichen eines nicht mehr harmlosen Nosema-Befalls. Welche sind nun für jedes Volk die richtigen Maßnahmen?

1) Das Volk hat Brut, ausreichend Futter und fliegt gut: Man schließt den Deckel wieder zu und merkt sich das Volk für eine rechtzeitige Honigraumerweiterung bzw. -freigabe vor.

2) Das Volk hat keine Brut, die Königin ist nicht zu entdecken, es sind nur die alten Winterbienen vorhanden, die sich beim Öffnen der Beute unruhig gebärden, nicht dicht wie auf einem Brutnest zusammensitzen, so daß man gleich spürt: Es stimmt etwas nicht. Eine Königin lebt gut 4–5 Jahre, davon gelten die beiden ersten vollen Jahre als die »besten«. Da hat sie ihre höchste Legeleistung und baut starke, fleißige Völker auf. Wird sie älter und vermindert sich ihre Leistung, neigt sie und ihr Volk mehr zum Schwärmen als eine junge Königin. Eine Königin ist also nicht unsterblich, und so kann es geschehen, daß sie während des Winters umkommt. Auf einem kleinen Bienenstand sind im Frühjahr keine Königinnen auf Vorrat vorhanden, die man dem weisellosen Volk geben könnte. Es lohnt sich nicht, die bald absterbenden alten Bienen zu pflegen. Das Einfachste ist, den Deckel des Kastens zu öffnen, die Bienen sich an ihren Futterresten vollsaugen zu lassen und sie dann vor den anderen Kästen auf die Erde zu fegen. Ein Teil wird sich aufrappeln und bei anderen Völkern einbetteln, ein Teil wird liegen bleiben und eingehen. Um diese ist es nicht schade. Als Anfänger fällt es einem schwer, sich von einem Volk zu trennen, auch wenn seine Pflege aussichtlos ist und außer Arbeit nichts bringt. Zum Trost: bald gibt es junge „Ableger" oder Schwärme, und die alte Völkerzahl stimmt wieder.

Enthält das aufgelöste Volk brauchbare Futterwaben, kann man sie in Völker geben, die geringe Vorräte haben, oder sie als Reserve für später aufheben.

3) Völker mit beinahe aufgebrauchten Vorräten benötigen Futter. Ein fertiger Eiweißfutterteig hat sich bewährt, der in kg-Packungen geliefert wird. Er enthält etwas Honig, Puderzucker und Eiweiß (meist Sojamehl). Man kann ihn mit und ohne ein Nosema-Heilmittel kaufen. Da geschwächte Völker leicht an der Nosematose leiden, dürfte das Heilmittel

sinnvoll sein. Man knetet etwa die Hälfte einer Packung zu einem flachen Fladen und legt ihn auf die Rähmchen über dem Bienensitz, so daß der Dekkel noch schließt. Dort wird er am besten angenommen, besser, als wenn er in die an der Seite stehende Futtertasche gegeben wird. Herrscht draußen günstiges Flugwetter und eine gute Pollenversorgung, genügt die Fütterung mit Zuckerwasser (1:1) im Ballon oder der Futtertasche. Das Herstellen von Futterteig lohnt sich in einer kleinen Imkerei nicht, da Puderzucker in Haushaltspackungen nicht gerade billig ist.

4) Tritt in einem Volk, das eigentlich in Ordnung scheint und noch stark genug ist, d. h. beinahe alle Waben des Brutraums belagert, akut ein sprunghafter Ausbruch der Nosematose auf, sollte man nicht abwarten, bis dies Volk geschwächt und in seiner Entwicklung zurückgeworfen wird. Übermäßig viele Kotspritzer an der Beutenfront und flugunfähige, zitternde Bienen auf Flugbrettchen und Boden lassen auf einen Nosema-Ausbruch schließen. Im März wachsen die Völker noch nicht, da die schlüpfenden Jungbienen die abgehenden Winterbienen ersetzen. Im April sollte man aber eine deutliche Aufwärtsentwicklung beobachten können. Unterbleibt sie, leidet das Volk vor allem an der Nosematose. Hier lohnt ein schnelles Handeln: Das Heilmittel (»Fumidil B«, ein Antibioticum) wird nach der Vorschrift auf der Verpackung in Zuckerwasser gelöst, dann überspritzt man die Bienen im geöffneten Kasten auf jeder Wabe mit der Lösung. Zusätzlich kann man Zuckerwasser mit Fumidil füttern oder entsprechenden Futterteig geben. Die Behandlung ist nach einer Woche zu wiederholen.

Natürlich kann, wer eine solche Behandlung ablehnt, auf die Selbstheilung des Volkes warten. Meist erholt sich das Volk wieder, aber die Frühtracht dürfte dann vorbei sein. Dies Volk ermöglicht erst später eine Ernte. Bleibt ein befallenes Volk schwach, sollte man es kurzerhand auflösen, damit nicht die kranken Bienen andere aus den Nachbarvölkern anstecken. Das Wichtigste bei der Nosema-Vorbeugung, bzw. bei der Verhinderung stellt die Maßnahme dar, nur starke, gut mit Pollen versorgte Völker einzuwintern. Wie schon gesagt wurde, wird ein starkes Volk mit Umständen, die einen Nosema-Ausbruch begünstigen, am besten fertig und bietet somit die Gewähr, daß Feuerwehreingriffe wie ein Medikament gar nicht nötig werden.

Nun hat der Imker die Frühjahrsdurchschau hinter sich und erfährt, wie üblich, erst lange später, ob er auch alles richtig gemacht hat.

Zu dem Begriff »Reizfütterung«, beinahe ein Reizwort unter Imkern, folgen einige Überlegungen über die Durchführung, den Sinn und auch die Sinnlosigkeit dieser umstrittenen Maßnahme. Eine Reizfütterung soll in einer trachtarmen oder -losen Zeit eine Tracht vortäuschen und so die

48

Ernährung sichern, damit das Volk seine Bruttätigkeit nicht einschränkt oder unterbricht. Die natürliche Verhaltensweise der Bienen, in Perioden mit knapper Nahrung die Brut zu vermindern, hat sich bei den Bienen in ihrer langen Entwicklung herausgebildet und bewährt. Möchte aber z. B. ein Imker von der Frühtracht Honig ernten, benötigt er im Mai Völker mit sehr vielen Flugbienen. Vom Ei bis zur ausfliegenden Trachtbiene vergehen drei Wochen, d. h. wenn im Mai mit blühenden Obstbäumen und einem Rapsfeld in der Nähe des Bienenstandes zu rechnen ist, werden die Bienen, die daraus den Nektar holen, in der ersten Aprilhälfte als Brut gepflegt. Darum muß im April auch bei schlechtem Wetter im Bienenvolk die Stimmung, es gebe reichlich Futter, aufrechterhalten werden, damit die Eiablage unvermindert weitergeht. Das geschieht durch Füttern von Futterteig oder Zuckerwasser, ein oder zwei Gaben von etwa 0,5 kg reichen dazu. Es liegt also an den herrschenden Flug- und Trachtbedingungen, ob eine solche Zusatzfütterung sinnvoll erscheint und an den Vorstellungen des Imkers über die Honigernte. Hier wird wieder auf die »Inspektionsgänge« verwiesen: Der Imker muß wissen, welche Vegetationsformen in seiner Standumgebung vorkommen. Gibt es zahlreiche Obstanlagen und Löwenzahnwiesen, dazu vielleicht Ackerflächen mit Rapsanbau, dürfte der Honig aus dieser Frühtracht einen beträchtlichen Teil der Jahresernte ausmachen. Dann ist auf jeden Fall eine Reizfütterung zu empfehlen, wenn nicht gerade ein idealer April mit häufig schönem Wetter und ergiebiger Nahrung aus Frühjahrsblühern eintritt. Wer dagegen in einer waldreichen Gegend imkert und in der Hauptsache Sommerblüten- und Waldhonig erntet, läßt die Bienen die Frühjahrstracht als Entwicklungstracht nutzen und, da das natürliche Erstarken der Völker zur Sommertracht auch bei Rückschlägen ohne Hilfe zeitlich passend kommt, kann er sich Arbeit und Futter zur Reizfütterung sparen. Es gibt genug Beispiele aus größeren Wanderimkereien, die damit beste Erfahrungen haben und grundsätzlich keine Reizfütterung durchführen. Wer Frühjahrshonig ernten möchte, kommt in unserem Klima selten um eine oder mehrere Futtergaben zwischen Ende März und Mitte April herum.

Erinnert werden soll hier noch einmal an die Bedeutung einer gesicherten Wasserversorgung, die gerade jetzt besondere Beobachtung erfordert. Wer, wie beispielsweise wir, das Glück mit einem klaren kleinen Bach in 20 m vom Bienenstandplatz hat, braucht sich keine Sorgen darum machen und kennt die Maikrankheit nur aus Büchern und vom Hörensagen. Sonst lohnt sich die Arbeit, den Bienen im Kasten Wasser anzubieten, entweder im Futterballon (im Bienenhaus) oder als mit Wasser gefüllter Wabe oder als leicht erreichbare Außentränke. Die Kondenswassertropfen reichen bei dem gestiegenen Wasserbedarf nicht mehr. Daß Wasser in einer Tränke regelmäßig gewechselt wird, versteht sich von selbst. Stehen die Bienen entfernt von der Wohnung, empfiehlt es sich, dem Tränkwasser »Chinosol« zuzusetzen, weil sonst in den durch geringe Zuckerreste verunreinigten Tränkgefäßen der »Froschlaichpilz« eine Verschleimung des Wassers verursachen kann, falls man nicht alle 2–3 Tage zum Wasserwechsel hinaus fahren kann. Chinosol ist im Imkerfachhandel erhältlich. Normalerweise kommt man ohne aus.

Nun folgen kurz die für den April bis Anfang Mai wichtigsten Bienenweidepflanzen (Trachtpflanzen), die im Gegensatz zu den Frühjahrsblühern, in größerer Masse zur Verfügung stehen und daher dem wachsenden Volk ermöglichen, Überschüsse als Vorräte um das Brutnest anzulegen:

Bäume und Sträucher in Feld und Wald: Ahornarten (Berg- und Feldahorn), Schwarzpappel, späte Weidenarten, Vogel- oder Wildkirsche, Schlehe, Birken,

Bäume und Sträucher im Garten: frühe Hauszwetschen, Pflaumen, frühe Süß- und Sauerkirschen, Johannisbeeren, Stachelbeeren, Zierquitte, frühe Birnen,

krautige Pflanzen in Feld und Wald: Wiesenschaumkraut, Sumpfdotterblume, wilde Veilchen, Lerchensporn, Ehrenpreis-Arten, Taubnessel-Arten, Scharbockskraut, Buschwindröschen, Wiesengoldstern, Löwenzahn (beginnend)...

krautige Pflanzen im Garten: Gänseblümchen, Tulpen, Narzissen, Lerchensporn, Traubenhyazinthen, Blaustern ...

In den meisten Jahren und Klimagebieten ist es gegen Ende April soweit, daß der Imker merkt: Der Brutraum wimmelt von Bienen, die Völker vertragen mehr Raum. In späten Jahren mit langem Winter kommt der Zeitpunkt ein bis zwei Wochen später, bei einem milden, zeitigen Frühjahr etwas eher; in rauhen Höhenlagen muß bis in den Mai hinein gewartet werden.

Der Imker richtet nun die zum Aufsetzen bestimmten Zargen der Magazine, Honigräume der Trogbeuten und der Hinterlader. Die im Wabenschrank oder einem Turm aus Zargen aufgehobenen Honigwaben werden in die Honigräume bzw. Zargen gehängt und mit Wasser leicht besprizt. Beim Öffnen der Völker, wiederum an einem schönen Tag, an dem ein Teil der Flugbienen unterwegs ist, legt man das zu jeder Beute gehörende Absperrgitter auf den Brutraum, damit in den Honigraum nur die schlanken Arbeiterinnen klettern können. Die Königin gehört in den oder die Bruträume, denn zum Schleudern darf man nur brutfreie Waben entnehmen. Bei der Sommer- oder Waldtracht benötigt der Imker das Absperrgitter

50

nicht mehr. Imkereien, die nicht die Frühtracht nutzen, lassen das Absperr-gitter gleich weg.

Die Bienen belagern schnell die neuen Waben. Gewiß, die Wärme über dem Brutnest entweicht in den Honigraum, das Volk muß einen meist dop-pelt so großen Raum heizen. Starke Völker werden schnell damit fertig, für schwache ist das Aufsetzen eine zu große Belastung, die Brut kann ver-kühlen und geht dann ein. Daher sollte man schwache Völker nicht mit den starken gleichzeitig aufsetzen, bzw. hier sieht der Imker den Vorteil, wenn er nur starke Völker eingewintert hat, daß er meist alle gleichzeitig mit wenig Arbeit aufsetzen kann.

Die Isolierung unter dem Deckel – am einfachsten und billigsten aus ein paar Zeitungen – bleibt weiterhin in den Völkern. In den kühlen Nächten hilft sie die Wärme halten, an heißen Tagen schützt sie vor dem Aufheizen.

Mit der Frühjahrsdurchschau, dem laufenden Beobachten der Völker und der Entwicklung der umgebenden Pflanzen, der Bienenweide, ggf. dem Tränken und Füttern und dem Aufsetzen bereitet sich der Imker auf die arbeitsreichste Zeit des Jahres vor, auf die Schwarmzeit.

DER FRÜHSOMMER UND DIE SCHWARMZEIT

Vorgänge im Bienenvolk

Im April begannen die Völker einfach zu wachsen, es schlüpften also mehr Jungbienen, als Altbienen abgingen. Dieses Wachsen geschah ohne weitere dramatische Vorgänge. Das ändert sich jetzt. Der Brutraum, in dem das Volk überwinterte, reicht nicht mehr. Der Bautrieb erwacht. Die eigent-liche Frühtracht mit ihrer Masse (Äpfel, die Vollblüte vom Löwenzahn, Raps...) bietet sich den fleißigen Sammlerinnen an. Die Tage werden ange-nehm warm und länger, die Nächte sind nicht mehr so kalt wie im April. Das Wachstum eines Volkes strebt seinem Höhepunkt zu. In dieser Zeit legt eine gute Königin täglich bis zu 2000 Eier! Die Bienenwohnung wurde um den Honigraum erweitert, neue Waben d. h. Mittelwände wurden gegeben, bei besonders starken Völkern wurde noch ein Brutraum aufgesetzt (das ist nur bei Magazinen möglich) – jedenfalls muß der Imker die Völker genau beobachten und abschätzen, wieviel Raum er geben soll. Andere Köni-ginnen sind bei 500 Eier/Tag ausgelastet und kommen weiterhin mit einem Brutraum aus. Ob stark oder weniger stark – es gibt Völker, die ungeachtet der Wünsche des Imkers ihrem uralten Trieb nachgehen und sich auf das Schwärmen vorbereiten. Andere Völker unterlassen es und sammeln fleißig Nektar und Pollen.

Woran merkt der Imker, welches Volk schwärmen will? Was geht in einem schwärmenden Volk vor? Wie entsteht genau ein Schwarm? Die imkerlichen Arbeiten zur Schwarmverhinderung ebenso wie die Behandlung eines Schwarms lassen sich am besten verstehen, wenn man zunächst über das Schwärmen Bescheid weiß.

Die natürliche Zeit der Schwarmbildung reicht von Anfang Mai bis in den Juli hinein, wobei die jährliche Witterung und die Trachtverhältnisse die Intensität der Schwarmstimmung beeinflussen. Bei einem Insektenstaat wie dem Bienenvolk läuft die Erhaltung und Vermehrung der Art nicht nur durch die Vermehrung der einzelnen Individuen wie z. B. bei den Säugetieren und Vögeln. Was nützt es einem Bienenvolk, wenn zwar die einzelnen Bienen durch Jungbienen ersetzt werden, aber das Volk als Einheit weiterhin dem Hunger, verschiedenen Krankheiten und Naturkatastrophen überlassen bleibt ohne Möglichkeit, durch Vermehrung des Volkes selbst Ausgleich zu schaffen?

Die Schwarmstimmung in einem Volk geht, zunächst in aller Stille und unbemerkt vom Imker, von den Arbeiterinnen aus. Wie in allen Einzelheiten dieser Impuls ausgelöst wird und wie diese Information durch das gesamte Volk getragen wird, weiß man nicht genau. Es spielt jedenfalls eine Rolle, daß um diese Zeit eine Überzahl an Ammenbienen vorhanden ist, die ihre volle Pflegekapazität nicht ausgelastet fühlen, die also unter einem Futtersaftstau »leiden«, da nicht alle zur Verfügung stehenden Futtersaftmengen abgerufen werden. Es geraten allerdings auch Völker in Schwarmstimmung, die nicht eine derartige überschäumende Entwicklung aufweisen – der Futtersaftstau gibt nicht allein oder überwiegend den Schwarmimpuls.

Wie dem auch sei, einige Arbeiterinnen beginnen, einzelne sogenannte Weiselnäpfchen auszubauen. D. h. sie erweitern einzelne Wabenzellen, oft am Rande der Waben, aber auch mitten auf der Wabe, so daß sie als auffallende, ausgestülpte und geräumige Näpfe sich von den übrigen Zellen abheben. Zu diesen »Weiselwiegen« drängen die Hofstaat-Bienen ihre Königin, damit sie in jede ein Ei legt. Auch eine Königin muß sich den Wünschen des Volkes unterwerfen. Diese Maden in den Weiselwiegen erhalten nun eine »königliche« Pflege mit einem besonderen Futtersaft, der außer den gewöhnlichen Zutaten einen hormonähnlichen Stoff enthält zur Entwicklung einer Königin aus der Larve. Das Ei zu einer Arbeiterin oder einer Königin ist dasselbe; die Ausbildung zur Königin erfolgt nur bei Zugabe des Weiselfuttersaftes, den die Ammenbienen nur in die großen Weisel-

Alte bäuerliche Selbstversorgung in Mittelfranken – heute fast aufgegeben. Nur 1 Bienenkasten war besetzt!

Imkerliche Grundausrüstung für die Arbeit an den Bienen: Hut mit Schleier, Handschuhe, Arbeitskittel, Imkerpfeife, »Smoker«, Wasserspritze, Stockmeißel, Fegebesen.

Futtergeräte: Eigenbau-Futtertasche und Futtereimer für die Fütterung im Kasten; gläserner Futterballon mit Einsatz zur Fütterung durch ein Loch im Kastendeckel (re).

Waben (Zandermaß): gedrahtetes Rähmchen (re. oben), Rähmchen mit eingelöteter Mittelwand (li. oben), frisch ausgebaute, schon bebrütete Wabe (li. unten), ältere Wabe, mehrmals bebrütet, Honigwabe (re. unten), Rähmchen mit »Hoffmann-Ohren« statt der Metall-Abstandhalter.

Alte Trogbeute im Zandermaß (40–50 Jahre): Brutraum mit Flugloch, dicke Wände (re.), Honigraum zum Aufsetzen (li.),
Waben im Längsbau (Kaltbau).

Neues Zander-Magazin mit 2 Zargen, Boden und Deckel. Absperrgitter. Alle Teile sind austauschbar und beliebig zusammensetzbar. Waben im Längsbau.

Alter Hinterlader im Normalmaß: Waben im Längsbau, schwerer Kasten, im Bienenhaus gut stapelbar, an individuelle Volksstärke nicht anzupassen. Brutraum unten, Honigraum oben, wird im Winter abgedeckt.

Die Frühjahrssonne lockt zum Reinigen und Wasserholen. – Anfang März!

Die große Frühjahrs-
durchschau: Was ist los
in der Beute?

Nicht belagerte und
daher angeschimmelte
Randwabe.

Ende April vor dem Auf-
setzen der Honigräume:
Gutes Brutnest; die
ersten erhabenen,
größeren Drohnenzellen;
in der schon leeren
Zelle wieder Eier und
kleine Maden.

näpfchen bringen. (»Weisel« ist ein altes Wort für Königin, das noch in den genannten Ausdrücken erhalten ist und von »weisen« = regieren hergeleitet wurde.)

Die Entwicklung einer Königin vom Ei bis zum Schlüpfen beträgt 16 Tage (die Arbeiterin braucht 21, der Drohn 24 Tage), davon sind 10 Tage die verschiedenen Maden-Stadien in offener Zelle, 6 Tage als Nymphe oder Puppe in der charakteristischen, fingerförmigen, weit in die Wabengasse ragenden geschlossenen Zelle. Diese auffallenden Weiselzellen bedeuten für den nachschauenden Imker ein sicheres Zeichen für die Schwarmstimmung.

Ungefähr eine Woche, bevor die erste der jungen Königinnen schlüpfen wird, verläßt die alte Königin mit ihrem Gefolge als »Vorschwarm« die Wohnung, um sich anderswo niederzulassen. Die Vorschwärme machen sich erfahrungsgemäß um die Mittagszeit etwa zwischen 11.00 und 15.00 Uhr auf. Die während der Legezeit flugunfähige Königin hörte etliche Tage vor dem Schwärmen mit der Eiablage auf und wurde verhalten gefüttert, um wieder schlank und flugfähig zu werden. Das Brausen eines ausziehenden Schwarms wird der Imker nach dem ersten Erleben so schnell nicht vergessen. Schon Stunden vorher wurden, vergleichbar einem Spähtrupp, die Spurbienen ausgeschickt, sich nach einer Bleibe umzusehen. In unserer Kulturlandschaft ist das nicht leicht, gibt es doch kaum ausgehöhlte Bäume oder ähnliche Höhlen. Nach dem Verlassen der Beute sammeln sich alle zum Schwarm gehörenden Bienen um die Königin zu einer Schwarmtraube an einem Ast in der Nähe des Bienenstandortes und warten auf die Anweisungen der Spurbienen, denen der Schwarm in sein neues Heim folgen wird. Jede Biene nahm einen vollen Honigmagen als Reiseproviant mit aus dem heimatlichen Stock. Mit diesen Vorräten versehen, wird nichts überstürzt. Manche alte Imker haben schon erlebt, daß ein Schwarm zwei bis drei Tage als Traube an einer Stelle hing und dann die Bienen entkräftet nach und nach herunterfielen, weil die Spurbienen kein Quartier ausmachen konnten. Dies dürfte die Ausnahme bilden. Meist begibt sich der Schwarm bald in die Luft, wenn ihn kein Imker einfängt.

In Ermangelung zahlreicher hohler Bäume beziehen Bienenschwärme die unterschiedlichsten Quartiere: leere Obstkisten, Dachluken, Rolllädenkästen usw. und zufällig dastehende oder absichtlich aufgestellte Bienenkästen.

Das Restvolk im Kasten erwartet das Schlüpfen der ersten jungen Königinnen. Die alte Königin fehlt, deren ureigener Duft lange Zeit das Volk als fleißige Einheit zusammenhielt. Es benötigt bald eine neue Stockmutter, um nicht in eine Masse orientierungsloser Einzelwesen zu zerfallen. Die erste der schlüpfenden Jungköniginnen übernimmt diese Rolle meist nicht, sondern verläßt rund 5–9 Tage nach dem »Vorschwarm« als »Nachschwarm« die Wohnung. Der Nachschwarm mit einer – oder manchmal beobachtete man auch mehrere Jungköniginnen – unbegatteten Jungkönigin stellt einen idealen Beginn für ein neues Volk dar. Er hält sich gewöhnlich nicht lange an der Sammelstelle in der Nähe der alten Heimat auf und sucht das Weite.

Das wiederum geschrumpfte Restvolk erlebt die nächste junge Königin, die aus der Zelle krabbelt. Um zu zeigen, wer hier die »Herrin im Haus« ist, beginnt diese junge Königin zu »tüten«. Die noch in den Zellen sitzenden übrigen jungen Königinnen geben dumpfe »Quak«-Töne als Antwort von sich. Damit erschöpft sich ihr Leben weitgehend, denn als überzählig werden sie von der zuerst geschlüpften Königin entweder nach dem Schlüpfen oder sogar noch in den Zellen abgestochen. Diese Rivalenkämpfe sind übrigens die einzige Gelegenheit im Leben einer Königin, während der sie ihren Stachel benutzt.

Trägt aber dieses Restvolk eine besonders schwarmlustige Erbmasse in sich, werden noch ein oder zwei Schwärme gebildet. Die Arbeiterinnen schützen dann die noch vorhandenen Weiselzellen vor dem Zugriff der jeweils ersten Königin, die dann mit einem Gefolge abfliegt. Solche Völker bezeichnet der Imker als Schwarmteufel, sie haben keinen imkerlichen Wert.

Schwarmträgere Völker schicken oft nur einen Vorschwarm mit der alten Königin ab. Je älter die Königin ist, um so mehr neigen sie und ihr Volk zum Schwärmen. Ihre Legeleistung geht zurück, und das ist mit ein Grund für die Arbeiterinnen, sie zum Bestiften von Weiselnäpfchen zu drängen. Daß ein Volk am besten mit einer jungen, leistungsfähigen Königin seine Zukunft meistern kann, wissen die Bienen selber und handeln entsprechend. So schlau wie sie sollte der Imker auch sein und dafür sorgen, in seinen Völkern überwiegend junge Königinnen zu haben.

Die Vielfalt in der Natur im allgemeinen und bei den Bienenvölkern im speziellen gilt unter anderem für den Schwarmtrieb. Bestimmte Völker schwärmen nicht. Die bei uns verbreiteten Rassen und Zuchtstämme, die auf der Basis der Carnica-Biene (K-Biene, Kärntner Biene, Graue Biene = Apis mellifica carnica) ausgelesen sind, bringen von Natur aus eine recht lebhafte Schwärmerei mit. Innerhalb der Carnica-Biene wurde auf Schwarmträgheit gezüchtet, d. h. zur Vermehrung verwendeten die Züchter nur nicht oder wenig schwärmende Völker, weshalb heute schwarmträge, fleißige Linien bestehen und damit der Nachteil der Carnica-Biene weitgehend ausgeglichen ist. Die nördlich der Alpen ursprünglich beheimatete dunkle Nordbiene (Apis mellifica mellifica) entwickelt sich später und schwärmt weniger stark, ist dafür aber stechlustig und unruhig, macht also bei der Bearbeitung nicht viel Freude. Die über Jahrhunderte reichende Auslese der dunkeln Heidebiene zeigt, wie eine extrem schwarmfreudige Lokalrasse geschaffen wurde, die sich besonders für die Heideimkerei eignete und jedes Jahr mindestens vier Schwärme für die späte Heideblüte liefern konnte. Auf der anderen Seite wurde die schwarmfreudige Carnica-Biene durch Auslese zu einer mehr oder weniger schwarmträgen Biene gemacht.

Was geschieht nun im Vollfrühling und Frühsommer in den Völkern, die nicht schwärmen? Sie brüten je nach Legeleistung der Königin. Manche werden sehr stark und geben dem Imker genügend Bienen-Überschuß für die Ablegerbildung, für die »künstliche« Bildung von Jungvölkern. Manche bleiben mäßig stark und enttäuschen den Imker etwas. Manche dieser Völker bringen dennoch anständige Honigerträge. Mit einem alten Wort bezeichnet man solche Völker als »Hüngler«; sie scheinen überaus findig zu sein bei der Suche von wenig auffallenden Trachtquellen, nutzen allerdings Massentrachten nicht so gut. Jetzt wird es Zeit für das Erscheinen der Drohnen, der männlichen Bienen, die in der Wertschätzung der Menschen nach alten Sprichworten nicht gut wegkommen. Nötig sind sie trotzdem. Drohnen entstehen aus einem Ei, bei dessen Ablage die Königin ihre Samenblase zuklemmte und keinen Samen aus ihrem Vorrat in den Eileiter zu dem zu legenden Ei entließ. Der Drohn besitzt nur mütterliche Erbanlagen bei der Hälfte der »normalen« Erbträger. Anders herum gesagt: aus einem Ei mit haploidem Chromosomensatz entwickelt sich immer ein Drohn. Wie schon erwähnt wurde, benötigt der Drohn vom Ei bis zum Schlüpfen 24 Tage. Drohnenbrut läßt sich leicht erkennen an den größeren Zellen und bei der Verdeckelung an den buckelartig vorgewölbten Deckeln. Wenn Bienen außerhalb der Wabenrähmchen »Wildbau« aufführen, z. B. in einer Futtertasche, in Zwischenräumen und Nischen, im Baurahmen, bevorzugen sie den großzelligen Drohnenbau. Daher stanzt man in die Mittelwände, mit denen die zum Ausbauen bestimmten Wabenrähmchen bestückt werden, die Grundrisse der Arbeiterzellen. Die Bienen würden sonst Drohnenbau anlegen. Es müssen nicht Hunderte von Drohnen in jedem Volk leben, hundert reichen für ihren Zweck völlig aus. Ein Drohn verbraucht in seinem Leben ein paar Gramm Honig. Zu viele von ihnen sieht der Imker verständlicherweise nicht gerne in einem Volk. Die Drohnen erkennt man leicht an ihrem großen, plump wirkenden Körper und den über den ganzen Kopf reichenden Augen. Nach dem Schlüpfen brauchen die Drohnen, sprichwörtlich faul, tatsächlich nichts arbeiten und werden reichlich versorgt. Ihre Aufgabe liegt darin, bei schönem Wetter zu dem nächstgelegenen Drohnensammelplatz zu fliegen und dort auf eine Königin zu warten. Diese Drohnensammelplätze liegen mehrere Kilometer von den Bienenständen entfernt jedes Jahr an der gleichen Stelle. Wie sich diese Information über seine Lage den Drohnen jedes Jahr neu überliefert – denn kein Drohn überlebt den Sommer – ist uns unbekannt, ebenso wissen wir nicht, nach welchen Gesichtspunkten die Lage eines Sammelplatzes bestimmt wird. Jedenfalls treffen sich zwischen 13.00 und 17.00 Uhr zahlreiche Drohnen dort. Paarungsbereite, brünstige Jungköniginnen fliegen den Sammelplatz an. Jede Königin paart sich im Fluge mit 5–10 Drohnen, denen bei der Kopulation ein Teil des Spritzkanals abgerissen wird und als Begattungszeichen an der Königin hängen bleibt. Die Drohnen haben ihren Lebenssinn erfüllt und gehen ein.

Die Jungkönigin, die etwa 5 Tage nach dem Schlüpfen bis zu einem Alter von 5 Wochen begattet werden kann und danach nie mehr wieder, kehrt in ihren Stock zurück und fängt ein bis zwei Tage später mit der Ablage befruchteter Eier an. Sie hat für den Rest ihres Lebens in ihrer Samenblase (Spermatheka) 8–10 Millionen Spermien. Tritt der relativ seltene Fall ein, daß sie infolge einer unzureichenden Begattung bei einem Wettersturz oder während eines allgemein schlechten Sommers vorzeitig ihren Samenvorrat aufgebraucht hat, legt sie dann nur unbefruchtete Eier ab, d. h. sie wird »buckelbrütig«. Erhält solch ein Volk nicht schnell eine neue Königin, überlebt es nicht.

Nicht nur die Aufzucht und Pflege der Drohnen fordert die Bienen um diese Zeit, auch der Baubetrieb weist seine höchste Intensität auf. Zum einen leben im Volk besonders viele junge Stockbienen, die beschäftigt sein wollen; zum anderen bestand seit Jahrmillionen für einen Schwarm die Notwendigkeit, eine neu bezogene Höhle in kürzester Zeit mit Wabenwerk auszufüllen, damit Brut und Vorräte untergebracht werden können. Die natürlicherweise vorhandene Baufreudigkeit wird in der Imkerei genutzt, um altes, dunkles Wabenwerk zu erneuern, worauf bei der Beschreibung der jetzt nötigen Arbeiten eingegangen wird.

Da in diese Jahreszeit auch die erste Honigerzeugung aus der Frühtracht bei halbwegs anständigem Wetter zu erwarten ist, soll hier kurz die Herstellung des Honigs durch die Bienen dargestellt werden. Zwar fühlt man sich kaum in der Lage, mit nüchternen Worten eine derartige Vielzahl von wunderbaren Vorgängen im Bienenvolk zu beschreiben. Die Vollkommenheit des Zusammenwirkens im Volk bedingt ein immer neues Staunen. Doch kehren wir zur Entstehung des Honigs zurück.

Während der ersten Orientierungsflüge lernt eine dem Innendienst entwachsene Biene die nähere Umgebung des Stockes kennen und übt das Finden des eigenen Fluglochs auf dem Rückweg. Selbst die Königin unternimmt vor ihrem Hochzeitsflug ein paar Orientierungsflüge, um später zurückzufinden. Zum Orten des Heimatstandortes und des Flugziels benutzen die Bienen den Sonnenstand bei sonnigem Wetter und als wahrscheinlich wichtigere Hilfe das Magnetfeld der Erde. Wie dieser »Bienen-Computer« im einzelnen beschaffen ist und funktioniert, darüber wissen wir noch nicht besonders viel. Jedenfalls machen sich einzelne Spähtrupps morgens auf die Suche nach ergiebigen Weidegründen. Wenn sie zurückkehren, teilen sie den Kolleginnen vom »fliegenden Personal« die jeweilige Trachtquelle mit und beschreiben in ihrer Bienensprache genau Entfernung, Richtung und Umfang, damit sich die Sammlerinnen in der erforderlichen Anzahl aufmachen können. Haben die Suchbienen eine lohnende Trachtquelle in einer Entfernung bis 100 m vom Stock gefunden, tanzen sie einen Rundtanz auf einer Wabe: abwechselnd rechts und links herum tanzt die Suchbiene in kleinen Trippelschritten; sie wird bald von anderen Bienen verfolgt, die ihre Fühler an ihren Hinterleib halten und alle Bewegungen mitmachen. Aus der Art des Tanzes erkennen die übrigen Bienen die Richtung der Trachtquelle, und nach wenigen Minuten fliegen andere Bienen hin, die bei ihrer Rückkehr anderen Bienen denselben Rundtanz vorführen.

Weiter entfernte Trachtquellen erfordern einen noch genaueren Tanz, damit keine unnötigen Energien für das Suchen auf einem weiteren Weg verschwendet werden. Dieser sog. Schwänzeltanz wird in Form einer zusammengedrückten Acht getanzt bei ruckartigen Bewegungen mit dem Hinterleib. Je heftiger die Bewegungen durchgeführt werden, um so lohnender ist die Trachtquelle. Die Entfernung wird mithilfe der Anzahl der Tänze gezeigt: Die Forscher zählten 10 Tänze für eine Entfernung von über 100 m, 6 Tänze für etwa 500 m, nur 3 für über 1000 m. Die Richtung der Acht deutet auf die Richtung der Trachtquelle hin. Daß nun die aufpassenden Flugbienen diesen auf der senkrechten Wabe im Dunklen stattfindenden Tanz auf die Verhältnisse im Freien »umrechnen« und danach völlig sicher jeden Weideplatz finden, muß uns Menschen in Erstaunen versetzen.

Unsere Flugbienen folgten also der getanzten Information und sind unterwegs von Blüte zu Blüte. Sie bleiben immer bei derselben Blütenart auf jedem Flug, »blütenstet« nennt man dieses Verhalten, das wiederum Vorteile für die einzelnen Pflanzenarten hat: Sie werden von Pollenkörnern der eigenen Art bestäubt, die von mehr oder weniger entfernten Individuen stammen. Diese als Fremdbefruchter bezeichneten Pflanzenarten entwickelten zur Sicherung ihrer Befruchtung und damit ihres Bestehens die auffälligen, anziehenden Blüten mit dem Nektar als Belohnung für besuchende Insekten. Je nach Blütentyp und -aufbau befinden sich Nektarien an verschiedenen Stellen der Blüte und sondern den von der Pflanze hergestellten süßen, wasserreichen Nektar ab. Die Bienen finden ihn schnell und streifen auf dem Weg zu ihm die von der vorigen Blüte stammenden Pollenkörner, die am Haarkleid hängen, auf der klebrigen Narbe ab. Auf dem Rückweg bleiben wieder ein paar Pollenkörner an ihnen haften für die nächsten Blüten. Zum Transport des Nektars besitzt die Biene eine Honigblase zwischen Speiseröhre und Mitteldarm. Der Mitteldarm ist das eigentliche Verdauungsorgan der Biene. Zur Honigblase hin wird er durch einen Ventiltrichter abgeschlossen, weil einerseits keine Verdauungssäfte den Nektar verunreinigen dürfen und andererseits auf langen Flügen etwas aus der Honigblase als »Flugsprit« in den Mitteldarm abgegeben werden muß. Die Honigblase weist ein Fassungsvermögen von ungefähr 50 bis 60 mm³ auf und ist erst nach etlichen Blütenbesuchen gefüllt. Beim Aufsaugen des Nektars wird ihm auf dem Weg in die Honigblase schon ein wenig vom Kopfdrüsensekret beigemischt, das den Nektar etwas verdünnt und den ersten Schritt der Honigbereitung einleitet.

Die vollgesogenen Flugbienen erreichen den heimatlichen Stock und übergeben den Inhalt der Honigblase an die Stockbienen, deren Aufgaben u. a. vom 6. bis 12. Tag die Abnahme und Weiterverarbeitung des Nektars darstellt. Der Nektar wird durch mehrere Bienenmägen weitergeleitet und bei jeder Weitergabe mit Fermenten angereichert, welche die Zucker umwandeln. Sein Wassergehalt nimmt durch Verdunstung beim Umtragen ab. Bis der reife Honig verdeckelt in den Zellen liegt, müssen die Stockbienen fleißig arbeiten. Die ersten Honigvorräte werden als »Honigkränze« über dem Brutnest abgelagert; nimmt das Brutnest im Mai und Juni bis Juli die ganze Wabe des Brutraums ein, fehlen die Honigkränze, und aller Honig befindet sich im Honigraum.

Nicht nur das Sammeln von Honig als energiereichem Futter, sondern auch das des eiweißreichen Futters, des Pollens, erfolgt um diese Jahreszeit im Überschuß. Der am Flugloch beobachtende Imker freut sich, wenn er einen großen Teil der heimkehrenden Bienen mit den bunten »Pollenhöschen« bepackt sieht. Die Flugbienen besitzen an den Hinterbeinen eine sinnreiche Vorrichtung für den Transport des Pollens, bzw. die Lösung, welche die »Natur« für den lohnenden Transport der einzelnen mikroskopisch kleinen Pollenkörner entwickelt hat, verdient unsere Bewunderung: Während eines Blütenbesuches reibt die Biene die lose auf den Staubgefäßen haftenden Pollenkörner mit den Vorderkiefern und vorderen Beinen an ihr Haarkleid. Anschließend befeuchtet sie mit etwas Nektarflüssigkeit aus der Honigblase diese Pollenkörner und bürstet die nun klebrigen Pollenkörner mit den Fersenbürstchen der Vorderbeine vollends von den

Staubgefäßen ab an ihren Körper. Nun fliegt sie auf und arbeitet in der Luft weiter, indem sie die an Kopf, Brust, den Beinen klebenden Pollenkörner mit den Fersenbürsten nach hinten befördert, und zwar nimmt beispielsweise das linke Vorderbein einige Pollenkörner vom Kopf, das rechte Mittelbein übernimmt die Ladung vom Vorderbein, das rechte Mittelbein gibt sie an das linke Hinterbein, dessen innen befindliche Bürste die Pollenklümpchen portionsweise in der Mulde des sog. Körbchens an der Außenseite des Beines unterbringt. Das geschieht alles im Flug. Kommt die Sammelbiene im Stock an, schiebt sie mit ihrem Sporn die Pollenhöschen, die sie »gehöselt« hat, in eine Zelle ab. Innendienst-Bienen stampfen die bunten Höschen ein zu einer gelblichen bis rötlichen, homogenen Masse, die sehr haltbar im klimatisierten, von Bienen belagerten Bereich des Stockes ist. Bei Bedarf holen die Stockbienen das fett- und eiweißreiche Futter für die Brut, weshalb die Waben mit dem meisten Pollen sich an das Brutnest anschließen.

Sobald aber Pollen im Randbereich des Stockes vor allem während der kalten Jahreszeit durch Schwitzwasser feucht wird, befällt ihn oft der Schimmelpilz Ascophaera alvei. Der Pilz durchzieht die Pollenzellen mit einem dichten, weißen Myzel, das den Bienen ein Reinigen der Zellen sehr schwer macht. Außerdem bildet er Gifte (Mykotoxine), welche die junge Brut schädigt. Starke Völker, die alle Waben belagern, verhindern dabei den Schimmelbefall des wertvollen »Bienenbrotes«. Bei der Aufbewahrung von Waben mit eingestampftem Pollen muß deshalb auf einen trockenen, möglichst kalten Ort geachtet werden. Dichte Wabenschränke sind gut zu lüften. Für eine Vorbeugung gegen die Pollenmilbe, die aus Pollenvorräten wertloses braunes Mehl macht, hilft ebenfalls eine trockene, kalte Lagerung.

So sehen unsere Bienenvölker aus vor dem Höhepunkt des Bienenjahres im Hochsommer: Ihr Sammeleifer hat, bedingt durch die hohe Zahl der Flugbienen, einen hohen Stand erreicht; Pollen und Honig werden als Vorräte eingelagert, wenn nicht lange Schlechtwetterperioden dies verhindern; der Bautrieb ist intensiv wie sonst nie im Jahr; die Schwarmlust hört in der ersten Julihälfte auf und erlaubt dem Imker ein erstes Aufatmen. Die Schwarmzeit stellt die arbeitsreichste Zeit im Bienenjahr dar: Die erste Honigernte steht an, und die Zeit für die Völkervermehrung, den Ersatz alter Königinnen und die Schwarmverhinderung ist gekommen.

Imkerliche Arbeiten

Der Imker oder die Imkerin beobachten täglich das Wetter, ob es guten Bienenflug ermöglicht oder nicht. Dazu kommt das laufende Beobachten der Trachtverhältnisse: Wo gibt es ein Rapsfeld in der Nähe, wie blüht es in den umgebenden Gärten, können die Bienen Wiesen mit viel Löwenzahn anfliegen, befinden sich Feldfutterbestände mit blühendem Klee in der Umgebung, was bringen die Waldränder, wächst auf den Weiden auch Weißklee? Auf vieles muß man sein Auge richten, und nicht immer bietet sich die Bienenweide so auffällig wie ein Rapsfeld mit seiner gelben Pracht oder eine Apfelanlage im weißen und rosa Blütenkleid.

Jetzt muß der Imker in wöchentlichem bis höchstens 10tägigem Abstand durchschauen, um über die Entwicklung der Schwarmlust und der Honigeinlagerung Bescheid zu wissen. Je nach Beutetyp wird der Honigraum an die Seite gestellt, hochgekippt, bzw. bei den Hinterladern werden direkt die Brutraumwaben herausgezogen und angeschaut (wenn man vorsichtig, ohne unnötig zu rucken, die Verkittungen der Waben untereinander und an den Führungsschienen löst). Im Brutraum schaut man sich die Brutwaben an und bekommt recht schnell den Überblick, ob alles in Ordnung ist. Gedeckelte und offene Brut, frisch bestiftete Brutnestteile (die weißen, länglichen Eier am Grunde der Zelle lassen sich bei einiger Übung gut erkennen) beweisen die Anwesenheit einer gesunden, aktiven Königin. Die Form und Größe des Brutnestes läßt auf Alter und Leistungsfähigkeit der Königin schließen: Bedeckt das Brutnest als großes Oval beinahe eine ganze Wabe und gehören wenigstens 5 bis 6 Waben zum Brutnest, haben wir eine gute Königin vor uns. Das Brutnest muß darüber hinaus ohne Lücken sein, durch Schlüpfen frei gewordene Zellen werden meist schnell wieder bestiftet. Eine alte, nachlassende Königin unterhält ein kleineres Brutnest, das etwa ein Viertel bis die Hälfte der Wabe einnimmt und häufig Lücken aufweist. Es kann auch vorkommen, daß eine noch junge Königin sich mit einem kleinen Brutnest begnügt – sie kann nie ein starkes Volk aufbauen. Solche schwach bleibenden Völker haben keinen besonderen imkerlichen Wert, denn sie bringen keine nennenswerte Honigernte und verursachen nur zusätzliche Arbeit. In der »freien Natur« würden solche Völker kaum den Winter überleben.

Kurz, dem Zustand des Brutnestes gilt der erste Blick. Der zweite richtet sich auf möglicherweise vorhandene Weiselnäpfchen, welche die Bienen gerne am Rand der Waben oder auch manchmal mitten in einer Brutwabe bauen. Entdeckt man Weiselnäpfchen, heißt es schnell handeln, da das betreffende Volk sich für das Schwärmen entschlossen hat. Hiermit fällt das Stichwort »Schwarmverhinderung«, auf das anschließend ausführlich eingegangen wird. Entdeckt man keine Weiselnäpfchen, packt man den Brutraum wieder zu.

Im Honigraum kontrolliert man noch die Vorräte: Sind die Wabenzellen teilweise halb gefüllt, arbeiten Stockbienen auf den Honigwaben, erscheinen die Zellen beinahe voll, fangen die Bienen an, den fertigen Honig zu verdeckeln? In den meisten Jahren mit einem durchschnittlich schönen Frühjahr kann gegen Ende Mai bis Mitte Juni der Frühjahrshonig geschleudert werden. Ist die Honigwabe zu ein bis zwei Dritteln gedeckelt, liegt reifer Honig vor, der unbedenklich geschleudert werden kann. Nicht oder kaum gedeckelter Honig kann durchaus auch reif sein. Dann stößt man heftig die Wabe auf eine Unterlage, z. B. den Beutendeckel oder einen Hocker im Bienenhaus: Spritzt Honig in kleinen Tropfen heraus, ist es zum Schleudern zu früh. Der Honig enthält zuviel Wasser und würde bald gären und damit verderben. Haftet er dagegen fest in den Waben, darf der Imker schleudern.

Doch wenden wir uns der **Schwarmverhinderung** zu. Fällt in einer Runde versammelter Imker dieses Wort, beginnt eine stundenlange Diskussion über Methoden und Erfahrungen. Das Thema reicht ins Endlose und wird noch durch den typisch deutschen Hang zum Perfektionismus komplizierter, als es von Natur her ist. Hier handelt es sich um eine kleine Imkerei mit wenigen Völkern zur Selbstversorgung, dabei kann sich auf wenige einfache, naturnahe »Tricks« oder Verfahren beschränkt werden. In einer größeren Imkerei, die rationell im Neben-, Zu- oder Haupterwerb geführt und zu der eine sinnvolle Königinnenzucht betrieben wird, liegen die Verhältnisse anders und erfordern »professionelle« Maßnahmen im Zusammenhang mit der Schwarmverhinderung und der Erstellung von Jungvölkern. Natürlich weisen die für Selbstversorger-Imker geeigneten Verfahren Mängel auf, sie sind nicht perfekt, sie finden keine Gnade vor den Augen bewußt züchtender Imker, die sich nur mit ertragsstarken Wirtschaftsvölkern abgeben, aber aufgewogen wird dieser Nachteil durch die Tatsache, daß eine Selbstversorger-Imkerei mit nicht einer so strengen Meßlatte gemessen wird. Wenn ein Volk schwärmt und der Schwarm auf und davon geht, tröstet man sich mit der Honigernte des nächsten Jahres. Wenn von drei Ablegern nur zwei etwas werden, muß man das vorher einkalkulieren. Dennoch sollte auch ein »kleiner« Imker sich den Grundsatz der Erwerbsimker, nur von guten Völkern sich Ableger nachzuziehen und eine gewisse Selektion auf Ertragsfähigkeit und Schwarmträgheit am Stand durchzuführen, zu Eigen machen. Das läßt sich mit den folgenden Verfahren gut erreichen.

An den verschiedenen Möglichkeiten, die man bei der Nachschau vorfinden kann, wird die weitere Behandlung des Volkes erklärt.

1) In einem relativ schwachen Volk findet der Imker Weiselnäpfchen, die bestiftet und vielleicht schon gedeckelt sind. Hat der Imker dieses Volk

vom Vorjahr her in guter Erinnerung, so scheint die Königin altersschwach zu sein und wird aber, da sie früher ein starkes, fleißiges Volk aufgebaut hatte, gutes Erbgut an ihre Töchter weitergeben, die noch in den Weiselnäpfchen eingeschlossen sind. Man sucht die alte, ausgediente Königin, fängt sie heraus und wirft sie auf den Boden. In der Natur würde sie irgendwann von einer jungen, kräftigen Rivalin abgestochen oder sonstwie eingehen – da ist dieses nicht grausam oder verwerflich. Anschließend bricht man die Weiselnäpfchen bis auf ein besonders schönes aus, und daraus wird dann die neue Stockmutter schlüpfen. Benötigt man für ein anderes Volk oder Ableger gute Weiselzellen, kann man die überzähligen Weiselnäpfchen aus der Wabe herausschneiden. Handelt es sich bei einem Volk mit Weiselnäpfchen um eines, mit dem der Imker noch nie zufrieden war, sollte er der Versuchung widerstehen, solche Weiselnäpfchen weiter zu verwerten. Entweder löst man das Volk auf einfach durch Abfegen aller Bienen – die meisten von ihnen betteln sich bei Nachbarvölkern ein und machen sich dort nützlich – oder man fängt die alte, wenig wertvolle Königin heraus und gibt dem Volk eine gute Weiselzelle zur Pflege. Aus ihr schlüpft wahrscheinlich eine gute Königin, und man kann sich freuen, wenn es mit diesem Volk wieder aufwärts geht. Die ausgeschnittene Weiselzelle klebt man am besten mit etwas weichem, fast flüssigem Wachs an ein leeres Rähmchen, das man mitten in das betreffende Volk hängt anstelle einer alten, dunklen Brutwabe. Diese wandert nach oben in den Honigraum, wo die vorhandene Brut später schlüpft. Daß bei Zugabe einer guten Weiselzelle die übrigen herausgebrochen werden müssen, versteht sich von selbst. Niemand kann vorher wissen, ob eine solche aus einer Schwarmzelle gezogene Königin auch vollwertig auswächst und gesund ist und ob sie vom Hochzeitsflug wiederkehrt. Diese Unsicherheit muß in Kauf genommen werden. Man sieht recht bald, ob das Volk »weiselrichtig« ist oder weisellos. Nach ein bis zwei Wochen müßte Brut, d. h. ein begonnenes Brutnest mit Eiern und jungen Maden im Volk vorhanden sein. Die Flugbienen tragen Pollen ein für die Brut – das erkennt man leicht bei der regelmäßigen Beobachtung am Flugloch. Eines muß sich der Imkerneuling merken: Seine verständliche Neugierde über Vorgänge in einem Volk hat er zu zügeln, denn ein zu häufiges Nachschauen mit Öffnen des Kastens und der dabei entstehenden Beunruhigung der Bienen verursacht nur Schaden! Die aufgeregten Bienen könnten die Königin bei dem Versuch, sie zu schützen, »einknäueln«. Eine erstickt auf dem Boden des Kastens liegende Königin möchte wohl niemand als Ergebnis seiner Neugierde! Also heißt das, je nach Wetter 10 bis 14 Tage nach der Zugabe eines Weiselnäpfchens **einmal** vorsichtig nachschauen und sich sonst auf die Fluglochbeobachtung beschränken.

66

Bei solch einem immer noch relativ schwachen Volk sollte man noch auf die Futtervorräte achten und auf jeden Fall Futterteig oder Zuckerwasser füttern, wenn es wenig oder keine Vorräte angelegt hat.

2) Befassen wir uns mit dem Fall, daß bei einer Nachschau in einem starken, guten Volk Weiselzellen gefunden werden. Die Königin ist leistungsfähig, man möchte dieses Volk gerne behalten und eine Honigernte schleudern. Benötigt man keine Weiselzellen für ein anderes Volk, bricht man sie zunächst aus. Das reicht nicht, um dem Volk die Schwarmstimmung zu nehmen. Es würde schnell neue Näpfchen »anblasen« und in der Schwarmstimmung das fleißige Honigsammeln auch bei schönstem Wetter und guter Bienenweide vernachlässigen.

Der Imker kann auf zweierlei Weise versuchen, dem Volk die Schwarmstimmung zu dämpfen. Ein perfektes Verfahren paßt nicht in eine kleine Imkerei und entspricht nicht einer naturnahen Betreuung der Bienen, bei der das vollständige Unterdrücken eines natürlichen Triebes als übertrieben angesehen wird. Man kann erstens dem Volk mehr Brutraum zur Verfügung stellen, indem auf den unteren, vollen Brutraum ein weiterer gesetzt wird, was nur bei Magazin- oder Trogbeuten möglich ist. Dieser neue Brutraum enthält ein paar helle, ziemlich neue Brutwaben und nicht ausgebaute Mittelwände je nach dem Wabenvorrat des Imkers. So werden die nicht ausgelasteten Stockbienen mit Bauen und der Pflege zusätzlicher Brut schnell beschäftigt, und in den meisten Fällen geht die Schwarmstimmung zurück.

Kann aufgrund der Bauart der Beuten nicht erweitert werden, muß man den zweiten Weg einschlagen und dem Volk Waben mit junger Brut und den daran sitzenden Pflegebienen entnehmen. Anstelle der entnommenen Waben hängt man Mittelwände in den Brutraum. Sie werden erfahrungsgemäß rasch ausgebaut und bald bestiftet. Die Brutwaben und Pflegebienen, die ja als junge Bienen noch nicht aggressiv sind und sich auch deshalb mit anderen Bienen vertragen, lassen sich für die Bildung von neuen Völkern oder »Ablegern« verwerten. Durch dieses Schröpfen des Bienenüberflusses wurde dem betreffenden Volk Platz und neue Beschäftigung gegeben.

Nicht alle Völker lassen sich so vom Schwärmen ablenken. Die Vielfalt bei der Veranlagung unserer Bienen schlägt dem Imker bisweilen ein Schnippchen. So gibt es bei aller Beobachtung gelegentlich einen Schwarm. Hat man Glück, fängt man ihn. Wenn nicht, tröstet man sich damit, daß im nächsten Jahr ein Volk mit einer jungen, tüchtigen Königin eine Honigernte einträgt. In einer erwerbsmäßig geführten Imkerei, in der z. B. nach Plan Königinnen gezüchtet und die Wirtschaftsvölker alle zwei Jahre neu beweiselt werden, sieht die Arbeit in der Schwarmzeit anders aus. Andere Verfahren, Bienenvölker vom Schwärmen abzuhalten, eignen sich nicht so gut für eine Selbstversorger-Imkerei oder sind vom Arbeitsaufwand her zu umständlich.

Das Verfahren mit der »Schwarmvorwegnahme« setzt einen zweiten Stellplatz für Bienen voraus, den ein Selbstversorger-Imker in den seltensten Fällen besitzen dürfte. Der Vollständigkeit halber wird dieses Verfahren kurz genannt: Das betreffende Volk wird an einen anderen Platz gebracht. Auf den alten Platz kommt ein Kasten, der mit Mittelwänden und einer offenen Brutwabe aus dem schwarmlustigen Volk ausgestattet wird. Die meisten Bienen aus dem Brutraum dieses Volkes sowie die Königin fegt man in den neuen Kasten. So stehen vom alten Platz entfernt das Restvolk mit den Brutwaben und Schwarmzellen. Die meisten Flugbienen des Restvolkes kehren an den alten Platz zurück. Das Restvolk zieht sich eine junge Königin aus einer der Schwarmzellen und erstarkt, sobald die junge Königin mit der Eiablage beginnt.

Vielfach wird gerade von alten Imkern während der Schwarmzeit die Königin in ein kleines Kästchen mit Futter und einigen Pflegebienen eingesperrt. Dazu muß man sie erst einmal finden und fangen. Während ihrer »Haftdauer« kann sie weder im Brutnest legen noch Weiselnäpfchen bestiften, die Schwarmverhinderung klappt, aber der Nachschub an Jungbienen wird unterbrochen. In einer Zeit, in der nur eine Masse an Flugbienen für eine lohnende Honigernte sorgen kann, erscheint der Brutausfall nicht wünschenswert. Diese widernatürliche Methode kann daher nicht empfohlen werden.

Der »Königin-Ableger« stellt eine verbreitete, bewährte Schwarmverhinderung dar und eignet sich auch für eine kleine Imkerei, wenn der Imker den höheren Arbeitsaufwand dabei nicht scheut. Der Vorteil des Königin-Ablegers liegt darin, daß die Honigernte darunter nicht oder kaum leidet und dennoch das Schwärmen sicher verhindert. Man sucht in dem betreffenden Volk zunächst die Königin und entnimmt die Brutwabe, auf der sie gerade sitzt samt allen Pflegebienen. Alle vorhandenen Weiselzellen an der Wabe mit der Königin und den übrigen Brutwaben werden herausgebrochen. Die Königin-Wabe hängt man in einen anderen Kasten und fegt, falls diese Wabe nicht dicht mit Bienen belagert ist, noch Pflegebienen von anderen Brutwaben hinzu. Solch ein »neues Altvolk« hat nun genug Arbeit, die Königin und ihre Bienen fühlen sich wie ein ausgezogener Schwarm beim neuen Anfang. Das Restvolk beginnt schnell, auf den verbliebenen Brutwaben ein paar ganz junge Maden in königliche Pflege zu nehmen, um die entfernten Weiselzellen zu ersetzen. Beim Schlupf der ersten Königin würde dieses Restvolk schwärmen. Folglich schaut man kurz vor dem erwarteten Schlüpfen der Königinnen nach und bricht alle Weiselzellen aus bis auf eine. Mit nur einer jungen Königin im Stock stimmt die Bienenwelt wieder. Die Königin wird begattet und beginnt bald mit der Eiablage. Also: etwa 10 Tage nach der Entnahme der Königin-Wabe nach Weiselzellen im Restvolk schauen, eine lassen, eine Woche später kurz kontrollieren, ob die junge Königin geschlüpft ist und legt. Bei schlechtem Wetter verzögert sich der Hochzeitsflug, dann muß man eben einige Tage warten mit der Nachschau. Im Ableger mit der alten Königin sieht man ebenfalls nach, ob Brut vorhanden ist. Ganz ausschließen kann man nicht, daß die alte Königin zu Schaden gekommen ist und ihr Ableger nun weisellos wurde. Befindet sich noch verdeckelte Brut auf der Wabe, hängt man sie zum Schlüpfen einem anderen Volk zu und fegt die Bienen vor dem Stand ab, die sich einbetteln. Hat man dagegen eine schöne Weiselzelle übrig, wäre es einen Versuch wert, sie diesem weisellosen Restvolk zu geben und zu hoffen, daß es sich die Königin zieht und so in Ordnung kommt.

Wenn das Verfahren »Königin-Ableger« klappt, besitzt man statt eines abgeschwärmten Restvolkes einen schönen Ableger mit der alten Königin und ein Volk mit einer jungen Königin.

Als weiteres Verfahren gibt es den sog. »Zwischenableger« zur Schwarmverhinderung, der sich aber für eine kleine Imkerei m. E. weniger gut eignet. Alle Brutwaben bis auf eine werden dem schwarmlustigen Volk weggenommen und als »Zwischenableger« an die Seite in einem anderen Kasten gestellt. Später, wenn die Schwarmzeit überstanden ist, gibt man diese Waben mit den inzwischen geschlüpften Bienen wieder zum alten Volk, dem bei Wegnahme der Brutwaben der Mut zum Schwärmen gründlich vergangen ist. Solch ein ziemlich widernatürlicher Eingriff mag einem naturnah wirtschaftendem Imker nicht sehr gefallen, obgleich er erfolgreich durchzuführen ist und sich imkerlich bewährt hat.

3) Bei einer Nachschau kann der Imker feststellen: Ein Volk besitzt keine junge Brut. Auch bei intensiver Suche ist keine Königin zu entdecken. Darüber hinaus herrscht durchschnittlich gutes Wetter, d. h. keine längeren Regenperioden ohne Ausflugsmöglichkeit bewirken einen Futtermangel. Dann würde beinahe jede Königin die Eiablage drosseln oder ganz unterbrechen. Findet man in einem anderen guten Volk eine Weiselzelle, kann dem weisellosen Volk um diese Jahreszeit schnell geholfen werden. Steht keine Weiselzelle zur Verfügung, versucht man, aus einem guten Volk eine Wabe mit Eiern und ganz junger Brut zu entnehmen und sie dem weisellosen Volk einhängen. Mit etwas Glück ziehen sich die Bienen eine junge Königin. Wenn nicht, sollte man sich einen weiteren Versuch sparen und das Volk auflösen. Die Bienen darin werden älter und aggressiv und damit weniger geeignet, eine junge Königin zu pflegen und zu dulden und mit der

Brutpflege wieder anzufangen. Meist erkennt man ein schon länger weisel-loses Volk an den Waben mit Buckelbrut, die als unregelmäßiges Brutnest sofort auffällt! Oft liegen zwei oder drei Eier am Zellengrund – einer Köni-gin würde das nie passieren. Wohl aus einer Art Verzweiflung über den Ver-lust der Stockmutter bilden sich bei einigen Arbeiterinnen funktionsfähige Eierstöcke heran. Da sie nie begattet wurden, können sie nur die haploiden Drohneneier legen, es entstehen also nur Drohnen. Ein »buckelbrütiges« Volk mit nur älteren Arbeiterinnen wird aus den o. g. Gründen aufgelöst.

4) Als hoffentlich größte Gruppe fällt dem Imker bei der wöchentlichen oder in 10tägigem Abstand erfolgenden Nachschau die unauffälligen, brav brütenden und sammelnden Völker auf. Vorher kann man nie sagen, wie ein Jahr mit seinem charakteristischen Witterungsverlauf die Schwarmlust för-dern oder hemmen wird. Manche Jahre bringen kaum einen Schwarm, in anderen klagt jeder Imker, er fände vor lauter Schwärmen keine Ruhe. Eine Erfahrung jedoch wird immer wieder bestätigt: Reiche Rapstracht fördert die Schwarmlust unserer Bienen. Weiß der Imker also von einem Rapsfeld innerhalb des Flugkreises seiner Bienen, sollte er sich nicht nur auf volle Honigeimer freuen, sondern der Schwarmkontrolle besondere Aufmerk-samkeit widmen.

Bisher wurde viel von Schwarmverhinderung erzählt. Keines der vor-gestellten Verfahren ist perfekt, und Überraschungen gehören nun einmal zum Umgang mit Lebendigem. Wie verhält man sich, wenn ein Schwarm, sei es ein eigener oder ein fremder, an einem Ast oder ähnlichem hängt? Nachdem die erste Entdeckerfreude über die Schwarmtraube verklungen ist, bereite man einen Kasten mit Mittelwänden vor und stelle ihn an einem geeigneten Platz zurecht. Anschließend sollte man sich »bienenmäßig« anziehen mit Schleier, Handschuhen usw. (oder auch nicht, wie es alte Imker meist machen), lege eine Leiter an, um an die Schwarmtaube zu kommen, nehme Fegebesen und einen sauberen Eimer mit Deckel, klettere hoch, fege den Schwarm in den Eimer und lege den Deckel lose auf. So ein-fach sagt sich das. Irgendwie wird man das schon schaffen, obgleich die Lei-ter zu kurz ist, der Schwarm außen am Baum an einem dünnen Ast hängt, an den niemand eine Leiter anlegen kann, der Schwarm erst nach mehreren Anläufen in den Eimer gefegt werden kann. Über das Einfangen von Schwärmen weiß jeder ältere Imker genügend abenteuerliche Geschichten zu erzählen.

Die Bienen im Eimer kippt man in den bereitgestellten Kasten. Das geht bei den glatten Wänden eines Eimers recht reibungslos. Natürlich gibt es (teure) Schwarmfanggeräte verschiedener Bauart zu kaufen, aber der Eimer genügt auch in einer kleinen Imkerei. Den Deckel darf man allerdings nicht luftdicht verschließen! Am Abend nach dem Schwarmfang füttert man Zuckerwasser und wiederholt das Füttern an den nächsten folgenden Abenden. Das rasche Ausbauen der Mittelwände und der Beginn des neuen Brutnestes erfordern Futter, das nicht knapp sein darf. Schlägt der Imker noch im Mai einen Schwarm ein, kann mit einigem Honig von ihm gerechnet werden. Späte Schwärme im Juli bringen nichts mehr, was anschaulich eine alte Imkerweisheit sagt:

Ein Schwarm im Mai – ein Fuder Heu!

Ein Schwarm im Jun – ein fettes Huhn!

Ein Schwarm im Jul – ein Federspul!

Bei der auf Seite 66 genannten Möglichkeit, durch die Entnahme von Brutwaben und Pflegebienen aus einem starken, schwarmlustigen Volk dessen Schwarmlust zu dämpfen, wurde die Verwertung dieser Waben und Bienen zur Ablegerbildung empfohlen. Die »Ableger« als planmäßig gebildete Jungvölker dienen zur Ablösung alter, nicht mehr leistungsfähiger Völker sowie als Ersatz für während der kalten Jahreszeit eingegangener Völker und sonstige Ausfälle. Rechnet man zwei Nutzungsjahre für eine Königin – schon früher wurde gesagt, daß ihre Legeleistung danach erheblich zurückgeht –, so bedeutet das in der Praxis, daß jedes dritte Jahr ein Volk eine neue Königin erhält oder das Volk durch einen Ableger oder Schwarm ersetzt wird. Möchte der Imker beispielsweise seine Völkerzahl etwa bei 5–6 halten, sollte er jedes Jahr für zwei junge Völker sorgen. In manchen Jahren nehmen einem Schwärme diese Sorge ab, aber dennoch bleiben die eigenen Ableger eine zuverlässige und relativ leicht durchzuführende Vermehrungsmethode. Dabei ist es leicht, eine gewisse Auswahl, also die Anfänge einer Zucht, zu treffen: Man nimmt ohnehin nur von starken Völkern Bienen und Brut und achtet weiterhin darauf, nur von ertragreichen, ruhigen, fest auf den Waben sitzenden Völkern Ableger-»Material« zu nehmen. Ein stechlustiges, unruhiges Volk sollte man auch bei guten Honigerträgen auslaufen lassen; es macht bei der Bearbeitung keine Freude, stets in einer nervös summenden Bienenwolke zu hantieren; die Drohnen mit ihrer aggressiven Veranlagung aus solch einem Volk geben dieses unerwünschte Verhalten bei der Begattung einer anderen Königin weiter und machen anderen Imkern ihre Bemühungen um sanfte Völker zunichte. So muß ein Imker auf die Imkerkollegen der weiteren Nachbarschaft Rücksicht nehmen und darf nicht seinen Horizont am eigenen Stand enden lassen.

Zurück zur Ableger-Bildung. Aus Völkern, die ein Schröpfen vertragen, stelle man Brutwaben mit Pflegebienen zusammen: Eine schön ausgezogene, lange Weiselzelle gehört dazu, mindestens zwei, besser drei Brutwaben mit dichter Belagerung durch Pflegebienen. Die Königin aus einem der geschröpften Völker darf auf keinen Fall dabei sein – das sorgfältige Nachschauen, ob sie auf den entnommenen Waben sitzt, macht vielleicht die meiste Mühe, lohnt sich aber. Sieht man dabei ein dichtes Bienenknäuel, unter dem die Königin zu vermuten ist, fegt man es vorsichtshalber zurück. Die jungen Bienen aus zwei bis drei Völkern, die nun in einem leeren Kasten einquartiert werden und zusätzlich zu den »heimischen« Waben helle, schöne Waben und ein bis zwei Mittelwände erhalten, vertragen sich ohne Probleme, pflegen die Brut und die Weiselzelle. Die zufällig entnommenen Flugbienen kehren in den alten Stock zurück. In größeren Imkereien werden alle Ableger wenigstens 3 km vom Heimatstandort aufgestellt, um dieses Zurückfliegen auszuschließen. Bleibt der Ableger am Stand, fegt man lieber noch eine Handvoll Pflegebienen dazu, um auf jeden Fall genügend Bienen im Kasten zu haben.

Solch ein Völkchen ohne Flugbienen mit nur geringen Futtervorräten, die an den Rändern der Brutwaben liegen, muß selbstverständlich einige Wochen gefüttert werden. Die Futterflasche oder -tasche mit Zucker- oder Honigwasser darf nie leer werden und wird regelmäßig nachgefüllt. Das Fehlen der Flugbienen hat einen weiteren Nachteil für unser Jungvolk: Die Fluglochwache fehlt zunächst und stellt sich erst nach einiger Zeit ein, wenn die Stockbienen das richtige Alter für diese Aufgabe erreicht haben. Bienenvölker ohne starke Wache werden ohne Erbarmen von anderen ausgeräubert. Ein frischer Ableger, der gefüttert wird, wäre eine leichte Beute. Folglich verengt der Imker das Flugloch mit Holzklötzchen, um den Bienen die Verteidigung des verkleinerten Fluglochs zu erleichtern. Weiterhin erweist es sich als wichtig, das Füttern abends vorzunehmen, wenn kaum mehr neugierige Flugbienen aus den Nachbarvölkern herumfliegen und etwas von der Fütterung merken. Vorbeugen gegen eine Räuberei ist alles! Rasches Arbeiten und äußerste Sorgfalt, auf keinen Fall einen verräterischen Futterrest zu verschütten, gehören dazu. Es ist nun einmal nicht »natürlich«, mehrere Bienenvölker dicht nebeneinander zu halten, so muß man als Zugeständnis dafür, daß man nicht alle hundert Meter ein Volk aufstellen kann (was naturnah wäre), schwächeren Völkern helfen und die Räuberei unterbinden.

Bei den »Vorgängen im Bienenvolk« fiel der Hinweis über die zu dieser Jahreszeit besonders intensive Baulust. Sie zu nutzen, entspricht zum einen dem natürlichen Verhalten der Bienen und der imkerlichen Notwendigkeit. Wenn in einer Wabenzelle die junge Biene heranwächst, sich verpuppt und schlüpft, verbleibt die abgestoßene Nymphenhaut und ein Kotrest in der Zelle. Je häufiger eine Zelle bebrütet wird, um so häufiger wird Häutchen auf Häutchen geschichtet. Damit verkleinert sich die Zelle, die schlüpfenden Bienen werden immer kleiner. Die ursprünglich hellgelbe Farbe der unbebrüteten, neuen Wabe dunkelt dabei immer mehr nach, bis eine dunkelbraune Farbe erreicht wird. Als Imker beurteilt man die Wabe in bezug auf ihre Tauglichkeit als Brutwabe, indem man sie gegen das Licht hält und schaut, ob sie noch durchscheinend ist oder nicht, ob man eine hinter die Wabe gehaltene Hand noch undeutlich erkennen kann oder nicht. Sieht man hindurch, eignet sie sich noch für den Brutraum. Ist sie nicht mehr durchscheinend, kann man sie ein paar Jahre im Honigraum verwenden, bevor sie eingeschmolzen wird. Die alten, dunklen Waben enthalten zahlreiche der dauerhaften Krankheitskeime wie die Sporen von Nosema und Faulbrut und gehören auch aus hygienischen Gründen entfernt.

In der Natur, als sich die Bienen jedes Jahr durch Schwärme vermehrten und jeder Schwarm in seiner neuen Behausung einen völlig neuen Wabenbau errichten mußte, trat das Problem zu alter Waben kaum auf. Wir müssen den Bienen zur Erneuerung der Brutwaben verhelfen, indem bei zwei oder drei Nachschauterminen jeweils zwei bis drei sog. Mittelwände in den Brutraum gehängt werden. Dafür entnimmt man dunkle Waben mit auslaufender (d. h. gedeckelter) Brut und hängt sie in den Honigraum, nachdem man sie abgefegt hat, um nicht zufällig die Königin in den Honigraum zu setzen. Für die vorbereiteten Mittelwände hat der Imker ja schon im Winter Sorge getragen, jetzt benötigt er sie. Ein durchschnittliches Volk baut gut fünf bis sechs Mittelwände aus, d. h. es baut auf beiden Seiten die Zellwände an die Mittelwand, auf der Arbeiterzellen als Muster vorgestanzt sind, so daß aus der am Rähmchen angelöteten flachen Waben-»Mittelwand« in wenigen Tagen eine voll ausgebaute Wabe entsteht. Ein starkes Volk auf zwei Bruträumen schafft bis zu einem Dutzend Neuwaben. Den Bienen ist es nur recht, wenn sie ihren Bautrieb austoben können. Manche Imker meinen, damit würde die Schwarmstimmung etwas gedämpft. Sie schwören auf einen Baurahmen an der Rückseite der Beute, den man sogar durch ein Baurahmenfenster beobachten kann (was natürlich den Kasten komplizierter und teurer macht). Der Baurahmen wird jede Woche bzw. bei jeder Nachschau ausgeschnitten. Man erhält neben schönem, hellem Wachs einen Überblick über die Stimmung im Volk: Ein Volk, das fleißig baut, hat mit dem Schwärmen nicht viel im Sinn. Oft wird Drohnenbau am Baurahmen aufgeführt. Eine gute Königin bestiftet auch die Baurahmenwaben. Allerdings kann man auch mit etwas Glück dort, falls Arbeiterbau gebaut wurde und die Bienen hier sozusagen als Abschluß des Brutnestes Vorräte einlagerten, Wabenhonig ernten.

Was unternimmt der Imker mit den aussortierten alten Waben? Hängt er

Mittelwände in den Brutraum und dafür die alten Brutwaben in den Honigraum, so entnimmt er noch ältere, unbrauchbare Waben dem Honigraum bzw. hat solche Waben schon vorher aussortiert und gar nicht in die Honigräume gegeben. Man kann die Altwaben ausschneiden, in einen Sack stecken und für eine arbeitsarme Zeit zurücklegen, eine einfache, bequeme, aber nicht sehr sinnvolle Behandlung des an sich wertvollen Rohstoffes »Wachs«. In dieser warmen Jahreszeit zeigen die Wachsmotten ihre volle Aktivität, wobei es bei Wabenvorräten sich um die Große Wachsmotte (Galleria mellonella) handelt. Ob Altwaben im Sack oder gute Wabenvorräte im Schrank oder leeren Magazinen, ihnen ist alles recht und wird zu wertlosem Gebrösel zerstört. Die guten Waben wird man schützen (schwefeln, Imker-Globol ...), den Sack mit Altwaben vergißt man leicht. So kann es nach einigen Wochen durchaus die Entdeckung geben, daß man sich eine Wachsmottenzucht zugelegt hat. Gibt man die nur aus geschnittenen Altwaben beim Umtausch gegen Mittelwände beim Imkerfachhandel ab, bekommt man einen relativ ungünstigen »Umtauschkurs«, weshalb sich die Vorarbeit des Einschmelzens lohnt. Für größere Imkereien gibt es hervorragende Wachsschmelzer verschiedener Bauart, die alle gute Wachsausbeuten liefern. In eine kleine Imkerei paßt keiner dieser Apparate, sondern ein selbstgebauter, einfacher Sonnenwachsschmelzer. Wer möchte, kann sich nach der ersten guten Honigernte einen kaufen, aber für die Bastler folgt im Anhang eine Bastelanleitung und ein ungefährer Plan, den sich jeder nach seinem Wabenmaß abändern muß. Der Sonnenwachsschmelzer verbraucht keine Fremdenergie und schafft bei sonnigem Wetter still vor sich hin. Man muß nur das Nachfüllen nicht vergessen sowie das Entnehmen vom geschmolzenem Wachs aus der Auffangschale unten im Schmelzer. Gewiß, die Ausbeute ist nicht perfekt, und es würde sich sogar lohnen, den zurückbleibenden Wabentrester im elektrischen Schmelzer eines Imkerkollegen noch einmal auszulassen. Sonst wirft man den Trester auf den Kompost, achte aber darauf, daß die Bienen sich nicht mit Krankheitskeimen infizieren, und decke daher die Wabenreste sofort zu.

An sehr heißen Tagen sollte man den Sonnenwachsschmelzer besser nicht einsetzen, da bei zu hohen Temperaturen das etwas empfindliche Wachs durch Verbrennungsvorgänge dunkel werden kann. In den Sonnenwachsschmelzer gehören auch alle übrigen anfallenden Wachsreste wie abgelöster Wildbau an Rähmchen, Futtertasche und Beutenwänden, die man beim Nachschauen entfernt, Baurahmenwachs und das beim Schleudern gewonnene Entdeckelungswachs, nachdem es gründlich vom Honig befreit ist, z. B. durch Ausspülen in wenig Wasser – man erhält so Honigwasser zum Füttern – oder durch Auskauen, was erfahrungsgemäß Kinder mit Begeisterung übernehmen. Bei größeren Mengen läßt man das Entdekkelungswachs auf einem Honigsieb lange, vielleicht über Nacht, austropfen, ehe man es ausspült. Niemals darf man es den Bienen zum Säubern ins Freie legen – wie bei einem verschütteten Futterrest würde eine schlimme Räuberei die Folge sein.

Nun herrscht in unseren Breiten im Frühjahr und Sommer nicht immer gutes, d. h. Flugwetter. Hin und wieder ein schlechter Tag schadet den Völkern nichts. Aber was wird während einer längeren Schlechtwetterperiode? Ableger und ggf. Schwärme füttert der Imker auf jeden Fall, und bei schlechtem Wetter erst recht. Von ihnen erwartet man keinen Honig, wichtig ist allein ihre Entwicklung. Wenn sie Zuckerfutter und eingetragenen Honig mischen, spielt das keine Rolle. Mit den Wirtschaftsvölkern, von denen ja unverfälschter Honig geerntet werden soll, sieht die Sache anders aus. Das natürliche, bewährte Verhalten in einer Schlechtwetterzeit besteht für die Bienen darin, die Brut einzuschränken und sogar einzustellen, worauf schon hingewiesen wurde. Gerade das möchte der Imker bei seinen Wirtschaftsvölkern vermeiden, um nicht beim anschließenden schönen Wetter ohne Flugbienen eine ergiebige Tracht ungenutzt vorüber gehen zu lassen. In solchen Perioden sowie in Trachtlücken muß also gefüttert werden. Das Volk darf nie das Gefühl eines Futtermangels empfinden. Die Bienen sollten aber auch nicht das Zuckerfutter in den Honig mischen und ihn so verfälschen. Für jemanden, der Honig verkauft, d. h. alle mittleren bis größeren Imker, besteht dies als ernstes Problem, obgleich ein Selbstversorger-Imker ebenfalls am liebsten nicht mit Haushalts-Zucker »angereicherten« Honig ißt. Die Meinung über die beste Notfütterung im Sommer gehen in der Imkerschaft auseinander: Die einen bleiben bei dem alten, bewährten Verfahren, während der Notzeit Zuckerlösung im Futtereimer oder -ballon zu geben; es wird in kleinen Portionen von höchstens einem Liter gefüttert: Wird das Wetter wieder besser, haben die Bienen das Futter verbraucht und können nichts mehr in den Honig mischen. Die anderen Imker haben mit der Trockenzuckergabe in einer Futtertasche gute Erfahrungen und heben vor allem den Vorteil hervor, daß man schon im voraus bei der Ankündigung von unbeständigem bis schlechtem Wetter den Völkern 1 kg feinen oder mittelgroben Zucker geben kann. Der Wochenendimker, der seine Völker nicht in der Nähe der Wohnung aufgestellt hat, weiß seine Völker versorgt. Bei gutem Flugwetter interessieren sich die Bienen nicht sehr für den Trockenzucker und holen sich draußen ihre Nahrung. Bei schlechtem Wetter nehmen große Völker den Zucker gut an. Schwache Völker dagegen nutzen ihn wenig. Vielleicht liegt das daran, daß sie zu wenig Stockbienen haben, um die Zuckerkristalle zu lösen, vielleicht reicht die Luftfeuchte im Stock nicht, das Auflösen zu erleichtern. Die Abnahmefläche für den Zucker muß jedenfalls groß sein, z. B. in einer Futtertasche, die den Raum von zwei Waben einnimmt, damit zahlreiche Bienen gleichzeitig an den Zucker können. Bekannte Großimkereien führen die Trockenzuckerfütterung durch. Die eigenen Erfahrungen in unserer »Wochenendimkerei« sprechen für den Trockenzucker.

Wer etwas mehr Arbeit nicht scheut und die Bienen in der Nähe des Hauses hat, mag bei den Gaben von Zuckerwasser (1:1) als Notfütterung bleiben. Für alle gilt: Übertreiben muß man das Füttern nicht, einige regnerische Tage überstehen die Völker gut. Man sollte beim Schleudern nicht radikal allen Honig entnehmen. Randwaben im Brutraum, die mit Honig angetragen sind sowie nur leicht angetragene Waben im Honigraum sollte man in den Völkern lassen, um sie nicht völlig ohne eigene Vorräte zu halten. Dann erspart man sich in normalen Jahren die meiste Mühe mit dem Zufüttern.

Es ist eine Menge an Arbeiten, die seit dem Aufsetzen oder Freigeben der Honigräume Ende April bis Mitte Mai zu erledigen sind. Deshalb folgt als Gedächtnisstütze eine Übersicht:

Ungefähre Zeit	*Art der Arbeit*
ab Mitte Mai	Nachschau alle 8–10 Tage auf Schwarmstimmung; Schwarmverhinderung;
	Zugeben von mind. 5 Mittelwänden/Volk zum Ausbauen; Wabenaustausch;
	Bildung von Ablegern und Schröpfen starker Völker; Füttern der Ableger;
ab Ende Mai	Schleudern der Frühtracht; bei guter Tracht und Flugwetter alle 3–4 Wochen Schleudern möglich; honigfeuchte Waben sofort den Völkern zurückgeben;
immer in längeren Schlechtwetterperioden	Füttern!

Vorgänge im Bienenvolk

Noch kommt nicht die Zeit, in der ein Imker beruhigt Urlaub nehmen kann. Die Bienenvölker haben die turbulente Zeit der Vermehrung überstanden, ihre Stärke hat den höchsten Stand erreicht. So kann für eine vollbesetzte Beute mit Honig- und Brutraum bei einem der großen Wabenmaße (Zander, Normal, Langstroth) durchaus eine Größenordnung von 60 000 Bewohnerinnen und etwa 200 bis 1000 Drohnen angenommen werden. In einem Magazin mit zwei Brut- und zwei Honigräumen befinden sich entsprechend mindestens 100 000 Bienen! Die Völker sammeln fleißig Pollen und Nektar. Der Hochbetrieb am Flugloch erfreut weiterhin jeden Imker. Die umgebende Natur steht in ihrer vollsten Entfaltung – dennoch beginnt in der Stimmung des Bienenvolkes ein Umschwung: Mitten im Hochsommer »denken« die Bienen an den Winter und fangen mit ihren Vorbereitungen an. Eine Wintervorbereitung fällt dem aufmerksamen Fluglochbeobachter auf: Zwei bis drei oder mehr Arbeiterinnen bedrängen einen Drohn und werfen ihn »zur Tür hinaus«. Er wehrt sich oft nicht einmal richtig. Vor dem Stand sieht der Imker viele Drohnen herumkriechen, andere fliegen fort, und alle verhungern außerhalb des Stockes. Nicht mehr benötigte Mitesser gehören nicht in eine Gemeinschaft, die den kalten Winter überstehen muß. Diese »Drohnenschlacht« verläuft keinesfalls so dramatisch, wie es scheint. Die weiblichen Wesen sind wieder, wie die meiste Zeit des Jahres, unter sich.

Die Königin legt, Jungbienen schlüpfen. Diejenigen, die im August die verdeckelte Zelle verlassen, werden als Winterbienen bis zum Frühling leben und dann beim Pflegen der ersten Brut ihre Erfüllung finden. Für sie ist es besonders wichtig, daß sie in ihrer Jugend reichlich Pollen fressen können, um umfangreiche Fett-Eiweißpolster anzulegen. Diese Reserven ermöglichen eine gute Brutpflege, daran hängt die Frühjahrsentwicklung und Auswinterung der Völker. Darüber hinaus liegen darin die Grundlagen für die Honigernte des kommenden Jahres. Also achtet der Imker auf die Pflanzenbestände der Umgebung, die zur Pollenversorgung in Frage kommen. Die meisten Sommer- und Herbstblumen in den Gärten, spät blühende Linden, die Kleearten auf Wiesen und Weiden, Wiesenblumen wie Bärenklau und Kohldistel, Herbstlöwenzahn, Habichtskraut und viele andere und in besonderem Maße die überall verbreiteten Maisfelder und die Flächen mit blühenden Zwischenfrüchten (Sonnenblumen, Phazelia, Gelbsenf, Ölrettich) stellen die Pollenquellen vom Juli bis in den September dar. Hier wird wieder auf die Bedeutung des »Inspektions-Spazierganges« rund um den Bienenstand hingewiesen. Vor allem lohnt sich die Ausschau nach Verbesserungsmöglichkeiten durch Aussaat und Anstiftung zur Aussaat bienenfreundlicher Pflanzen (Landwirte ansprechen!). Gegenüber früher sind unsere Fluren blütenärmer geworden, oft genug finden die Bienen nach den Haupttrachten nicht mehr viel, und gerade jetzt benötigen sie bunte Weg- und Straßenränder und mit Kleeblüten durchsetzte Wiesen und Weiden!

Der Honig, der im Hochsommer geerntet wird, unterscheidet sich von dem aus der Frühtracht in Geschmack und Farbe erheblich: Der blaß bis kräftig gelbe, schnell kandierende Frühjahrshonig wird von einem bei jeder Schleuderung dunkler werdenden Honig abgelöst (das ist in den meisten Landschaften mit vielfältiger Zusammensetzung aus Wäldern, Feldern und Grünland so). Der anfänglich reine Blütenhonig, den die Bienen aus dem Nektar der Blüten herstellen, wird je nach Gegend mehr oder weniger mit dunklem Blatthonig durchsetzt. Der »Blatthonig« oder »Waldhonig« wird ab Mitte Juni gesammelt und nimmt vor allem in Süddeutschland und den Alpenländern häufig den größeren Anteil an der Honigernte als der Blütenhonig, obwohl andererseits die Blütentracht die sicherere Tracht darstellt. In manchen Jahren gibt es gar keinen Waldhonig, in manchen beträchtliche Mengen. Die Wanderung in honigende Wälder bedeutet für Erwerbsimkereien oft **das** wirtschaftliche Rückgrat neben der Wanderung in Obst- und Rapsanbaugebiete.

Wie entsteht nun der Waldhonig? An unseren Laubbäumen und Nadelgehölzen leben verschiedene saugende Insekten aus der Familie der Pflanzensauger (Hoptera) oder Schnabelkerfe. Zwei Unterordnungen dieser artenreichen Insektenfamilie interessieren als die Erzeuger von »Honigtau«: Die Blattläuse (Aphidoidea) und die Schildläuse (Coccoidea).

Die Blattläuse zählen im allgemeinen zu den Pflanzenschädlingen. Wenn sie eine Pflanze dicht besiedeln und ihre Leitungsbahnen anstechen, um die nährstoffreichen Säfte, welche die Pflanze zum Aufbau von Blättern, Blüten, Stengeln, Früchten, Wurzeln hergestellt hat, zu saugen, wird die Pflanze »beraubt« und geschwächt. Gerollte, eingekräuselte Blätter, verkümmerte Triebe, nicht voll ausgebildete Blüten sind die auffallenden Zeichen eines starken Blattlausbefalls. Als Folgeschäden treten zusätzlich Viruskrankheiten auf, weil die Blattläuse beim Anstechen der Pflanzen eine eigene, giftige Flüssigkeit in die Pflanzenzellen spritzen und darin Viren enthalten sind. Infolge ihres Formenreichtums gibt es für jede Pflanzenfamilie »passende« Blattläuse. Bekannt und weit verbreitet sind z. B. die Schwarze Bohnenlaus (Aphis fabae) und die Grüne Pfirsichblattlaus (Myzus persicae).

Die Farben der Blattläuse reichen von schwarz über grün zu hellen, gelblich-weißen Tönen. In einem Sommer kommen bis zu 10 Generationen vor, die zum Teil geflügelt, zum Teil ungeflügelt sind. Daraus ergibt sich die ungeheure Vermehrungsfähigkeit dieser Tiere in der warmen Jahreszeit. Den Winter überdauern, versteckt in Baumrinden und ähnlichen Schlupfwinkeln, frostharte Wintereier, aus denen im Frühjahr die Stammütter der ersten Generation schlüpfen.

Was hat das nun mit dem Blatthonig zu tun? Die Pflanzensäfte enthalten als überwiegenden Anteil verschiedene Zucker und relativ wenig Eiweiße. Da sich die Blattläuse so rasant vermehren, haben sie auch einen hohen Eiweißbedarf. Um ihn zu decken, saugen sie entsprechend mehr zuckerreiche Säfte und scheiden den überschüssigen Zucker als »Honigtau« hinten wieder aus. Dieser Zuckersaft ist von Bienen und Ameisen begehrt. Von den Ameisen weiß man ja, wie sie ihre »Blattlauskühe« schützen und melken, um möglichst viel Zuckersaft zu ernten. Die Bienen halten es einfacher und nehmen die ausgeschiedenen Honigtau-Tröpfchen auf, solange sie noch nicht zu sehr eingetrocknet sind. Mit bloßem Auge erkennt man die Honigtau-Spritzer auf Blättern und an den Nadeln der Nadelbäume. Kleine, süß schmeckende Tröpfchen sind sie vor dem Eintrocknen, glänzende Punkte oder Flecken nach dem Eintrocknen. An heißen, sonnigen Tagen holen die Bienen den Honigtau in den frühen Morgenstunden, bevor er eintrocknet. Mit dem eingesammelten Honigtau verfahren sie wie mit dem Nektar von den Blüten.

Als imkerlich interessante Honigtauerzeuger müssen folgende Blattlausarten genannt werden: Die Grüne Tannenhoniglaus (Buchneria pectinatae) lebt auf der inzwischen fast überall erkrankten Weißtanne und sorgt für den teuren dunkelgrünen Tannenhonig. Weitaus verbreiteter sind die Fichtenrindenläuse (Cinara pilicornis und C. piceae) auf der Fichte. Die übrigen, auf Fichten, Tannen, Lärchen, Kiefern und Laubbäumen lebenden Rindenläuse treten in der Bedeutung hinter den Fichtenrindenläusen zurück. Lediglich die Eiche wird oft stark von Läusen befallen, weshalb in Landschaften mit viel Eichenwäldern und -hainen der rötlich-braune Eichenhonig geschleudert werden kann.

Die Schildläuse, die sich genauso wie die Blattläuse ernähren, sind durch die Weibchen, die wie ein Schild sich an der Wirtspflanze festgesaugt haben, gut zu erkennen. Diese »Lecanien« liefern im Alpenraum einen meist großen Teil der Honigtautracht, während sie im nördlichen Mitteleuropa weniger bedeutend ist. Die beiden wichtigsten Arten leben auf der Fichte nämlich die Große und die Kleine Fichtenquirlschildlaus oder Große und Kleine Lecanie (Physokermes piceae, Ph. hemicryphus). Die Eichennapfschildlaus und die Gemeine Schildlaus (Eulecanium rufulum, Eu. cornie) kommen auf Laubbäumen vor. Die kleinen flugfähigen Männchen begatten die festsitzenden Weibchen. Sie wachsen nun unter ihrem Schild bei besonders hoher Nahrungsaufnahme heran und produzieren Eier, die sie in zwei Braträumen unter ihrem Schild ablegt. Der Schild wird härter während der Eireifung, das Weibchen selbst zehrt sich auf und stirbt ab. Die Larven schlüpfen, im Herbst findet eine Häutung statt, aus der die Überwinterungslarven hervorgehen. Erst im folgenden Frühjahr ereignet sich die Differenzierung der Männchen und Weibchen, und dieser vereinfacht dargestellte Vermehrungszyklus beginnt vom neuem. Honigtau wird in der Zeit vor der Begattung bis zur Eireifung abgeschieden. Die Kleine Lecanie als wichtigster Schildlaus-Honigtauerzeuger honigt von Ende Mai bis in den Juli, die Große Lecanie arbeitet für die Bienen zu früh im Mai und wird mehr von den Ameisen genutzt.

Zahlreiche Wissenschaftler arbeiten an Methoden, die Honigtauerzeugung vorauszusagen. Für Erwerbsimkereien wäre es natürlich wichtig zu wissen, wann und wohin eine Wanderung mit Ertragsvölkern in eine Waldtracht sinnvoll und lohnend wäre. Diese Sorgen teilt der Selbstversorgungs-Imker nicht; er freut sich, wenn er Waldhonig schleudert und empfindet es als nicht allzu schlimm, wenn er keinen schleudert. Bei einem Spaziergang in einen nahen Wald sollte man ruhig auf Blattlausbefall an Fichten und den übrigen Waldbäumen achten. Ob und wieviel Waldhonig zu erwarten ist, hängt u. a. vom Wetter ab. Man weiß längst nicht alle Einzelheiten über die Entwicklung, Förderung und Vernichtung der Honigtauerzeuger. Eines zeigt sich allerdings in den meisten Jahren eindeutig: Schwere Gewitter und Unwetter beenden die Waldtracht schlagartig. Die Blattläuse sind zwar empfindlicher gegen ungünstiges Wetter als die unter ihrem Schild sitzenden Schildläuse, aber gegen handfeste Unwetter können beide Arten kaum bestehen.

Fassen wir nun grob einige wichtige Pflanzenarten zusammen, von denen die Bienen nach der Frühtracht den Honig des Früh- und Hochsommers liefern. Die gemischten Honige aus verschiedenen Blüten und einem Anteil Blatthonig weisen das reichste Aroma auf und sind den meisten Imkern die beliebtesten Honige. In Mitteleuropa mit seinen vielfältigen, kleinräumigen Landschaften stellen große Mengen reiner Sortenhonige nicht den typischen Honig dar. Folgende Pflanzen haben einen nennenswerten Anteil an der sommerlichen Honigernte:

Bäume und Sträucher in Feld und Wald: Robinie oder Scheinakazie, Hartriegel, Heckenkirsche oder Geißblatt, Liguster, Hecken- oder Hundsrose, Linden, Himbeere, Brombeere, Europ. Waldrebe, ... Alpenrose (in den Alpen)

Bäume und Sträucher im Garten: s. o., wenn man sie im Garten angepflanzt hat, Tibet. Knöterich, Glyzinen, Mahonie, Schneebeere (Symphoricarpus) in vielen Sorten, Zwergmispel (Cotoneaster) in vielen Sorten, ungefüllte Rosen, Himbeeren und Brombeeren...

Krautige Pflanzen in Feld und Wald: Kulturpflanzen auf Äckern wie Weiß-, Schweden-, Gelb-, Perser-, Alexandrinerklee, Luzerne, Ackerbohnen; Mais ab Juli/August als Pollenspender; Wiesenblumen auf Grünland wie Weißklee, Bärenklau, Skabiose, Knautie, Flockenblumen, Glockenblumen, alle Distelarten, Wiesenpippau, Herbstlöwenzahn, Margeriten, wilde Kleearten und viele andere mehr;... alle wilden Blumen auf Böschungen, an Wegrändern, Rainen und Waldrändern

Krautige Pflanzen im Garten: die meisten ein- und mehrjährigen Sommerblumen wie Sonnenblumen, Sonnenhut, Herbstastern, einfache Dahlien und Astern, alle Arten der Fetten Henne und des Mauerpfeffers im Steingarten.

Kurz gesagt, in jeder Landschaft käme eine stattliche Liste aller im Sommer blühenden Pflanzen zusammen. Dennoch tritt heute in ertragreichen, intensiv genutzten Agrarlandschaften um diese Zeit eine Trachtlücke auf, weil die Wiesen und Weiden gemäht bzw. kurz geweidet sind, alle Straßen- und Wegränder gemäht sind, entlang der Äcker keine bunten Raine geduldet werden, Feldgehölze und Gebüsche entfernt worden sind usw. Hier muß der Imker seinen Bienen mit etwas Futter helfen, so widersinnig es erscheinen mag. Am besten sind oft die Bienen in der Nähe von Parks und Friedhöfen sowie in größeren Gartengebieten dran, da hier immer reichlich blühende Pflanzen anzutreffen sind.

Imkerliche Arbeiten

Im Hochsommer setzt der Imker die Arbeiten fort, die in der Schwarmzeit begonnen wurden, nämlich das Nachschauen nach reifem Honig, das Beobachten der Bienenweide und des Wetters, um nach Bedarf eine Notfütterung durchzuführen. Er spürt deutlich das Ende der Schwarmzeit, die Bienen erscheinen ihm irgendwie entspannt (soweit man das überhaupt sagen kann). Die Wirtschaftsvölker nimmt sich der Imker seltener vor. Die Ableger dagegen muß er weiterhin aufmerksam beobachten: Fliegen sie gut, tragen sie Pollenhöschen ein als Zeichen für die Brutpflege? Bei ihrer Fütterung darf man nicht sparen, da sie doch nicht einen so großen, leistungsfähigen Flugdienst aufweisen wie die älteren Völker. Besondere Aufmerksamkeit verdient jegliche Verhinderung der Räuberei, die gerade im Hochsommer bei Trachtlosigkeit leicht verursacht werden kann.

»Ist auf deinem Stand die Räuberei,
Hast du gemacht 'ne Eselei!«

Also: nur am Abend füttern, wenn keine suchenden Spurbienen unterwegs sind; schwachen Völkern (Ablegern) nur kleine Portionen geben oder aber Futterteig in der Futtertasche direkt im Kasten. Wie schon erwähnt wurde, kann fertiger Futterteig verwendet werden, aber auch die eigene Herstellung nach folgenden bewährten Rezepten ist möglich.

1) 80 g Wasser, 2 g Invertin (Apotheke, Drogerie), 1 kg Puderzucker gut vermischen, daß ein geschmeidiger Teig entsteht.

2) 80 g Wasser, 1 kg enzymhaltiger Futterteigzucker vermischen.

3) 3 kg Puderzucker und 1 kg Honig gut vermischen.

4) 3 kg Puderzucker und 1 kg Invertzuckerlösung vermischen. Invertzuckerlösung gibt es im Imkerfachhandel in Plastikeimern zu kaufen und ersetzt den Honig gut. Die Invertzuckerlösung läßt sich zwar in der Küche herstellen, ob sich die Arbeit mit der leicht überkochenden Lösung lohnt, bleibt dem Imker überlassen. Invertzuckerlösung: 0,4 l Wasser mit 1 kg Zucker und 1–2 g Milchsäure (aus der Apotheke oder Drogerie) eine halbe Stunde kochen lassen.

(Rezepte aus: Das kleine Imker-ABC v. F. Josko)

Während die hellen Frühtrachthonige schnell verdeckelt werden und das teilweise Verdeckeln der Wabe als Beweis für einen reifen Honig mit einem Wassergehalt von unter 20 % gilt, kommt es bei den dunkleren Honigen des Hochsommers auch vor, daß nicht verdeckelte Waben reifen Honig enthalten und geschleudert werden können. Wird nämlich die Tracht z. B. durch schlechtes Wetter unterbrochen und damit die stete Nachlieferung von frisch gesammeltem Nektar und Honigtau, so verarbeiten die Bienen dennoch das vorhandene »Honigrohmaterial« zu reifem Honig. Folglich kann durchaus in halb vollen Zellen reifer Honig vorhanden sein. Deshalb lohnt es sich bei der Nachschau, immer die schon früher genannte Spritzprobe mit einer Honigwabe zu machen. Bei gutem Wetter und reichlicher Bienenweide wird etwa alle drei Wochen schleuderreifer Honig in den Völkern sein. Das bedeutet, daß bei einer ersten Schleuderung Ende Mai bis zum »normalen« Trachtende Mitte bis Ende Juli 4–5 Schleuderungen zu erwarten sind, bei weniger günstigem Wetter können es auch 3 sein. Manchmal treten Jahre auf, in denen die Fichte bis Anfang August honigt und entsprechend eine Schleuderung zusätzlich erlaubt. Wiederum muß man sich mit Jahren abfinden, in denen es beinahe gar keinen Honig gibt.

Ausgesprochene Spättrachten im August und September stehen mit der Tanne und der Heide an. Erwerbsimker wandern sie gezielt an und erreichen damit einen beträchtlich höheren Honigertrag. Allerdings erfordert die Spättracht besondere imkerliche Vorkehrungen, da die Bienen sich dabei abarbeiten und die Erzeugung der Winterbienen sowie das Umarbeiten des Winterfutters in den späteren Herbst verschieben müssen. Oft ist nicht damit zu rechnen, daß solche abgearbeiteten, geschwächten Völker das Einwintern noch schaffen und gesund auswintern. So hält der Erwerbsimker Reservevölker und vereinigt die Spättrachtvölker mit ihnen. Der Selbstversorgungs-Imker benötigt diese Kniffe nicht und beendet meistens bis Anfang August seine Honigernte.

Die Schleuder wird gründlich gesäubert. Hat der Neuimker eine ältere Schleuder aus Weißblech übernommen oder erworben, so ist diese häufig nach jahrelangem Gebrauch mit Roststellen und dunklen Flecken innen bedeckt. Weil nun Honig leicht jeden Fremdgeschmack annimmt und man auch für den Eigengebrauch einwandfreien, nicht nach Metall schmeckenden Honig ernten möchte, lohnt sich ein Streichen der Schleuder mit einem guten, für Lebensmittel zugelassenen Markenlack. Grundieren und das anschließende Lackieren ergibt leicht zu reinigende, glatte Innenwände der Schleuder. Für diese Arbeit wäre jetzt Zeit.

Der Honig wird wie der Frühtrachthonig in dicht verschließbaren Eimern gelagert in einem kühlen Raum mit einer mittleren Luftfeuchte von nicht über 60 bis 65 %. Ein Dachboden, der sich aufheizt, kommt nicht in Frage. Der dunkle Honig benötigt zum Kandieren erheblich länger als der helle; reiner Waldhonig bleibt bis zu 9–12 Monate flüssig. Hat sich der geschleuderte Honig mehrere Tage im Eimer abgesetzt, sollte man ihn mehrmals langsam umrühren, z. B. mit einem großen Kochlöffel oder dergleichen. Die sich bildenden groben Kristalle werden dabei zerstört, und beim erneuten Kristallisieren bilden sich kleine, feinere Kristalle, die einen feinkörnigen, schmalzartigen, angenehm zu streichenden Honig entstehen lassen.

Ein grundsätzlicher Hinweis zum Reinigen aller, im Zusammenhang mit Honig und Bienen gebrauchten Geräte: **Nie** warmes Wasser benutzen, immer kaltes! Warmes oder heißes Wasser würde die vorhandenen Wachsteilchen heillos verschmieren. Dies verschmierte Wachs bekommt man nur mit viel Mühe und Zeitaufwand wieder los. Zuerst also nur kaltes Wasser beim Spülen von Honigsieben, Entdeckelungsgabel, Schleuderteilen usw. benutzen. Ist alles Wachs entfernt, kann heißes Wasser genommen werden, was aber meist nicht nötig ist.

Mit dem Abschluß der Honigernte beginnt die »Spätsommerpflege«, das Einfüttern, die Entfernung des Honigraums und der Honigwaben.

DIE VORBEREITUNG AUF DEN WINTER

Vorgänge im Bienenvolk

Bienenvölker, die nicht in der Obhut des Menschen und unter der Ausbeutung durch ihn leben, haben um diese Zeit ihre Vorbereitung auf den Winter weitgehend hinter sich. Sie haben ihre Futtervorräte verdeckelt in den Waben eingelagert. In früheren Zeiten, als es noch keinen preiswerten Zucker aus Zuckerrohr und Zuckerrüben gab, entnahm der Imker oder Zeidler nur den Überschußhonig und ließ den Bienen genug Honig, um über den Winter zu kommen, bzw. er entnahm den Honig so zeitig, daß die Bienen noch genug Zeit hatten, neue Vorräte anzulegen.

Nachdem der industriell hergestellte Zucker billiger geworden war und man herausgefunden hatte, wieviel besser die Bienen den Winter überstanden mit Zuckerfutter anstelle von Honig, bürgerte sich allgemein die Einwinterung mit Zucker ein. Nun kann man sich fragen, wieso die Überwinterung auf Zuckerfutter den Bienen besser bekommen soll als der eigene Honig. Das wirtschaftliche Argument ist eindeutig: Den teuren Honig erntet der Imker und gibt den Bienen dafür billigen Zucker zurück. Für die Beantwortung der Frage nach dem Wert des Zuckers für die Bienen muß ein wenig ausgeholt werden, um zu verstehen, wie die Bienen ihr Winterfutter umarbeiten.

Der Honig, wie ihn die Bienen verdeckeln, enthält neben etwa 20 % Wasser 80 % Zucker, und zwar Fruchtzucker (rund 38 %), Traubenzucker (rund 31 %), Maltose und ähnliche Zucker (rund 7 %) und etwas Rohrzucker und andere Mehrfachzucker. Dazu kommen noch etliche Mineralstoffe wie Kalium, Natrium, Calcium, Magnesium, Phosphorsäure, Eisen, Mangan, Chlor, Kupfer und Kieselsäure mit jeweils mehreren mg pro 100 g Honig. Fermente wie Invertase, Katalase, Diastase, organische Säuren, Inhibine, d. h. Stoffe, welche das Bakterienwachstum hemmen, zahlreiche Aromastoffe und in geringen Mengen Aminosäuren, d. h. Eiweißbausteine, vervollständigen die Inhaltstoffe des Honigs. Wenn nun die Bienen während des Winters nur zur Energiegewinnung Honig verbrauchen, bleiben von den vielseitigen Inhaltstoffen unverdauliche Reste übrig, die in die Kotblase abgegeben werden. Der Gewinn von Heizenergie stellt im Winter die wichtigste Leistung des Futters dar. Die Zucker liefern Energie »in Reinkultur«, während alle übrigen Inhaltstoffe des Honigs nötig sind für die Aufzucht der Brut, die Ernährung von Jungbienen, Königin, Drohnen und die Inhibine das Verderben verhindern.

Zehren also die Bienen im Winter von reinem Zuckerfutter, so fallen erheblich weniger Schlackenstoffe an, weil der Industriezucker eine recht hohe Reinheit aufweist. Die Kotblase wird weniger belastet, die Bienen überstehen das Warten auf eine Gelegenheit zum Reinigungsflug besser, Ruhr und Nosematose treten weniger auf, die Winterverluste betragen einen weit geringeren Anteil als in der »freien Natur« ohne Eingreifen des Menschen. Natürlicherweise schickte ja ein Volk jedes Jahr ein bis vier Schwärme ab. Bei dieser Vermehrungsrate plante die Natur schon realistische Winterverluste ein, die vielleicht in der Größenordnung von einem Viertel bis der Hälfte der Völker eines Gebietes lagen. Über lange Zeiträume hielt sich die Bienenvolkdichte einer Landschaft auf einem gleichen Niveau, das sich am Nahrungsangebot und den Unterkünften für Bienenvölker orientierte. Solch hohe »natürlichen« Völkerverluste dürften nicht im Sinne des Imkers sein, der die meisten seiner Völker gesund auswintern möchte. Dazu stellt die Zuckerfütterung, auch wenn sie zunächst als nicht »natürlich« und bienengemäß erscheint, für den Imker eine wesentliche Hilfe dar.

Den Zucker, den wir den Bienen als Lösung im Verhältnis von 1:1 bis 3:2 anbieten, verarbeiten sie nach ihren Bedürfnissen. Der herkömmliche Rübenzucker besteht aus den Einfachzuckern Trauben- und Fruchtzucker, die jeweils zu einem Molekül zusammengesetzt sind, ist also ein Zweifachzucker oder Disaccharid. Dieser Zucker würde, da das Lösungswasser in der Wärme des Bienenstockes bald verdunstet, in den Waben auskristallisieren. Die Bienen müßten den Zucker erneut auflösen und Wasser dazu holen, hätten also Mühe und Arbeit, die im Winter nicht durchzuführen wäre. Sie verändern deshalb den Zucker, indem sie ihn mit dem Ferment »Invertase« versetzen und ihn so zu Invertzucker abbauen, d.h. die Moleküle aus Frucht- und Traubenzucker werden gespalten, und beide Einfachzucker bilden als Gemisch den leicht löslichen Invertzucker. Damit wird der »künstliche« Rübenzucker dem Honig angeglichen. Die Bienen können in kurzer Zeit große Mengen an Invertase bereitstellen und in verhältnismäßig kurzer Zeit ihren gesamten Wintervorrat umarbeiten und einlagern. Wie Honig wird der Invertzucker verdeckelt.

Man hat versucht, dem Imker sowie den Bienen die Arbeit bei der Einfütterung zu erleichtern und den Bienen ein noch reineres Futter zu geben. Die Salze des Wassers, in dem der normale Rübenzucker gelöst wird, verunreinigen das Futter und gelangen in die Kotblase. Es gelang die Entwicklung von flüssigen, fertigen Futtermischungen, die hervorragend von den Bienen angenommen werden. Eine süddeutsche Zuckerfabrik bietet einen Futtersirup an, der zu je einem Drittel aus Trauben-, Fruchtzucker und Saccharose (Rohrzucker) besteht. Bei freier Wahl nehmen Bienen in Versuchen diesen Futtersirup lieber als die herkömmliche Zuckerlösung.

Bei der Verarbeitung des Winterfutters arbeiten sich die Sommerbienen ab. Die im August schlüpfenden Jungbienen, die als Winterbienen noch eine lange Lebenszeit vor sich haben, sollen von dieser Arbeit verschont werden. Deshalb sollte eingefüttert werden, solange die Sommerbienen vorhanden sind, nämlich ab Mitte August bis spätestens Mitte September, wobei der August gegenüber dem September zu bervorzugen ist.

Das Brutnest läuft allmählich aus. Solange es das Wetter erlaubt, fliegen die Bienen aus und besuchen die Herbstblumen. Frischer Pollen – auf die Bedeutung wohl ausgebildeter Fett-Eiweiß-Polster wurde früher hingewiesen – um diese Zeit trägt mit zu einer gesunden, verlustarmen Überwinterung bei. Daher erhalten Herbstastern, Sonnenblumen, Chrysanthemen, Astern, Dahlien, Goldrute, die letzten Rosen, unscheinbare Unkräuter, späte Weißkleeblüten und besonders spät blühende Zwischenfrüchte auf Äckern wie Gelbsenf, Ölrettich, Phazelia, Sonnenblumen, Ackerbohnen, Perserklee einen hoch einzuschätzenden Wert.

Der Imker erfreut sich am Bienenflug, aber die ersten kalten Nächte veranlassen die Bienen, sich zu einer noch lockeren Traube zusammenzuziehen. Meist ist die Königin die einzige des Volkes, die schon einen Winter erlebt hat. Bei Ablegern oder Schwärmen mit junger Königin kennt kein Tier den Winter, und dennoch verhalten die Bienen sich richtig. Man darf ruhig einmal darüber staunen und sich ein wenig besinnen, auch wenn bei den anschließend beschriebenen Arbeiten es dem Imker nicht immer so besinnlich zumute sein wird.

Imkerliche Arbeiten

Die Hauptarbeit besteht im Einfüttern und den sich daraus ergebenden Begleitarbeiten. Ob man damit Mitte August beginnt, gegen Ende August oder erst im September – das hängt vom Ende der Tracht ab und auch von der Zeit, die dem Imker am geschicktesten erscheint. Wer im Alpenraum oder Schwarzwald oder einer anderen Gegend mit Weißtannen (Schwäbischer Wald, Bayrischer Wald ...) imkert oder die im August blühende Heide in der Nähe seines Bienenstandortes weiß, kann erst ab Ende August ausschleudern und einfüttern. Wer im Flachland oder Mittelgebirge seine Bienen hat, muß in durchschnittlichen Jahren gegen Ende Juli mit dem Ende der Tracht rechnen. Um den Bienen eine längere trachtlose Zeit mit der Gefahr der Räuberei und der Brutunterbrechung zu ersparen, sollte man dort nicht so spät einfüttern, zumal ja auch die Sommerbienen sich nützlich machen können. In milden Weinklimaten haben Imker gute Erfahrungen mit einer Einfütterung im September, weil hier das Trachtende nicht so abrupt eintritt. Wann man mit dem Einfüttern beginnen möchte, liegt weitgehend im Ermessen des Imkers, aber auf jeden Fall sollte das Füttern im September noch abgeschlossen werden, da später die Annahme und Verarbeitung des Futters nachläßt.

Entscheidet man sich für die herkömmliche **Zuckerfütterung**, schließe man sich der gemeinsamen Zuckerbestellung an, die von den meisten Imkervereinen gemeinsam im Sommer aufgegeben wird, um den Zucker in einer größeren Menge preiswert zu erhalten. Der Bezug in 1-kg-Paketen von mittelgrobem Haushaltszucker ist nicht teurer als der Bezug von 50-kg-Säcken. Praktischer abzumessen und leichter zu tragen sind die kg-Packungen. Gefüttert wird Zuckerlösung im Verhältnis 1:1, d. h. ein kg Zucker und 1 l Wasser, oder 3:2, d. h. 3 kg Zucker und 2 l Wasser. Mischt man in der Küche an, weil die Bienen nahe an der Wohnung stehen, empfiehlt sich warmes Wasser, weil sich der Zucker darin besser löst. Verwendet man kaltes, schüttet man den Zucker ins Wasser für eine möglichst gute Lösung. Vor allem gilt das für die 3:2-Mischung, bei der man erheblich weniger Wasser durch die Gegend trägt und auch die Bienen weniger Wasser verdunsten müssen. Allerdings, der Zucker muß vollständig gelöst sein. Umrühren und etwas abwarten ist dazu nötig.

Wieviel Futter benötigt nun ein Volk? Als Faustzahl gilt: Pro Wabe wird rund 1,2 kg Futter berechnet. Das bedeutet, daß z. B. ein auf 9 Waben in einem Brutraum überwinterndes Volk insgesamt etwa 11 kg Futter braucht. Das Lösungswasser wird nicht mitgerechnet, weil es die Bienen zum größten Teil zur Verdunstung bringen bei der Verarbeitung in Invertzucker. Ein starkes Volk mit einem Brutraum in zwei Magazinen von je 9 Waben benötigt gut 18–22 kg Futter. Ein Volk in einem Hinterlader mit 12 Waben im Brutraum kommt mit etwa 14 kg Futter aus. Natürlich kann nicht die gesamte Einfütterungsmenge jedem Volk auf einmal gegeben werden: Die Zuckerlösung würde auskristallisieren, bevor die Bienen alles Futter abgenommen hätten. Eine Aufteilung in zwei bis drei Gaben je nach Fassungsvermögen der Futtergefäße ist sinnvoll. Zweckmäßigerweise rührt man für jedes Volk die passende Futterportion in Plastikeimern oder ähnlichem an, um eine Kontrolle über die verfütterte Menge zu haben. Die Futtergaben werden in ein- bis zweiwöchigem Abstand verabreicht.

Bei der ersten Futtergabe werden gleichzeitig in einem Arbeitsgang die Honigräume ausgeräumt und alle Waben, die Honig enthalten, ausgeschleudert. Häufig ist dieser Honig nicht ganz reif, so muß man ihn rasch selbst verbrauchen. Da im allgemeinen das nicht mehr viel ist, stellt das kein

Problem dar. Es kommt darauf an, wann die letzte Schleuderung davor war. Hatte man zum Trachtende um den 20. Juli herum eine lohnende Schleuderung, gibt es im August beim Ausschleudern nicht mehr viel. Hielt man es für günstiger, diese letzte Schleuderung im August zum Einfüttern vorzunehmen, kann es reichlich ausfallen. Die ausgeschleuderten Waben werden nun nicht mehr in die Völker zurückgegeben, sondern statt dessen werden Futtereimer, -ballons, -taschen usw. mit der ersten Portion Winterfutter in den Honigraum gestellt. Einen Überblick über die Vorräte in jedem Volk sollte man sich dabei verschaffen und entsprechend einen Zu- oder Abschlag bei der Futterration anbringen. Imkert man nicht in einem ausgesprochenen Spättrachtgebiet, weisen die Völker meist schmale Futterkränze um das Brutnest auf, die nicht ins Gewicht fallen.

Ratsam ist es, aus dem Überwinterungsraum eine Wabe zu entnehmen und dafür die Waben zur Mitte hin zusammenzuschieben. Erfahrungsgemäß werden die äußersten Waben nicht oder nur wenig belagert und verschimmeln bis zum Frühjahr. Läßt man eine Wabe weniger und sorgt statt dessen für freien Raum zur besseren Durchlüftung entlang der Außenwände der Beute, vermeidet man das Verschimmeln der Randwaben und erspart den Bienen später das mühevolle Reinigen. Bei sehr starken Völkern, die auch die Randwaben dicht belagern, trifft das nicht zu. Ihnen sollte man alle Waben lassen.

Die leeren Honigraumwaben werden anschließemd durchgesehen und zu alte, dunkle zum Schmelzen aussortiert. Die weiter verwendbaren stapelt man für das nächste Jahr in Magazin-Türme, einen Wabenschrank oder ein ähnliches mäuse- und mottendichtes, trockenes Behältnis. Die Jahreszeit ist warm genug für die Entwicklung der Wachsmotten, folglich brennt man Schwefelschnitten ab oder legt Imker-Globol-Tabletten, um den Wabenvorrat vor Zerstörung durch die Motten zu schützen. Daß der Aufbewahrungsort der Waben vor Mäusen sicher sein muß, wurde schon erwähnt und wird hier wiederholt. Gerade im Herbst suchen die Feldmäuse Schlupfwinkel für die kalte Jahreszeit und begeben sich gerne in Bienenhäuser und ähnliche, vielleicht nahrhaft scheinende Unterkünfte. Sie zernagen, ob aus Langeweile oder Hunger, die Waben zu wertlosen Bröseln. Honig-, Zucker- oder Pollenreste in den Waben locken sie natürlich besonders an.

Ein bis zwei Wochen nach der letzten Futtergabe werden bei schönem Wetter die leeren Futtergefäße fortgeräumt und ebenfalls die nun leeren Honigräume. In Hinterladern schiebt man die Abtrennschiede zum Honigraum ein und beschränkt die Bienen auf den Brutraum. Dabei wirft man einen letzten Blick in den Brutraum und schaut, ob das Winterfutter schön verdeckelt ist und ob die letzte Brut ausläuft, d. h. man sieht noch die Reste

Am Flugloch: »sterzelnde« Biene mit ausgestülpter Duftdrüse.

Obstbaumblüte, die erste Massentracht; hier Hauszwetsche.

Zufüttern mit dem Futterballon bei schlechtem Wetter im Frühjahr.

Nachschauen, immer
wieder nachschauen –
die Schwarmzeit. Vorne
3 Ableger, dahinter die
»Wirtschaftsvölker«.

Zur (billigen) Freiauf-
stellung: Die Bienen-
kästen nie auf die oft
nassen Bretter stellen,
der Beutenboden würde
feucht; also 2 alte
Dachziegel unterlegen.

Honig! – Öffnen des Honigraums.

Lohnt sich das?

Die Bienen haben mit dem Verdeckeln begonnen. Aber in der Mitte der Wabe ist Brut – die muß noch »auslaufen« – vorher gibt es nichts zu schleudern. Diese Wabe wurde mit Brut in den Honigraum gehängt, um unten für eine Mittelwand Platz zu machen.

Abfegen, Herausnehmen der Wabe zum Schleudern.

Juni, Sommeranfang:
Die Spritzprobe zeigte
reifen Honig, obwohl er
nicht verdeckelt war.

des Brutnestes und die letzten, vereinzelten Brutzellendeckel. Über die Waben kommt die Folie, darauf eine möglichst dicke Lage Zeitungspapier oder ein ähnliches Isoliermaterial, und nun haben die Bienen über ein halbes Jahr ihre Ruhe.

Verwendet man, um sich die Arbeit des Anrührens der Zuckerlösung zu sparen, eine in Plastikeimern käufliche, fertige **Futterlösung aus Invertzuckern** (»Api-Invert«, »Api-Fonda« und ähnliche), richtet man sich nach den Angaben der Hersteller auf der Verpackung bzw. auf den Eimern. Die Kosten sind fast gleich, wobei allerdings erheblich weniger Arbeit bei dieser Fütterung anfällt. Außerdem soll das Verarbeiten des Invertzuckers für die Bienen erleichtert sein, was vor allem wichtig ist, wenn man wegen einer Spättracht oder des Urlaubs erst relativ spät einfüttern kann. Für ein durchschnittliches Volk reichen die 14-kg-Eimer durchaus, weshalb die Arbeit des Einfütterns sich auf das Hereinstellen des Eimers in den Honigraum und das spätere Herausnehmen des leeren Eimers sowie Entfernung bzw. Absperrung des Honigraumes beschränkt. Ein nicht so starker Ableger erhält einen halben bis einen dreiviertel Eimer, ein sehr starkes Volk einneinhalb Eimer oder etwas mehr.

Damit war früher die Herbstarbeit geschafft. In manchen Gegenden Mitteleuropas ist das noch heute so, aber auch dort wird sich das in mehr oder weniger kurzer Zeit ändern. Schuld daran hat die **Varroa-Milbe** (Varroa jacobsoni), ein vor wenigen Jahren eingeschleppter Parasit, dem unsere Honigbiene wehrlos ohne Zeit zur Anpassung ausgeliefert ist. Von der Wirksamkeit der Kontrolle, des In-Grenzen-Haltens hängt die Zukunft der Imkerei ab! Das klingt übertrieben, aber nach den bisherigen Erfahrungen kann das Problem nicht ernsthaft genug angegriffen werden. Zum besseren Verständnis wird die Lebensweise der Varroa-Milbe erklärt.

Diese mit bloßem Auge gut erkennbare, ovale Milbe wird bis zu 1,7 mm breit und 1,3 mm lang. Unter dem breiten Rückenschild liegen die 4 Beinpaare gut versteckt. Die erwachsene Milbe reitet auf ihrem Wirt, der Biene, häufig auf dem Hinterleib und sticht in den Zwischenringtaschen durch die Chitinhaut. Dabei gelangt sie an die Hämolymphe, die Blutflüssigkeit der Biene, und ernährt sich davon. Zur Vermehrung begibt sich die Milbe in eine Brutzelle kurz vor dem Verdeckeln. Die großen Drohnenzellen werden bevorzugt. Nach dem Verdeckeln der Zelle spinnt sich die darin sitzende Streckmade ein. Die Milbe hält sich an der Made fest und wird mit eingesponnen. Sie legt ihre Eier ab. Die aus den Eiern schlüpfenden Larven saugen »Blut« aus der Vorpuppe und Puppe des Drohns oder der Arbeiterin der betreffenden Zelle. Sie machen mehrere Stadien durch, häuten sich dabei mehrmals und paaren sich schließlich in der Zelle (Geschwisterpaarung). Das Milbenmännchen geht bald darauf zugrunde. Das Weibchen verläßt die Zelle, wenn der Drohn oder die Biene schlüpft. Da die Milben-larven sich von der Puppe ernährten, sie dabei verletzten und ihr lebens-wichtige Stoffe entzogen, schlüpfen aus solchen Brutzellen kleinere, geschwächte, verkrüppelte Bienen und Drohnen. Leicht entdeckt der Imker die gehäuft vorkommenden Verkrüppelungen an den Flügeln. Diese Bienen können nicht ihre Aufgaben erfüllen, sind krank und sterben vorzeitig ab. Man fand heraus, daß ein Volk bei einem Befall mit 5000 Milben ernsthaft gefährdet ist. Mehr als 10 000 Milben bedeuten seinen endgültigen Zusammenbruch.

Die Varroa-Milbe stellt seit undenklichen Zeiten ein Parasit der Bienen in Südostasien dar, der Indischen Bienen (Apis cerana). 1904 beschrieb sie ein holländischer Zoologe auf Java, nachdem sie kurz vorher entdeckt wurde. Zwischen der Indischen Biene und der Varroa-Milbe hatte sich ein Modus vivendi entwickelt, der beiden Partnern, Wirt und Parasit, ein Auskommen auf zuträglichem Niveau ermöglichte. Nämlich dort vermehrt sich die Milbe nur in Drohnen-Brut. Wenn zusätzlich Drohnenbrut wegen eines hohen Befalls mit Milben-Larven noch in den Zellen eingeht, öffnen die Arbeiterinnen die Zellen zum Schlüpfen nicht. So wird die Zelle für die Mil-ben zum Grab. Unsere Mellifica-Biene wurde durch menschliche Unacht-samkeit von der Varroa überfallen, ohne eine Gegenwehr aufbauen zu kön-nen. Gewiß, in zehntausend Jahren könnte sich unsere Biene an die Varroa gewöhnen und den Befall in Grenzen halten, aber mit einer solchen Zeit-spanne wollen wir uns nicht abfinden. Die Varroa-Milbe vermehrt sich bei uns auch auf Arbeiterbrut, wenn auch Drohnenbrut bevorzugt wird. Das genügt, um eine echte Gefährdung der Völker der Europäischen Bienen zu bewirken.

1977 wurde die Varroa zum ersten Mal festgestellt an Versuchsvölkern des Instituts für Bienenkunde in Oberursel/Taunus. Von da kam eine Lawine ins Rollen. Die Milbe breitete sich aus und kommt inzwischen in allen Bundesländern und den östlich an die Bundesrepublik grenzenden Ländern vor. Varroa-freie Inseln gibt es zwar noch, aber wie lange, das weiß man nicht genau. In den Imkerzeitungen werden von Zeit zu Zeit Karten mit den aktuellen Verbreitungsgebieten der Varroa veröffentlicht. Das Pro-blem besteht ja darin, daß zunächst der Befall gering und unbemerkt beginnt und sich in wenigen Jahren hochschaukelt, bis auf einmal der Imker vor seinen zusammengebrochenen Völkern steht. Beispielsweise erlebten im Herbst 1982 die Imker in Südhessen und Nordbaden den Verlust von einigen Tausend Völkern. Im vierten Jahr nach dem Erstbefall kommt meist im Herbst der Zusammenbruch, wenn die Milben sich vermehrt haben,

94

solange Brut vorhanden war. In der brutlosen Zeit sitzen die erwachsenen Milben auf den Bienen. Hin und wieder fällt eine herunter und landet auf dem Boden der Beute. Daher kann man den Befall am sichersten feststellen anhand einer Untersuchung des »Gemülls« auf dem Boden, indem eine Einlage auf den Beutenboden geschoben wird. Diese spezielle Varroa-Einlage besteht aus einem Gitter über einer Papier- oder Plastikeinlage. Die Milben fallen durch das Gitter und bleiben auf der Unterlage liegen, von der die Putzbienen sie wegen des Gitters nicht entfernen können, bzw. sie können sich wegen des Gitters nicht an einer anderen Biene festklammern. Bei einem Verdacht auf Varroa-Befall ordnet die zuständige Veterinär-Behörde (Kreistierarzt…) die Untersuchung an. Die Einlagen bleiben während des Winters in den Völkern und werden im März zur Untersuchung entnommen. Leider fällt im Winter eine Menge natürliches Gemüll an, tote Bienen, Wachsteilchen, Schmutz, so daß die Untersuchung schwierig ist. Diese Methode sagt auch nichts über den tatsächlichen Milbenbefall aus, da während des Winters nicht viele Milben eingehen und herunterfallen. Zur Feststellung, ob überhaupt Varroa-Milben in den Völkern vorhanden sind, ist diese Methode brauchbar. Gibt man die Einlagen im August/September jeweils 4 Tage lang in die Völker, läßt sich aus der Zahl der dann abgefallenen Milben in etwa auf den Befall und seine Stärke in den betreffenden Völkern schließen. Diese Sommerdiagnose scheint sich nach den neuesten Forschungen als die genauere zu erweisen.

Auch ein Selbstversorgungs-Imker muß sich bei einer Anordnung des Amtstierarztes den Verordnungen fügen und die Untersuchungen und darauf folgend die Bekämpfung mitmachen.

Die Bekämpfung der Varroa-Milbe wird deshalb so problematisch, weil die empfindlichen Stadien, die weichhäutigen Larven, gut geschützt in den verdeckelten Zellen sitzen und von keinem Medikament oder sonstigem Bekämpfungsmittel erreicht werden können. Die erwachsenen Tiere reiten auf den Bienen, die bei einer Bekämpfung auf jeden Fall geschont werden müssen. Zur direkten Bekämpfung gibt es derzeit nur ein Mittel, nämlich »Folbex VA neu«. Der Wirkstoff dieses Mittels ist Brompropylat in Form eines Räucherstreifens. Wird der Streifen in der verschlossenen Beute abgebrannt, werden von dem Gas die Milben erst betäubt und nach einer Weile getötet. Sie fallen von den Bienen herab auf die Varroa-Einlage und gehen dann ein. Den Bienen schadet das Gas nicht, sie benötigen aber einen leeren Honigraum als »Trommelraum«, um sich in ihrer Aufregung bei der Gasentwicklung verteilen zu können.

Bei akutem Befall wird diese Bekämpfung behördlich angeordnet, und derzeit ist es die einzige »amtliche« Möglichkeit, mit der Milbe fertig zu werden. Das muß auch ein Selbstversorgungs-Imker bedenken, der naturnah und möglichst ohne Medikamente imkern möchte. Die Behandlung wird im Herbst vorgenommen, wenn kein Honig in den Völkern und die Brut ausgelaufen ist. Im September/Oktober muß viermal im Abstand von 4 Tagen ein Räucherstreifen abgeglimmt werden bei völlig verschlossenen Beuten und eingelegtem Varroa-Gitter. Ausrotten kann man damit die Milbe nicht, aber sie läßt sich unter der Schadenschwelle halten. In Landschaften, die schon mehrere Jahre mit der Milbe verseucht sind, haben sich die Imker daran gewöhnt, jedes Jahr im Spätherbst zwei Begasungen zum Kurzhalten der Milbe durchzuführen. Mit den modernsten Nachweismethoden lassen sich von dem Wirkstoff keine Spuren im Honig finden. Die Voraussetzung dafür liegt in der verantwortungsbewußten Anwendung des Mittels bei Brut- und Honigfreiheit der Völker!

Selbstverständlich stellt eine solche Feuerwehrmaßnahme keine endgültige Lösung für die Bewältigung des Varroa-Problems dar. Flugbienen, auf denen einzelne Milben sitzen, bleiben weiterhin die Verbreiter der Varroa. Eine Imkerei mit jungen, starken Völkern bei schnellem Bienendurchsatz sind eine natürliche Methode, mit der Milbe zu leben, ohne daß sie Katastrophen verursacht. Reichlich Ableger nachziehen, die Wirtschaftsvölker nicht zu alt werden lassen (2 Nutzungsjahre). Eine reichliche, vielseitige Bienenweide sorgt für Beschäftigung, und optimale Ernährung der Bienen ergänzt sinnvoll die schonende, naturnahe imkerliche Behandlung.

In den Bienenforschungsinstituten werden verschiedene Verfahren zum Aufbau varroa-freier Jungvölker erprobt mit der dazu gehörenden Königinnenzucht. M. E. sind diese Verfahren für einen Selbstversorger-Imker noch zu kompliziert, obwohl die Wirtschaftsweise varroa-freies Jungvolk (Kunstschwarm) – 2 Wirtschaftsjahre als ein Kreislauf, an dessen Anfang immer das varroa-freie Jungvolk steht, eine biologisch hervorragende Möglichkeit ist, ohne chemische Mittel die Varroa-Verseuchung zu mindern und zu beherrschen. Die Erfahrungen werden in den nächsten Jahren sicher mehr und besser, und so dürfen wir davon ausgehen, daß die ersten düsteren Prophezeiungen, mit der Nutzung der Mellifica-Biene sei es vorbei und damit mit aller Imkertradition, sich nicht trotz der Schocks zu Anfang der Varroa-Ausbreitung bewahrheiten wird.

In der imkerlichen Praxis bewährt sich seit kurzem ein relativ einfaches, preiswertes Verfahren, den Milben-Bestand kurz zu halten. Man läßt im Bienenkasten Ameisensäure verdampfen. Die gasförmige Säure läßt die Milben von ihren Wirtstieren herunterfallen. Der Imker entfernt das Varroa-Gitter und die auf dem Papier liegenden Milben und hat so das Volk von den meisten seiner Parasiten befreit. Man besorgt sich im Imkerfachhandel oder im Landhandel entweder mit Ameisensäure getränkte Platten, die einfach auf das Absperrgitter, d. h. über das Volk gelegt werden, oder 85%ige Ameisensäure im Kanister, von der ein Schnapsglas (20–25 ml) auf ein mehrfach gefaltetes Küchentuch gegeben wird. Dieses so getränkte Tuch kommt auf einen Rahmen mit Fliegendraht, der über das Volk am besten mit zusätzlichem leerem Magazin gebracht wird. Die Bienen dürfen die stark ätzende Säure nicht erreichen können. Für den Imker empfehlen sich unbedingt Handschuhe beim Umgang mit der aggressiven Flüssigkeit. Die Behandlung erfolgt im Herbst nach Auslaufen der Brut bei noch warmen Temperaturen über 10 °C. Eine Frühjahrsbehandlung ist zwar möglich, aber die routinemäßige Herbstbehandlung erwies sich als besser geeignet, die Varroa-Milbe unter der Schadensschwelle zu halten. In Kürze ist mit der amtlichen Anerkennung der Ameisensäure als Varroa-Heilmittel zu rechnen.

Noch ein Problem kann im Rahmen der Spätsommerpflege auftreten und eine unangenehme Mehrarbeit bewirken, nämlich das Auftreten des **Melizitose-Honigs.** Volkstümlich nennt man ihn Zementhonig, und das sagt alles. Melizitose ist ein Dreifachzucker aus den Bausteinen Traubenzucker – Fruchtzucker – Traubenzucker und hat die Eigenschaft, schnell und zementartig zu kristallisieren. Er wird in den Waben fest und löst sich beim Schleudern nicht aus den Zellen. In manchen Jahren wird er unter bestimmten Bedingungen, die man nicht genau kennt, von einigen Rinden- und Blattlausarten auf Lärchen, Kiefern, Fichten und Laubbäumen gebildet. Er hat einen hohen Aschegehalt und eignet sich nicht in größeren Mengen zur Überwinterung. Wird Melizitose-Honig in kleineren Mengen eingetragen, merkt es der Imker nicht, aber größere Mengen sollten auf keinen Fall im Volk bleiben. In manchen Gegenden kennt man ihn kaum, in manchen muß alle paar Jahre mit ihm gerechnet werden. Entdeckt man ihn zufällig rechtzeitig, solange er noch etwas flüssig ist, muß sofort geschleudert werden. Einige Waben gehen dabei zu Bruch, aber den meisten Honig bekommt man heraus. Hat man, was meistens geschieht, nicht dieses Glück, gibt es eine Methode zur weitgehenden Gewinnung des Melizitose-Honigs:

Man schleudert erst langsam, dann so schnell wie möglich die entdeckelten Waben und läßt den mit großen Kristallen durchsetzten Honig nur durch das Grobsieb laufen. Die Kristalle lösen sich weder beim Rühren noch beim vorsichtigen Erwärmen auf 40 °C, weshalb man diesen sandartigen, unansehnlichen, aber aromatischen Honig am besten in der eigenen Familie aufbraucht. Mit den angeschleuderten, halbleeren Waben verfährt man folgendermaßen weiter, indem sie über Nacht in handwarmes Wasser gehängt werden (nicht wärmeres Wasser, sonst würde das Wachs weich!).

Die gewässerten Waben gibt man – dieses Verfahren gilt für Magazin- oder Trogbeuten-Imker – in ein leeres Magazin und baut auf den Brutraum einen Turm aus dem Honigraum, einer leeren Zarge, und darauf die Zarge mit den gewässerten Waben. Bei anderen Beuten (Hinterladern usw.) kann man seitlich oder nach hinten einen Kasten mit den Melizitose-Waben anschließen. Wichtig ist, daß die Melizitose-Waben nicht direkt auf dem Bienensitz stehen. Die Bienen müssen den Melizitose-Honig weit umtragen in einen Honigraum und fermentieren ihn dabei neu zu einem guten, flüssigen Honig. Die Ausbeute an »gutem« Honig liegt bei 60 %, der Rest wird von den Bienen bei der Arbeit verbraucht. Dies ist die beste Verwertung, die man für diesen Honig hat.

Stellt man beim letzten Schleudern, dem Ausschleudern, Melizitose-Honig fest, sollte man die Waben mit den festen Honigresten trocken bis zum Frühjahr aufheben und sie dann als Futterwaben den Völkern einhängen. Sie verbrauchen ihn sofort oder lagern ihn zum späteren Verbrauch um. Dies dürfte bei einem Selbstversorger-Imker häufiger zutreffen als der Anfall größerer Mengen von Melizitose-Honig.

Die Spätsommerpflege mit Einfüttern, Nachschauen und der Entfernung der Honigräume verläuft, von den o. g. Überraschungen abgesehen, gemütlicher als die Arbeiten im Frühjahr und Sommer. Der Imker kann sich einen schönen Tag aussuchen und nach dem Einfüttern seinen Urlaub nehmen. Haben dann die Bienen noch einen schönen Herbst mit zahlreichen Flugtagen, an denen sie Herbstblumen und blühende Zwischenfrüchte nach Pollen absuchen können, bleibt kein Imkerwunsch offen.

DIE WINTERRUHE

Vorgänge im Bienenvolk

Es wird kühler, die ersten Nachtfröste treten auf und zwingen die Bienen, sich für mehrere Stunden zu einer Traube zusammenzuziehen. Tagsüber, wenn es wärmer wird, lockert sich die Traube wieder. Die letzten Flugstunden an sonnigen, milden Tagen werden intensiv ausgenutzt. Das wird meist im November sein. Alle Bienen leeren die Kotblase – sie wissen, daß es nun wenigstens 10–12 Wochen bis zur nächsten Entleerung dauern kann.

Die Kälte macht den Bienen nichts, wenn sie in der dichten Wintertraube sitzen. Bleiben sie ungestört, verbrauchen sie je nach Volksstärke 500–800 g Futter/Monat. Sobald sie aber durch pickende oder klopfende Vögel, an das

Bienenhaus schlagende Äste oder Mäuse gestört und beunruhigt werden, erhöht sich der Futterverbrauch erheblich. Damit steigt die Belastung der Kotblase, und alle schon beschriebenen Folgen davon nehmen ihren Lauf. Deshalb ist eine **ungestörte Winterruhe** nicht hoch genug zu veranschlagen, und der Imker muß sein Möglichstes dazu einleiten und alle Störungsursachen beseitigen.

Ein besonderes Augenmerk sollte den Vögeln gelten. Beispielsweise gibt es Kohlmeisen, die sich mit Geschicklichkeit im Winter Bienen beschaffen: Sie picken am Flugloch, eine in der Nähe befindliche Wächterbiene schaut nach, wer dieser Störenfried sein kann, und sogleich wird sie von der Meise erwischt. Je nach Hunger wiederholt sie das Spiel. Spechte gehen ebenfalls gerne an Bienenhäuser und klopfen sie nach überwinternden Insekten ab. Hilft kein gelegentliches Vertreiben, was bei entfernten Bienenständen nicht möglich ist, spannt man ein Netz als Schutz oder versucht, einen Futterplatz zur Ablenkung an einem anderen Platz einzurichten.

Die als Insektenvertilger nützlichen Spitzmäuse können gelegentlich am Bienenstand im Winter Schaden anrichten, der kaum zu vermeiden ist. Kleine, anscheinend sehr gelenkige Tiere zwängen sich durch das enge Flugloch und richten sich in einer Beutenecke häuslich ein. Sie zernagen Waben und bauen sich aus den Krümeln ein richtiges Nest. Aus der Bienentraube holen sie sich eine Biene nach der anderen, verspeisen die Brustmuskulatur und bauen neben sich einen Haufen aus Bienenresten. Bei der Frühjahrsdurchschau entdeckt der Imker dann die Bescherung... Zum Glück kommt das nicht häufig vor. Selbst sollte der Imker natürlich ebenfalls keine Störung verursachen durch häufiges Nachschauen oder Herumhantieren. Im Interesse der Bienen bezähmt man seine Neugier und läßt sie in Ruhe.

Am besten bekommt den Bienen ein Winter mit gleichmäßig kalten, klaren, stillen Tagen und Nächten. Die dabei auch tiefen Minusgrade bewirken kaum einen höheren Futterverbrauch als beispielsweise ein wechselhaftes, stürmisches oder regnerisches Wetter mit stark schwankenden Temperaturen.

Obgleich es durch die mehrfache Wiederholung fast schon langweilig erscheint, folgt hier wieder ein Hinweis darauf, daß es starke Völker im Winter leichter haben als kleine und ihn besser überstehen. Der Futterverbrauch liegt bei ihnen sehr viel günstiger, denn, auf ein kg Bienengewicht bezogen, zehren starke Völker in zwei Brutraum-Magazinen nur halb soviel wie kleine Völker, die in einem Brutraum nur die Hälfte der Waben besetzen, d. h. der Futterverbrauch ist in kleinen Völkern relativ doppelt so hoch wie in großen Völkern.

Imkerliche Arbeiten

Zu den Arbeiten an den Bienen ist nicht viel zu sagen: Sie sind eingefüttert und versorgt. Hat man Freiständer, legt man vielleicht ein Stück Dachpappe über alle Kästen und beschwert sie mit Steinen oder Dachziegeln. Man hat für Ruhe zu sorgen und Störungsursachen zu beseitigen.

Die Fluglöcher, die man bei Ablegern oder etwas schwächeren Völkern während der Zeit des Einfütterns mit Klötzchen enger bestellt hatte, müssen unbedingt frei gemacht werden. Die Lüftung der Beute und die Sauerstoffzufuhr für die Bienen geht über das Flugloch, das deshalb so weit als möglich offen stehen muß. Sollten durch Schnee die Fluglöcher zugeweht sein, müssen sie vorsichtig freigefegt werden. Bei starkem Schneetreiben empfiehlt sich daher ein Inspektionsgang zu den Bienen.

Für Arbeiten, die indirekt mit den Bienen zusammenhängen, herrscht jetzt die ideale Jahreszeit. Dabei denkt man an die Zukunft in Form des neuen Bienenjahres und richtet die Rähmchen mit neuen Mittelwänden. Bei einem Besuch des nächsten Imkerfachhandels tauscht man das im Sommer geschmolzene Wachs gegen fertige Mittelwände und besorgt je nach Bedarf Rähmchendraht (ein bis drei Rollen reichen). Zu Hause werden die ausgeschnittenen Rähmchen mit der Flamme des Lötkolbens oder einem sonstigen »Flammenwerfer« desinfiziert, was sich vor allem gegen die am Holz haftenden Nosema-Sporen richtet. Mit einem spitzen Locher bohrt man je vier Löcher in die Längsseiten der Rähmchen und zieht den Draht hindurch. Sind die Löcher noch erhalten, sticht man einfach den Draht z. B. mit einer alten Stopfnadel durch. Das Einlöten der Mittelwände erfordert einige Übung, deshalb sollte man sich nicht entmutigen lassen, wenn die ersten nicht so gut gelingen und krumm oder wellig in die Drähte eingebettet werden. Zunächst schneidet man ein Brettchen (oder ein Stück 10–12 mm dünne Spanplatte) in den Innenmaßen des Rähmchens zurecht. Das gedrahtete Rähmchen wird um dieses Brettchen gelegt, die Mittelwand auf die Drähte und das Brettchen, so daß sie an die Oberseite des Rähmchens stößt. Mit dem an einer elektrischen Kochplatte gewärmten Rillrädchen rollt man über die Drähte, die sich erwärmen und dabei die Mittelwand einschmelzen.

Einfacher und etwas teurer geht es mit einem Trafolöter oder Pfalzlöter, der in der Anschaffung teurer ist, aber dafür ein ganzes Imkerleben hält und eine wesentliche Arbeitserleichterung und -verbesserung bedeutet. Die Mittelwand wird auf das gedrahtete Rähmchen gelegt. Die Kontakte des eingeschalteten Trafolöters hält man an die beiden Nagelköpfe, an denen der Draht an Anfang und Ende befestigt ist. Durch die Spannung erhitzt sich

100

der Draht sofort, in Sekundenschnelle schmilzt die Mittelwand infolge ihres Eigengewichtes ein, fertig, das nächste Rähmchen bitte.

Ob man mit einem einfachen, billigen Pfriemen die Löcher einzeln vorsticht oder einen Mehrfach-Rähmchen-Locher kauft, ob man sich von einem Imkerfreund den Trafolöter leiht oder sich mit mehreren zusammen Geräte anschafft – wichtig ist, daß man in etwa die Anzahl der zum Ausbauen benötigten Mittelwände abschätzt und für einen ausreichenden Vorrat sorgt. Wenn im nächsten Frühjahr und Sommer die Arbeit drängt, müssen solche Dinge griffbereit liegen.

Dasselbe gilt für Reparaturen an nicht besetzten Honigräumen und Magazinen. Dazu ist jetzt Zeit.

Hat das Bienenhaus oder der Freiständer einen neuen Anstrich nötig, sollte man das vor Beginn der Winterruhe an schönen September- oder Oktobertagen erledigen. Auf keinen Fall darf man gängige Holzschutzmittel (Karbolineum, »Xylamon«, »Xyladecor« u. a.) verwenden, da diese Kontaktgifte enthalten und für die Bienen schädlich sein können. Es gibt »bienenfreundliche« Farben für Kästen und Bienenhäuser im Imkerfachhandel, zu denen geraten wird.

Für einen Selbstversorgungs-Imker lohnt es sich nicht, die Mittelwände selbst zu gießen. Die dazu nötigen Wachspressen, Gußformen oder Mittelwandwalzwerke kosten zu viel und lohnen sich nur für Erwerbsimkereien. Hier sollte der Jungimker sich nicht zu unüberlegten Anschaffungen reizen lassen. Das nochmalige Schwefeln der Wabenvorräte darf nicht vergessen werden, denn im September/Oktober/November kann sich die Wachsmotte bei Temperaturen über 10 °C als aktiv erweisen und Schaden anrichten, bevor sie in die Winterstarre fällt. Daß ein Bienenhaus sauber und aufgeräumt in den Winter geht, versteht sich von selbst.

Die Ruhe der Bienen in der Wintertraube und der Duft von Honigkuchen, der in die Vorweihnachtszeit gehört, sollte den Imker und die Imkerin sowie die Imkerkinder zu Ruhe und Besinnung anregen. Brachte uns die Zeit mit den Bienen bisher manche Überraschung und manche Mühe, so darf auch der Gegenpol der Arbeit, die Ruhe, nicht zu kurz kommen.

Die Bienen halten wir ja nicht als Selbstzweck, sondern um ihres Nutzens willen. Die Verwendung von Honig, Wachs und Propolis im Haushalt und in der Familie zum Gesundbleiben und -werden soll anschließend beschrieben werden, weil darin der Sinn der eigenen, kleinen Bienenhaltung liegt.

Dennoch wenden wir uns vorher wieder den Bienen zu und geben Auskunft über einige Bienenkrankheiten, die bisher nicht behandelt wurden und nur unter bestimmten Umständen auftreten.

EINIGE KRANKHEITEN DER BIENE

Die bisher beschriebenen Krankheiten Nosematose, Ruhr und Maikrankheit treten unter bestimmten ungünstigen Lebensbedingungen der Völker auf, wie sie z. B. während langer Schlechtwetterperioden, bei Wassermangel, in der Volksgröße nicht angepaßten Kästen, in zu kleinen, geschwächten Völkern vorkommen. Zusätzlich gibt es aber auch Krankheiten, die durch tierische, bakterielle und pilzliche Erreger hervorgerufen werden und auch bei bester Betreuung infolge Ansteckung ausbrechen können. Die erstgenannten Krankheiten fallen unter den Begriff »Faktorenseuchen«, während die zweite Gruppe als Infektionskrankheiten z. T. bezeichnet werden können. Die Varroatose als neu eingeschleppter, parasitärer Krankheit wird vielleicht später eindeutig eingeordnet werden, wenn die Bienen und wir länger an sie gewöhnt sind und sie besser im Griff haben. Möglicherweise kommt man dahin, sie zu den Faktorenseuchen zu stecken, weil sie »nur« in geschwächten, kleinen Völkern gefährlich wird und vitale, starke Völker mit raschem Bienenumsatz mit ihr fertig werden.

Im folgenden werden zwischen den Krankheiten der Brut und der erwachsenen Bienen unterschieden. Jeder Imker sollte die wichtigsten Bienenkrankheiten kennen und erkennen, um die Vorbeugung und Bekämpfung wissen und richtig handeln können, wenn es z. B. um die Meldung der Bösartigen Faulbrut handelt, die eine meldepflichtige Tierseuche darstellt.

1) Krankheiten der Bienenbrut

a) Durch Bakterien verursachte Brutkrankheiten

Die **Bösartige Faulbrut** hat als Erreger das Bakterium »Bacillus larvae«. Die Ansteckung erfolgt durch die Ammenbienen, wenn sie die Rundmaden füttern. Das Absterben und Verwesen zieht sich lange hin – manche Maden gehen im Streckmadenstadium ein, andere gehen erst als Puppe ein. Die Bakterien dringen durch die Darmwand in das Blut- und Fettgewebe und zersetzen dann ihren Wirt zu einer schmutzig-gelblichen, zähen, schleimigen Masse. An der unteren Längswand der Zelle liegt der Madenrest und läßt sich in nicht zu altem Zustand mit einem Hölzchen (Zahnstocher) zu einem Faden ausziehen wie ein Kaugummi. Dieses Fadenziehen ist ein sicheres Erkennungszeichen der Bösartigen Faulbrut und gleichzeitig eine Unterscheidung zur Gutartigen Faulbrut. Die Zelldeckel der befallenen, verdeckelten Brut sind eingefallen und häufig durchlöchert. Auch das ist ein Alarmzeichen. Im Mai und Juni beginnt die Bösartige oder Amerikanische Faulbrut kaum erkennbar in wenigen Zellen, die von den Stockbienen gereinigt werden. Dabei werden die Stockbienen zu Überträgerinnen und infizieren beim Füttern zahlreiche Maden. Nach diesem schleichenden Beginn tritt die Krankheit explosionsartig im gesamten Brutnest auf.

Die Sporen als robuste Dauerorgane haften an Geräten, Bienenkästen, Rähmchen, den Schuhen des Imkers, seinen Handschuhen, sind in Wachs und Honig enthalten. Durch Hitze um 105 °C werden sie zuverlässig abgetötet. Deshalb darf zur Herstellung von Mittelwänden nur fachgerecht entseuchtes Wachs verwendet werden. Wenn man, aus welchen Gründen auch immer, auf die Idee kommt, billigen Auslandshonig zu verfüttern oder für Futterteigmischungen zu verwenden, holt man sich sehr leicht die Faulbrut an den Stand: In den tropischen Ländern, vor allem auf dem amerikanischen Kontinent, von wo große Mengen billigen Honigs eingeführt werden, ist die Faulbrut verbreitet und der Honig fast immer mit Faulbrut-Sporen verseucht.

Glaubt man, die Bösartige Faulbrut entdeckt zu haben, meldet man den Verdacht der zuständigen Veterinärbehörde und/oder dem nächsten Seuchenwart des Imkerbundes (Adresse steht im Imkerkalender). Mit dem Vermerk »Seuchenverdacht« wird eine befallene Wabe eingeschickt zur Untersuchung. Bestätigt sich der Verdacht, erscheint der Seuchensachverständige und führt mit dem betroffenen Imker die Bekämpfung durch, bzw. entscheidet über das Abschwefeln stark erkrankter Völker. In der Zeit steht der Stand unter Quarantäne, und es dürfen weder Bienen, noch Wachs, Honig und Geräte vom Stand entfernt werden. Klingt die Seuche ab, wird der Stand wieder als gesund anerkannt.

Allzu häufig tritt heute die Bösartige Faulbrut nicht auf.

Die **Gutartige oder Europäische Faulbrut oder Sauerbrut** ist alles andere als gutartig. Sie gilt als nicht so ansteckend und wird durch mehrere Bakterien hervorgerufen. Der Befall verläuft etwas weniger dramatisch. Eine Heilung kranker Völker mit Antibiotika ist möglich. Die Bildung eines Kunstschwarmes, der auf neue Mittelwände gesetzt wird, stellt eine gute Heilungsmöglichkeit bei starkem Befall dar. Bei leichterem Befall entnimmt man die befallenen Waben und schmilzt sie sofort ein.

Die beim Füttern angesteckten Rundmaden sterben noch vor dem Verdeckeln der Zellen ab. Ein späteres Absterben in der verdeckelten Zelle kommt seltener vor. Am ehesten erkennt der Imker die Europäische Faulbrut an dem durchdringenden säuerlichen, käsigen, an Fußschweiß erinnernden Gestank. Die abgestorbene Madenmasse am Zellgrund ist zwar schleimig wie bei der Bösartigen Faulbrut, aber nicht fadenziehend.

Anzeigepflichtig ist die Sauerbrut nicht. Doch sollte man sich wegen einer sicheren Heilung bei stärkerem Befall vertrauensvoll an den zuständigen Seuchenwart wenden, der mit Rat und Tat bei der Bekämpfung hilft (Adressen stehen in den Imkerkalendern).

b) Durch Pilze verursachte Brutkrankheiten

Diese Krankheiten treten selten bis sehr selten auf. Es handelt sich um Schimmelpilze, welche die Maden mit ihrem Mycel durchwuchern und dadurch zum Absterben bringen.

Die **Kalkbrut** gilt im allgemeinen als harmlos und kommt bevorzugt in feuchteren Frühjahrsmonaten vor. Einzelne Zellen enthalten harte, mit einem grauen Sporenrasen bedeckte »Brutmumien«, die man mit der Pinzette leicht aus den Zellen holen kann. Bei stärkerem Befall sollte man die betroffenen Waben einschmelzen. Normalerweise klingt die Kalkbrut ohne größeren Schaden wieder ab. Häufiges Erneuern des Wabenwerkes und Vermeidung von Schimmel in den Kästen dürften eine wirksame Vorbeugung bilden, die ja zur selbstverständlichen Hygiene gehören.

Die äußerst seltene **Steinbrut,** deren Erreger der Pilz »Aspergillus flavus« ist, wird an den durch die Zelldeckel ragenden, gelbgrünen bis grünlichbräunlichen Sporenrasen erkannt. Die Zellen sehen beinahe aus, als wären sie mit bunten Pollen gefüllt. Die überaus wirksamen Gifte des Pilzes (Toxine) schaden auch den erwachsenen Bienen, die zugrunde gehen können. Für den Menschen erweist sich der Umgang mit »Aspergillus flavus« als ebenfalls nicht unbedenklich. Heilungsmöglichkeiten für befallene Völker gibt es nicht, so bleibt nur das Abschwefeln der Bienen und Einschmelzen des Wabenwerkes.

c) Durch Viren verursachte Brutkrankheiten

Hier ist die **Sackbrut** zu nennen. Die erkrankten Maden im Streckmadenstadium behalten ihre Form und erscheinen wie Säcke, die mit einem jauchigen Inhalt gefüllt sind. Später trocknen sie zu bootartigen, braunen Schuppen ein, die leicht aus den Zellen zu lösen sind. Auf den trockenen Madenresten verliert das Virus seine Ansteckungskraft, so daß es im allgemeinen wenig schädlich wirkt. Befallene Waben tauscht man durch Mittelwände aus und schmilzt sie ein.

2) Krankheiten der erwachsenen Bienen

Nicht ansteckende und durch keinen speziellen Erreger verursachte Krankheiten sind die Ruhr, die Maikrankheit, die beide besprochen wurden, sowie verschiedene Vergiftungen durch Pflanzenschutzmittel und bestimmte Trachtpflanzen. Findet man im Frühjahr und Frühsommer, wenn landwirtschaftliche und gärtnerische Kulturen mit Pflanzenschutzmitteln gespritzt oder gesprüht werden, vor dem Stand und vor den Fluglöchern massenweise tote oder noch lebende, in ihren Bewegungen gestörte Bienen, die offensichtlich krank sind, ist an eine Vergiftung mit Pflanzenschutzmitteln zu denken. Als gesetzliche Regelung besteht die Bienenschutzverordnung, nach der bienengefährliche Mittel nie in blühende Pflanzenbestände oder

Bestände mit blühendem Unterwuchs (Unkräuter) während der Flugzeit gespritzt werden dürfen. Alle Pflanzenschutzmittel sind deklariert, ob sie bienengefährlich sind. Theoretisch können also keine Bienenvergiftungen auftreten, in der Praxis sieht das anders aus. Es kommen vereinzelt immer einmal wieder Vergiftungen durch unsachgemäße Anwendung bienengefährlicher Pflanzenschutzmittel vor. In einem solchen Falle sollte man etwa 1000 getötete Bienen und nach Möglichkeit eine Probe der behandelten Pflanzen in Gegenwart eines Zeugen (Polizei, Seuchenwart...) nehmen und getrennt an das nächste zuständige Untersuchungsinstitut oder die Biologische Bundesanstalt für Land- und Forstwirtschaft in Braunschweig-Völkenrode schicken. Dort wird der schädliche Wirkstoff festgestellt, damit man mit Hilfe der Polizei den Verursacher feststellen kann. Bei Vorliegen einer Mißachtung der Bienenschutzverordnung erlaubt das Gesetz eine strafrechtliche Verfolgung des Verursachers. Der geschädigte Bienenhalter wird entschädigt. Dennoch wäre es am besten, wenn dieser verantwortungslose Gebrauch von Pflanzenschutzmitteln nicht vorkommt und kein Bienensterben einen Imker trifft.

Zurück zu den »richtigen« Krankheiten, die durch einen übertragbaren Erreger hervorgerufen werden und daher ansteckend sind.

a) Durch tierische Parasiten verursachte Krankheiten der erwachsenen Bienen

Die Varroatose, die von der Varroa-Milbe hervorgerufen wird, ist ausführlich besprochen worden. Eine weitere Milbenkrankheit stellt die **Akariose oder Milbenseuche** dar, deren Erreger die Tracheenmilbe »Acarapis woodi« ist. Dieser Schädling wurde wie die Varroa-Milbe aus dem Ausland eingeschleppt und rief, als man sie zu Anfang dieses Jahrhunderts in England zuerst entdeckte, aufgrund ihrer verheerenden Folgen panikartige Reaktionen hervor. Der Vergleich zur Varroa-Invasion drängt sich auf. Die Tracheenmilbe verbreitete sich schnell über ganz Europa. Die Aufregung hat sich längst gelegt, aber die Anzeigepflicht der Milbenseuche ist geblieben.

Die Tracheenmilbe, eine nur 0,1 mm große Innenmilbe, setzt sich im ersten Luftröhrenpaar der Brust fest und saugt dort durch die Tracheenwand (Trachee = Luftröhre) die Blutflüssigkeit (Hämolymphe) der Biene. Die Milben dringen nur bei Jungbienen bis zu einem Alter von 7 Tagen in die Atemlöcher der Luftröhren ein, weil bis dahin die Haare am Rand der Löcher noch biegsam genug sind, die Milben hereinzulassen. Bei älteren Bienen wird der Haarkranz steif und verwehrt den ungebetenen Gästen den Eintritt. Ein Milbenweibchen legt nach seiner Einquartierung in der Trachee 5–7 Eier, aus denen 3–4 Tage später schon Larven schlüpfen. Nach weiteren 10 Tagen haben sie die verschiedenen Stadien bis zur fertigen Milbe durchlaufen. Die Männchen begatten die Weibchen noch in der Trachee. Entweder legen die Weibchen ihre Eier in derselben Trachee ab oder sie verlassen die Biene und besiedeln eine andere Jungbiene, in der dieser Kreislauf von neuem losgeht.

Mehrere Schadwirkungen beeinträchtigen die befallene Biene: Die Tracheenwände werden angestochen, also verwundet. Die Milben entziehen den Bienen Blutflüssigkeit zu ihrer Ernährung. Dabei wird meist zuviel Blut abgesaugt, das außerdem aus den Wunden nachströmt. Diese überschüssige Blutflüssigkeit verkrustet an den Tracheeninnenwänden und verstopft sie. Dadurch vermindert sich der Luftdurchsatz der Tracheen. Die Sauerstoffversorgung der Flugmuskulatur wird unzureichend. Flugunfähigkeit tritt als Folge ein. Darüber hinaus gelangen Giftstoffe aus dem Speichel der Milben in die Blutflüssigkeit sowie andere Krankheitserreger durch die Wunden, so daß eine Blutvergiftung (Septikämie) als tödliche Spätfolge des Milbenbefalls auftritt. Flugunfähige Bienen, die auf dem Boden vor dem Stand herumhüpfen, deuten auf die Milbenseuche hin. Bevorzugt entdeckt man sie nach Schlechtwetterperioden.

Grundsätzlich verläuft die Milbenseuche in geschwächten Völkern, in denen die einzelnen Bienen stark beansprucht werden, und unter sonst ungünstigen Lebensbedingungen schwerer als in vitalen, starken Völkern mit guter Ernährung. In diesem Sinne kann sie als Faktorenseuche angesehen werden. Sie kommt mehr in Süddeutschland, der Schweiz und Österreich vor als in Nord- und Mitteldeutschland, wo sie fast gar nicht bekannt ist.

Der Beginn der Milbenseuche wird meist nicht erkannt. Erst bei starkem Befall schöpft der beobachtende Imker Verdacht. Die Untersuchung der kranken Bienen, deren Brust (Thorax) zur mikroskopischen Nachschau präpariert werden muß, ist ziemlich aufwendig. Das Einschicken von erkrankten Bienen bedeutet für den Imker eine Mehrarbeit, ist aber für eine anzeigepflichtige Seuche nicht zu umgehen, wenn auch inzwischen die Anzeigepflicht für überholt gehalten wird. Bei Bestätigung des Verdachtes wird eine Bekämpfung der Milbenseuche durch Begasung mit »Folbex VA neu« amtlich angeordnet. Bei der Folbex-Begasung des Volkes im geschlossenen Kasten werden die Milben in den Tracheen sicher abgetötet, die Seuche ist am betreffenden Stand erloschen. Die Tracheenmilbe kommt überall in den genannten Gebieten vor. Die beste Vorbeugung besteht in der Erhaltung großer, leistungsfähiger Völker, die am wenigsten unter der Milbenseuche leiden bzw. mit ihr fertig werden. Die Ausbreitung der Tracheenmilbe durch sich verfliegende Arbeiterinnen und weit mehr noch durch die Drohnen läßt sich nicht beschränken.

Hoffen wir, daß es mit der Varroa-Milbe einen ähnlichen Verlauf nimmt wie mit der Tracheenmilbe, daß man auch mit ihr unter Einhaltung einer bienengemäßen Wirtschaftsweise imkern kann. Für Feuerwehrmaßnahmen bei einem schwer erkrankten Volk wird man auf ein wirksames Medikament zurückgreifen, aber sonst kommt man ohne es aus.

Die **Amöbenseuche** tritt meist im Zusammenhang mit der Nosamatose auf. Die Amöbe (beim Menschen verursacht eine Amöbenart die Amöbenruhr), ein mikroskopisch kleiner Einzeller, ein sog. Wurzelfüßer, befällt die Harngefäße. Wie bei der Nosematose leiden geschwächte, beanspruchte alte Bienen besonders in zu kleinen Völkern. Junge große Völker auf neuem Wabenbau als allgemeine Vorbeugung gegen andere Krankheiten verhindern auch den Ausbruch der Amöbenseuche.

b) Krankheiten der erwachsenen Bienen verschiedener oder mehrerer Ursachen
Hier wäre die schon erwähnte **Septikämie,** also eine Blutvergiftung, zu nennen, die immer im Gefolge von Verletzungen usw. als Sekundärinfektion auftritt. Die **Rickettsiose,** deren Ursache die zwischen Viren und Bakterien stehenden Rickettsien sind, wird erst seit kurzem erforscht. Ferner gibt es **Lähmungen** (Paralyse) der erwachsenen Bienen. Im allgemeinen wird man kaum damit Probleme haben, treten diese Krankheiten doch hinter den bedeutenden Bienenkrankheiten sowie den Vergiftungen durch Pflanzenschutzmittel zurück. Wenn manchmal ein Volk eingeht und weder ein Verhungern noch die Nosematose, eine nicht mehr legende Königin, Weisellosigkeit oder eine Brutkrankheit festzustellen ist, kann man sich ja mit dem zuständigen Seuchenwart in Verbindung setzen und ihn um Rat fragen. Auf jeden Fall sollte ein junger, aufstrebender Ableger als Ersatz zur Verfügung stehen, dann lohnt sich keine lange Trauer um das gewesene Volk.

3) Feinde der Bienen
Bienen sind Insekten und damit für Tiere, die Insekten jagen, ganz gewöhnliche Beutetiere. Die Vögel und Spitzmäuse z. B. fangen Bienen neben allen möglichen anderen Insekten, worauf früher hingewiesen wurde. Andere Tiere werden von den Vorräten sowie auch von den toten Bienen im »Gemüll« auf dem Boden der Beuten angelockt. Gegen Feld- und Hausmäuse helfen mäusedichte Bienenhäuser. Eine Zwergspitzmaus, die sich in der Beute den Winter über einnisten möchte, verwehrt ein nicht über 7 mm hohes Flugloch meistens den Eintritt. Leider hat dieses niedrige Flugloch den Nachteil, bei stärkerem Wintertotenfall hinter dem Loch die Lüftung zu behindern, weshalb sogar Erstickungsgefahr entstehen kann.

Ohrwürmer (Forficula auricularia) halten sich gern in dem Zeitungspapier auf, das als Isolierung unter dem Deckel der Beuten liegt. Sie sind harmlos. Wenn es zuviele werden, wird man sie fortwerfen oder zerdrücken. Dasselbe gilt für die verschiedenen **Ameisen,** die sich mit Zucker oder Honig versorgen und ihrer Kleinheit wegen durch die Ritzen einen unbewachten »Hintereingang« ausnutzen. Ein Ameisenfreß-Lack oder das Ausgraben der Nester und deren Verbringen an einen entfernteren Platz dürften Abhilfe schaffen, wenn man den Eindruck hat, die an sich nützlichen Tierchen werden zu zahlreich und lästig. Der **Speckkäfer**, ein als Vorratsschädling bekannter, 6–9 mm langer, schwarzer Käfer mit grauer Binde auf den Flügeldecken (Dermestes lardarius), lebt manchmal in Gemüllabfällen, nicht eingeschmolzenen Waben oder Futterresten. Sauberkeit heißt das einfache Rezept gegen sein Heimischwerden am Bienenstand. Die Wachsmotten und ihre Bekämpfung durch das Abbrennen von Schwefelblättchen im Wabenvorrat oder Imker-Globol usw. wurden schon genannt.

Den **Wespen** gelten einige Worte mehr, herrschen doch über sie und ihre Rolle als Feinde der Bienen falsche Vorstellungen und hartnäckige Vorurteile selbst unter erfahrenen Imkern. Man beobachtet im Herbst häufig heftige Kämpfe der Wächterbienen am Flugloch mit Wespen, die von den Vorräten räubern wollen. Man wird auch hin und wieder in der Futtertasche eines Volkes eine Wespe entdecken. Solange es sich um einzelne Tiere handelt, schaden sie nicht. Gelegentlich kommen ausgesprochene Wespenjahre vor, in denen ihre Vielzahl mehr als lästig wird. Da hilft nur, den Bienen die Fluglöcher verengen, um ihnen die Verteidigung zu erleichtern. Das früher empfohlene Vernichten der Wespennester kann nicht gutgeheißen werden. Sobald der Herbst fortschreitet und kühle bis kalte Tage kommen, hört der Spuk von selber auf: Die Arbeiterinnen der Wespenstaaten sterben ab, die begatteten Königinnen überwintern als Einzeltiere im Verborgenen. Das gehäufte Auftreten der Wespen im Frühherbst bedeutet nur ein Zeichen für die Zeit des Jahres, in der ein Wespenstaat seine größte Stärke besitzt.

Wenn im Sommer plötzlich die Waldtracht aufhört, d. h. die den Honigtau erzeugenden Läuse schlagartig verschwinden, bestand als verbreitete Ansicht, daß die Ursache dafür die Wespen seien. Die räuberischen Wespen töten massenhaft die Läuse, und es gibt dann keinen Waldhonig mehr. So einfach geht das nicht. Zwar überfallen die Wespen auch mehrere Läuse auf den Bäumen, um ihren Eiweißbedarf, d. h. den ihrer Brut, zu decken. Sie leben nicht so wie die Bienen als Vegetarier. Der sog. »Massenwechsel« der Honigtauerzeuger, ein durchaus natürlicher Vorgang, hat zahlreiche Ursachen, von denen mehrere zusammenwirken: ein heftiges Gewitter, ein allgemeiner Wetterumschwung, Änderungen in der Zusammensetzung der Säfte in den Bäumen, ein Verholzen der jungen Triebe, die sich dann nicht mehr mit dem Saugapparat anstechen lassen, usw. Alle Ursachen kennen wir noch gar nicht und können auch nicht den genauen Zeitpunkt des Zusammenbruchs der Läusepopulationen voraussagen. Dazu kommt, daß auf die starke Vermehrung der verschiedenen Läusearten die jeweiligen Schädlinge mit einer entsprechenden Vermehrung nachziehen. Auf die Massen der Läuse folgen ihre Feinde in Mengen. Den Wespen eine Schuld am Versiegen des Waldhonigs zu geben, ist auf keinen Fall berechtigt.

In älteren Bienenbüchern wird recht ausführlich auf den **Bienenwolf** (Philanthus triangulum) eingegangen. Diese Grabwespe lebt auf Ödland, warmen, sandigen Hängen ohne Bodennutzung und gräbt eine Nesthöhle in den Boden. Er ähnelt stark der verbreiteten Feldwespe und trägt zur Unterscheidung ein helleres Krönchen auf der schwarzen Stirn. Sucht eine Biene in der Nähe des Nestes die Blumen ab, so überfällt er sie von oben, stürzt sich mit ihr in das Nest und betäubt sie. Jede seiner Larven erhält 3–5 Bienen als Zehrung. Da solche Ödländereien reich vom Frühjahr bis in den Herbst hinein blühen, kann dort bei dichter Besiedlung mit Bienenwölfen eine Menge Flugbienen verunglücken. Heute gibt es nicht mehr viele solcher ungenutzter Flächen, die dem Bienenwolf eine Heimat geben. Damit ist er als Schädling selten geworden. Die Empfehlung, E 605 oder ähnliches großflächig auszustreuen, darf getrost vergessen werden.

Die **Bienenlaus** (Braula coeca), die keine Laus, sondern eine flügellose, stecknadelkopfgroße Fliege ist, sitzt zuweilen am Brustkorb junger Ammenbienen und besonders auf der Königin. Die Bienenläuse halten sich oft zu mehreren auf einem Tier auf und lassen sich mit Futter versorgen. Sie saugen also kein Blut, sondern erhaschen sich ihr Futter, wenn z. B. die Königin gefüttert wird oder die Ammenbienen Futter weiterreichen. Die Königin wird von diesen Quälgeistern behindert, was nicht ohne Folge für ihre Legeleistung bleibt. Findet man zufällig eine mit Bienenläusen besetzte Königin, fängt man sie heraus und entfernt die Lästlinge einzeln mit einem klebrigen, in Honig getauchten Streichholz oder Zahnstocher. Bei der Feststellung eines starken Bienenlausbefalls wird ein Bogen Papier auf den Boden der Beute geschoben und über Nacht ein halber Teelöffel voll Naphtalin (aus der Apotheke oder dem Imkerfachhandel) auf das Papier unter den Bienensitz gestreut. Die Bienenläuse fallen auf das Papier, das am Morgen entnommen und verbrannt wird.

Es ist immer bedrückend, wenn man über alle Krankheiten und Schädlinge liest, die eine Tier- oder Pflanzenart oder uns Menschen befallen können. Man wundert sich danach, daß es auch gesunde Exemplare dieser Art gibt. So soll die Aufzählung der Bienenkrankheiten und -schädlinge nicht entmutigen – während eines langen Imkerlebens lernt man einige kennen, und das reicht im allgemeinen. Die weitaus meisten Bienenvölker erfreuen sich guter Gesundheit, und bei bienengerechter Betreuung und Pflege bleibt dieser Zustand der Normalzustand.

Verwertung der Bienenerzeugnisse im Haushalt

In der Natur fällt den Bienen die Aufgabe zu, für die Bestäubung von rund 80 % unserer heimischen Wildblütenpflanzen zu sorgen. Zum Nutzen von Landwirten, Obstbauern und Gärtnern erhöhen bei regem Beflug unsere Bienen die Erträge wichtiger Kulturpflanzen. Der Imker, der sich die Mühe und Arbeit ihrer Betreuung macht, möchte auch seinen Nutzen sehen: Er erntet Honig, Wachs und, wenn ihm daran liegt, auch Pollen. Diese drei Bienenprodukte lassen sich in einer Selbstversorger-Imkerei am einfachsten gewinnen. Die Nutzung des Kittharzes (Propolis) ist im Haushalt schwieriger durchzuführen, obgleich man es mit nicht zu viel Arbeitsaufwand einfach gewinnen kann. Beim Beispiel des Kittharzes zeigt sich, daß der Imker das Rohprodukt verkaufen kann und bei Bedarf die fertige Salbe usw. sich besorgt.

DER HONIG

Wie die Bienen den Honig herstellen und wozu sie ihn benötigen, haben wir erfahren. Wann und wie der Imker den Honig schleudert, ist ebenfalls bekannt. Nun stehen die Eimer oder sonstigen Aufbewahrungsgefäße in einem trockenen, kühlen Raum. In neueren Häusern, die gegen Feuchtigkeit besser isoliert wurden als ältere und meist einen Heizungsraum im Keller aufweisen, dürfte es nicht schwer sein, einen geeigneten Raum für die Honiglagerung zu finden. Wo es für Kartoffeln, Äpfel und manche lagerfähige Gemüseart zu trocken ist, paßt es für die Honigeimer. Man kann auf andere Weise feststellen, ob man in einem bestimmten Raum den Honig aufheben kann: Legt oder hängt man ein Stück Brot frei in den Raum,

110

schimmelt es bald oder es trocknet und wird hart. Im letzten Fall eignet sich der Raum bedenkenlos zur Honiglagerung. Die Bienen haben den Honig als ihre Winternahrung und ihren Energiespender während des ganzen Jahres so hergestellt, daß er über längere Zeit unverändert bleibt. Vergleicht man ihn mit anderen süßen, d. h. zuckerhaltigen festen oder flüssigen Nahrungsmitteln, so fällt seine hervorragende Haltbarkeit aus dem Rahmen. Ohne Sterilisierung oder ein ähnliches Verfahren verdirbt, gärt, verfault jedes andere Nahrungsmittel in kurzer Zeit, vor allem bei hohen Temperaturen! Der Honigvorrat im Bienenvolk lagert meist bei hohen Temperaturen, denn in der Nähe des Brutnestes herrschen 30–35 °C und etwas weiter davon immer noch über 20 °C. Wie haben nun die Bienen eine solche staunenswerte Haltbarkeit erreicht? Dazu wenden wir uns den Inhaltstoffen des Honigs zu und können daraus einiges erklären, was besonders für die Wirkung des Honigs auf den menschlichen Organismus von Bedeutung ist.

Jeder Imker wird es nicht unterlassen, die ersten Tropfen am Auslauf der Schleuder zu versuchen – jedesmal schmeckt der Honig anders. Die Farbe verändert sich bei jedem weiteren Schleudern von hellgelb im Frühjahr bis zu verschiedenen Brauntönen im Hochsommer. Untersucht man die Nektare der verschiedenen beflogenen Pflanzenarten, findet man sehr unterschiedliche Zusammensetzungen. Die Zuckerarten, die Zuckergehalte, die Mineralstoffe und ihre Gehalte und zusätzlich die zahlreichen, chemisch komplizierten Aromastoffe, die in verschwindend geringen, aber wirksamen Mengen vorkommen, schwanken von Pflanzenart zu Pflanzenart. Für den Blütenhonig scheint das einfach und logisch. Für den Honigtauhonig, also den dunkleren »Waldhonig«, trifft das auch zu. Die Säfte der Laub- und Nadelbäume verändern sich in ihrer Zusammensetzung während der Zeit, in der die Bienen den Honigtau sammeln. Von Baumart zu Baumart bestehen Unterschiede. Ein Imker mit feiner Nase unterscheidet leicht den wechselnden Geschmack seiner Honigsorten.

Ein reifer, haltbarer Honig enthält nicht mehr als 20 % Wasser. Als Ausnahme gelten Heidehonige, die bis zu 23 % Wasser haben dürfen. Die restlichen 80 % bestehen fast nur aus Zuckern. Recht einheitlich erscheint das »Zuckermuster« der vom Geschmack, Geruch und Farbe her so verschiedenen Honige:

Fruchtzucker	38,2 %	
Traubenzucker	31,3 %	
Rohrzucker	1,3 %	
Doppelzucker	7,3 %	(Maltose und andere)
Mehrfachzucker	1,5 %	(Melizitose, Raffinose, Kestose u. a.)
	79,6 %	

Der aus Zuckerrüben und Zuckerrohr hergestellte Haushaltszucker enthält lediglich Rohrzucker, der sich aus Frucht- und Traubenzucker zusammensetzt. Im Honig kann man den Rohrzuckeranteil vergessen. Der Rohrzucker als Zweifachzucker hat die Bausteine Frucht- und Traubenzucker chemisch fest miteinander verbunden, während im Honig beide Zucker als Einfachzucker anzutreffen sind. Das Spalten von Rohrzucker in die beiden Bestandteile erfordert das Ferment Invertase und einigen Energieaufwand. Im Honig liegen die beiden Zucker sozusagen einzeln verpackt zur unmittelbaren Verwertung vor.

Eine große Spannweite der Gehalte an Mineralstoffen kennzeichnet die verschiedenen Honigsorten. Es bestehen hierbei nicht nur Unterschiede zwischen den großen Gruppen Blüten- und Honigtauhonig, sondern auch zwischen den Honigen von den einzelnen Pflanzenarten. Im Honig befinden sich immer wenige Pollenkörner. Da jede Pflanzenart ihre eigene Pollenform hat und die Botaniker lange Listen aller bekannter Pollen aufgezeichnet haben, kann man bei Honiguntersuchungen genau herausbekommen, von welchen Blütenpflanzen der vorliegende Honig stammt. Daher weiß man die Mineralstoffgehalte der einzelnen Honige und kann bei bestimmten Mangelerscheinungen, z. B. zur Unterstützung der Eisenversorgung, eine passende Honigsorte empfehlen. Die folgende Übersicht verdeutlicht die Schwankungsbreite der Gehalte wichtiger Mineralstoffe im Honig.

Übersicht: **Gehalte wichtiger Mineralstoffe in verschiedenen Honigen** *(mg pro 100 g Honig)*

Kalium	30	bis über 100
Calcium	0,5	bis über 60
Natrium	3	bis über 10
Magnesium	1	bis über 5
Phosphor als Phosphorsäure (H_3PO_4)	2	bis über 100
Chlor	1	bis über 40
Eisen als Eisenoxid	0,5	bis über 30
Mangan	0,4	bis etwa 20
Kupfer als Kupferoxid	5	bis etwa 15
Kieselsäure	4	bis etwa 19

Niemand muß die Gehalte der einzelnen Mineralstoffe sich merken, die ja in einem weiten Bereich liegen und die Vielfalt der Honigherkünfte verdeutlichen, aber es reicht zu wissen, daß alle lebensnotwendigen Mineralstoffe im Honig als Spuren vorhanden sind. Zucker enthält gar keine wertvollen Spuren. Neben den aufgeführten wurden noch Kobalt, Molybdän, Zink, Jod und Fluor nachgewiesen.

Allgemein gilt: Die dunklen Honigtauhonige sind reicher an Mineralstoffen, besonders an Phosphor und Eisen, während die hellen Honige etwas geringere Gehalte aller Mineralstoffe aufweisen mit Ausnahme von Natrium und Calcium, die in ihnen reichlicher vorliegen als in dunklen Honigen.

Es bleibt nicht dabei, im Honig findet man noch **Fermente** oder **Enzyme,** also höchst wirksame organische Verbindungen, ohne die es in lebenden Zellen keine Lebensvorgänge gibt. Sie beginnen und leiten alle Feinarbeit zum Abbau von Nahrungsstoffen, zum Aufbau von neuer Körpersubstanz, zur Verwertung alter, abgenutzter Teile, zur Bewegung, zur Reizleitung usw. Die Konzentrationen der Enzyme sind denkbar gering; sie arbeiten, ohne sich zu verbrauchen und sichern die Arbeitsfelder noch zahlreicher Forschergenerationen. Diese wunderbaren »Biokatalysatoren« wurden von den Bienen in den Kopfdrüsen erzeugt und während des Umtragens und Eindickens dem Honig zugefügt. Welche und wie viele Fermente in ihm enthalten sind, weiß man gar nicht so sicher. Einige, leicht festzustellende sind bekannt. Allen ist gemeinsam, daß sie bei Temperaturen oberhalb der üblichen Körpertemperaturen geschädigt bzw. abgetötet werden. Über 45 °C halten die Fermente selten aus, was logisch erscheint, gehören sie doch in den lebenden Organismus. Für den Honig bedeutet dies: Hohe Temperaturen denaturieren die Fermente, und damit sind wesentliche Bestandteile, die ein naturbelassenes Nahrungsmittel charakterisieren, zerstört und unwirksam. Durch eine einfache Untersuchung kann man die Zerstörung der Fermente als Maßstab für die Erhitzung des Honigs feststellen und so hitzegeschädigte von naturbelassenen Honigen unterscheiden (HMF-Wert).

Die Invertase als mengenmäßig überwiegendes Ferment spaltet, was schon erwähnt wurde, den Zweichfachzucker Rohrzucker in die beiden Einfachzucker Trauben- und Fruchtzucker. Wie auch im Saft von Zuckerrüben und Zuckerrohr kommt im süßen Nektar der Rohrzucker vor. Die von den Bienen in den Nektar als Honigrohstoff gegebene Invertase hat ihren Sinn, die Spaltung des Rohrzuckers zu bewirken. In noch unreifem Honig besteht ein mehrfach höherer Rohrzuckergehalt als im reifen Honig. Während der Reife des Honigs arbeitet die Invertase weiter. Als weitere Fermente wären die Diastasen zu nennen. Diese bauen die Stärke, einen Vielfachzucker (Polysaccharid), ab zu den Einzelbausteinen, und zwar in mehreren Stufen. Die Katalasen stammen aus den Pflanzen und gelangen durch pflanzliche Verunreinigungen in den Honig. Die Flugbienen nehmen einzelne Pollenkörnchen zufällig mit, Staubteilchen, auf den Pflanzen sitzende Mikroorganismen wie Hefen, weshalb Honigtauhonig fast keine Katalasen enthält. Katalase spaltet Sauerstoff aus Wasserstoffsuperoxid. Dieser freie Sauerstoff gehört mit zu den Inhalten des Honigs, die für seine bakterientötende Wirkung verantwortlich sind. Weiterhin kommen ebenfalls von Pflanzen stammende Phosphatasen im Honig vor. Sie spalten die verschiedenen organischen Phosphorsäureverbindungen, die im Energiestoffwechsel eine überragende Rolle spielen. Die so vollendete Umwandlung von Lichtenergie in stoffliche Energie in der Pflanzenwelt hat in mehreren Stufen dieses komplizierten Vorgangs die Phosphatasen als wichtige, nicht zu ersetzende Fermente. Die Glucose-Oxidase, vor nicht allzu langer Zeit erst als Ferment im Honig entdeckt, baut aus Traubenzucker die organische Säure Gluconsäure auf. Honig enthält eine stattliche Reihe organischer Säuren, die Geruch und Geschmack gestalten und bei der Verwertung des Honigs im Organismus der »Honigschlecker« günstig wirken. Auf Umwegen helfen diese organischen Säuren auch bei der Entgiftung des Körpers durch die Nieren mit.

Damit wären wir bei einer kurzen Wertung der Fermente im Honig. Davon können wir ausgehen: Es befindet sich nichts Sinnloses in einem Bienenprodukt, für dessen Entwicklung die »Natur« mehrere hunderttausend Jahre gebraucht hat. Die Beimischung von Fermenten durch die Bienen sowie von den Pflanzen als zufälliges Sammelgut finden ihren Sinn darin, bei der optimalen Verwertung und Ausnutzung des Honigs mitzuhelfen. Im allgemeinen weisen die Blütenhonige einen höheren Fermentgehalt auf, weil die pflanzlichen Fermente durch die Sammeltätigkeit an vielen Blüten in größeren Mengen in diesen Honig gelangen. Bei einer vielseitig zusammengesetzten Tracht, wie sie z. B. in Mitteleuropa als typische Sommerblütentracht vorkommt, haben wir den höchsten Fermentgehalt eines Honigs zu erwarten, wohingegen Massenhonige, für deren Erzeugung die Flugbienen nicht so mühsam eine Vielzahl von Blüten absuchen muß, weniger gut mit Fermenten ausgestattet sind.

Zu den Stoffen, die in kaum merklicher Menge vorhanden sind und dennoch großen Einfluß ausüben, gehört das **Acetylcholin**. Man fand es im Honig mit 0,06–5 mg pro kg Honig. Das reicht, um die gute Wirkung des Honigs bei Herzkrankheiten und auf Kreislauf und Stoffwechsel zu erklären. Acetylcholin überträgt auf chemischem Weg die Reize, d. h. die Befehle, innerhalb des Nervensystems. Von besonderer Bedeutung sind hier die Systeme für die Organe, die nicht unserem Willen unterliegen, nämlich das vegetative Nervensystem. Vom reibungslosen Arbeiten von Herz und Kreislauf, Magen, Darm und Nieren, den Drüsen, der Atmung hängt das Wohlbefinden ab. Gerade unsere Zeit ist gekennzeichnet durch krankhafte

Störungen dieser inneren Organe und durch ihre starke Beanspruchung infolge von Hektik, Lärm und ähnlichem. Eine Anregung der Tätigkeit aller dieser Organe aufgrund der Acetylcholin-Zufuhr scheint sich zu bestätigen, vor allem die gute Wirkung auf den Dauerleistungsmotor Herz.

Inhibine stellen natürliche Substanzen dar, welche Bakterien abtöten, Bakterizide also. Sie sind weitgehend dafür verantwortlich, daß der Honig nicht durch Bakterienbefall in Fäulnis übergeht. Bakterien gelangen zwar auf und in den Honig, aber die Inhibine verhindern ihr Wachstum und töten sie schließlich ab. In Versuchen konnte man sogar die bakteriellen Erreger von Ruhr, Cholera, Typhus und anderen auf Nährböden mit Honiglösung abtöten. Selbst der widerstandsfähige Tuberkulose-Erreger kapitulierte vor dem Honig. Je feiner die Nachweisverfahren werden, um so mehr natürliche »Antibiotika« konnten gefunden werden, bzw. es besteht die Möglichkeit, daß man noch weitere finden kann. So bestätigte man heute mit modernster Analysetechnik die Erfahrung der Heilkundigen von Jahrtausenden, in denen Honig als desinfizierendes Wundheilmittel benutzt wurde.

Von den Inhibinen sind einige hitzeempfindlich; andere vertragen längeres Kochen; wieder andere verlieren unter Lichteinfluß ihre Wirksamkeit; manche verdampfen leicht. Daraus läßt sich ersehen, daß die Vielzahl dieser Inhibine das Bienenvolk auch unter ungünstigen Umständen vor einem Verderben des Honigvorrats bewahrte. Fiel z. B. ein Teil der Inhibine durch große Hitze aus, wirkten die hitzeverträglichen noch. Dennoch sollten wir zur Erhaltung aller Wirkstoffe vor Hitze, Licht und langem Offenstehen unseren Honig bewahren und ihn richtig lagern: kühl, trocken, dunkel, in dichten Gefäßen.

Mehrere organische **Säuren** sind im Honig enthalten, die zum größten Teil aus den Speicheldrüsen der Stockbienen stammen und zum geringeren Teil aus den Trachtpflanzen: Die schon genannte Gluconsäure, Essig-, Apfel-, Zitronen-, Milch-, Butter-, Succin-, Pyroglutaminsäure und in geringen Spuren Ameisensäure beeinflussen den Geschmack des Honigs. Dazu kommen äußerst geringe Mengen an Salzsäure und Phosphorsäuren.

Benutzt man Weißblecheimer mehrmals, beginnen sie zu rosten. Die Schuld daran fällt den Säuren im Honig zu, weshalb Glas oder ein hochwertiges, für Lebensmittel zugelassenes Plastikmaterial für die Honigaufbewahrung die besseren Materialien sind.

Unter dem Begriff »**Aromastoffe**« faßt man alle möglichen Stoffe zusammen, die in minimalen Anteilen in den Honigen vorkommen und den einzelnen Honigen den jeweils charakteristischen Geschmack verleihen. Diese Aromastoffe sind in Nektar und Honigtau enthalten, stammen also aus den Pflanzensäften. Es handelt sich um flüchtige Öle, Aldehyde und andere komplexe organische Verbindungen, von denen die Forscher bisher über 100 in verschiedenen Honigen finden konnten. Sie werden sicher noch mehr finden, wenn feinere Analysenmethoden entwickelt werden.

Darüber hinaus gelangen aus den Pflanzensäften und durch die Honigbereitung über Speichel und andere Sekrete der Bienen **freie Aminosäuren,** d. h. Eiweißbausteine, in den Honig. Man konnte alle Aminosäuren nachweisen (Leucin/Isoleucin, Asparaginsäure, Glutaminsäure, Phenylalanin, Threonin, Alanin, Arginin, Histidin, Glycin, Lysin, Serin, Valin, Cystin, Prolin). Der Eiweißgehalt des Honigs bewegt sich zwischen 0,2 und 0,8 % und erscheint auf den ersten Blick als unbedeutend. Man sollte aber nicht vergessen, wie vollständig und leicht der Honig verwertet wird und wie dabei die kleine Eiweiß-Beigabe ohne Verluste vom Körper aufgenommen wird. Dient doch der Honig zur Ernährung und Kräftigung von Brut, junger und älterer Bienen, und dazu wäre ein reines Zuckerkonzentrat viel zu wertlos. Ein solches, von allen wertvollen Beistoffen freies Nahrungsmittel wie den weißen Haushaltszucker seinem Nachwuchs sowie sich selbst anzubieten – diesen Unsinn schafft nur der Mensch.

In einer ähnlich geringen, aber dennoch wirksamen Menge wie die Eiweißbausteine enthält der Honig ferner **Vitamine,** und zwar alle nicht fettlöslichen. Als Lieferant dieser geringen Mengen von Thiamin (Vit. B_1), Riboflavin (Vit. B_2), Pyridoxin (Vit. B_6), Pantothensäure, Ascorbinsäure (Vit. C), Nicotinsäure, Folsäure und z. T. Biotin kommen die im Honig enthaltenen Pollenkörner in Frage. Gewiß, es sind wirklich verschwindend geringe Mengen, aber weil gerade in unseren »modernen« Nahrungsmitteln die B-Vitamine allgemein zu wenig vorhanden sind, bedeuten diese Vitamin-Zugaben aus dem Honig eine begrüßenswerte Ergänzung der Vitamin-Versorgung.

Um das Bild von den Inhaltstoffen des Honigs zu vervollständigen, folgt noch ein Hinweis auf **Wuchsstoffe,** die in Spuren gefunden wurden. Wuchsstoffe sind pflanzliche Hormone, die das Wachstum sowie Blütenbildung und Fruchten der Pflanzen regeln. Das ist nicht weiter verwunderlich, da der Honig letztlich aus Pflanzensäften gewonnen wird und in den Säften diese Wuchsstoffe zum jeweiligen »Einsatzort« fließen oder transportiert werden. Die Pflanzensauger in ihrer Rolle als Honigtauerzeuger zapfen die Leitungsbahnen mit den nahrhaften Pflanzensäften an und bekommen damit auch einige Wuchsstoffe mit, die sie mit dem »Honigtau« wieder ausscheiden. Die Blüte als Ort besonderer Bedeutung für die Pflanze wird reichlich mit bestimmten Hormonen versorgt, weshalb auch von ihnen etwas in den Nektar geraten kann, den die Bienen einsammeln.

Ob und in welchem Ausmaß die Wuchsstoffe im Honig an seinen heilsamen Wirkungen beteiligt sind, weiß man derzeit nicht so genau.

Nicht, um zu verwirren, sondern um eine Vorstellung vom Wert des Honigs zu geben, wurden so ausführlich seine Inhaltstoffe aufgezählt. Man ist mit seiner Erforschung nicht am Ende, niemand muß alle Inhaltstoffe behalten – es reicht zu wissen, daß er eine überaus wertvolle, für eine »gesunde« Ernährung notwendige, bestens bekömmliche Ergänzung der täglichen Nahrung darstellt. Mehr als schlaue Worte sagen einige Beispiele aus der Geschichte etwas über seine Wertschätzung bei Völkern und Heilkundigen, die zwar keine teuren Gaschromatographen und Atomabsorbtionsspektrometer zur Untersuchung ihrer Honige besaßen, dafür aber eine scharfe Beobachtungsgabe, Erfahrung und die Kenntnis um die Wirkungsweise des Naturheilmittels Honig. Natürlich konnte man mit Honig keine Epidemien und Hungersnöte verhindern. Als Heilmittel bei zahlreichen Unpäßlichkeiten, Störungen von Herz und Kreislauf, bei Erkältungen, zur Kräftigung und besonders zur Behandlung aller möglichen Wunden sowie zum Süßen, zum Genuß also, wurde Honig in allen alten Hochkulturen geschätzt, wie aus zahlreichen Überlieferungen bekannt ist.

Ob bei den Sumerern, Babyloniern, Hethitern, den Ägyptern und Griechen, bei allen diesen Kulturvölkern wird Honig als Gabe und Nahrung der Götter bezeichnet und spielt eine entsprechende Rolle als Opferspeise und Abgabe an die Tempel. In Sagen und Göttergeschichten kommt er immer wieder vor. Überliefert sind uralte Liebeslieder mit »honigsüßen« Vergleichen, welche die Wertschätzung des Honigs verraten. Man fand bei Ausgrabungen auf Tontafeln in Nippur die Rezepte eines sumerischen Arztes, unter denen einige mit der Anwendung von Honig waren.

Besonders genau wissen wir über die Imkerei der alten Ägypter Bescheid, die ihre Bienenvölker in Tonröhren hielten und mit ihnen am Nil entlang von Tracht zu Tracht wanderten. In den Gräbern der Pharaonen gab es Honigbeigaben, die in mit Wachs verschlossenen Gefäßen nach 4000 Jahren noch genießbar sein sollten. Reliefs und Wandmalereien zeigen mehrmals die Arbeit der Imker an den Tonröhren. In Siegesbeuten bei Kriegen wird Honig extra genannt, der dann gerade zur Wundbehandlung nötig wurde. In Steuerverzeichnissen taucht Honig auf, Papyri mit medizinischen Honigrezepten wurden entziffert. Mehrere Pharaonen hatten das Bildzeichen der Biene im Wappen, darunter auch die berühmte Königin Hatschepsut im Neuen Reich.

Aus der Bibel lassen sich eine Menge Honig-Zitate holen, welche auf die Bedeutung des Honigs hinweisen. Es geht aus ihr übrigens hervor, daß neben der Nutzung der wilden Bienen in der »Wüste«, d. h. den mit Bäumen und Sträuchern locker bewachsenen Steppengebieten, noch eine »richtige« Bienenhaltung betrieben wurde.

Im Talmud der Juden erscheint der Honig als Begrüßungsgabe für einen bevorzugten Gast ebenso wie als Wundheilmittel, als Hilfe bei Herzleiden und wertvolle Nahrung für Kleinkinder.

Der griechische Dichter Homer erzählt eine Menge über die Verwendung des Honigs als Bestandteil einer Kraftspeise, als »lieblicher Speise der Götter« und als Opfergabe. Legenden, in denen Bienen und Honig als Quellen von Weisheit und Beredsamkeit gelten, betreffen die Dichter Pindar und Hesiod, den Philosophen Plato und, darüber können wir nur staunen, den heiligen Bischof Ambrosius in Mailand 1000 Jahre später trotz Christentum und neuer geistiger Entwicklungen.

Besondere Erwähnung verdient der berühmteste antike Arzt, Hippokrates, der Honig als bevorzugte Medizin in rund 300 Rezepten anwandte und diese seinen Schülern, den Hippokratikern, zur weiteren Anwendung empfahl.

Aristoteles, der Philosoph und Naturforscher, befaßte sich eingehend mit der Biene, wenn er sich auch die Entstehung des Honigs nicht erklären konnte und meinte, die Götter würden den Honig in die Blüten tropfen lassen, damit die Bienen ihn holen.

Von den Römern haben wir ebenfalls reichlich Zeugnisse über den Honig. Sie hatten eine hoch entwickelte Imkerei und einen lebhaften Honighandel. Von Erwerbsimkereien, die verpachtet wurden, gibt es Berichte. Jedes Gut hatte seine eigene Bienenhaltung und den Bienensklaven zu ihrer Betreuung. Man konservierte Früchte in Honig und kannte zahllose Küchenrezepte mit Honig. Die Heilkunde wendete Honig an wie bei den anderen Völkern auch. Bekannt ist der Ausspruch des 100jährigen Philosophen Demokritos, der auf die Frage, wie er bei so guter Gesundheit so alt werden konnte, antwortete: »Äußerlich Öl, innerlich Honig«. Ein Leibarzt riet dem Kaiser Augustus zur gesunden Lebensführung und Ernährung: »Wenig Fett, aber viel Honig«. Honigopfer geben auch die Römer ihren Göttern beim Erntedank und anderen Festen.

Im frühen Christentum wurde die Wertschätzung des Honigs für verschiedene Bräuche und in der Liturgie übernommen und weiter gepflegt. Die Wachskerzen im Gottesdienst, die Gaben von Milch und Honig an die Täuflinge, ein Brauch, der in der koptischen und äthiopischen Kirche bis heute erhalten ist, sowie die zahlreichen Legenden, in denen Bienen als göttliche Boten dienen, zeugen davon.

Mohammed, der bei Verkündigung seiner Lehre sehr wohl wußte, warum er seinen Anhängern den Wein und andere alkoholische Getränke verbot, empfahl als tröstlichen Ersatz den Honig mit den Worten: »Iß Honig, mein Sohn, denn er ist gut, nicht nur zum Essen, sondern er ist auch ein sehr nützliches Mittel gegen mancherlei Krankheiten.« Für das Paradies versprach er zusätzlich zu anderen Sinnenfreuden noch reichlichen Honiggenuß.

Die Völker des Ostens im Oströmischen Reich und den unendlichen Weiten der Steppen und Wälder handelten bis in die Neuzeit mit Honig und Wachs. Sie hatten über den hohen Eigenbedarf hinaus bedeutende Überschüsse. In vorchristlicher Zeit brachten die Skythen Honig in den Handel, die Hanse trieb das Mittelalter hindurch Handel mit russischem Honig in beträchtlichem Ausmaß. Bis nach Konstantinopel und in das Kalifenreich von Bagdad reichten die Vertriebswege.

Diejenigen Völker aller Zeiten, die nicht durch Schriften von ihrer Verwendung des Honigs erzählen konnten, die Urvölker oder »primitiven« Völker, wußten ebenso gut um den Wert des Honigs. Eine Zeichnung in der Höhle von La Aranas bei Valencia in Spanien gibt Auskunft über die Honigvorliebe der Steinzeitmenschen vor 16 000 Jahren: Eine Frau kletterte auf einen Baum, greift in eine Baumhöhle und legt die herausgenommenen Waben in die Tasche, die sie bei sich trägt. Die heute noch auf der Steinzeitstufe lebenden Naturvölker, z. B. Indianerstämme in Südamerika, die Buschmänner in Südwestafrika, die Ureinwohner (Aborigines) Australiens, holen sich ihren Honigvorrat aus bekannten »Bienenbäumen« ihres Jagd- und Sammelreviers. Das Verzehren von Brut gilt dabei als Delikatesse, die man für die Alten und Ehrwürdigen und die Kinder als eiweißreiche, auch ohne starke Zähne zu bewältigende Nahrung läßt. Die vielleicht schönste Legende über den göttlichen Ursprung der Bienen stammt von den Ägyptern. Ihrer dichterischen Schönheit halber wird sie hier nacherzählt: »Die Tränen des Sonnengottes Ra fielen auf die Erde, und wo sie niederfielen, wurden aus ihnen Bienen, die sich Häuser bauten und in die Blüten flogen. Da entstand Wachs und Honig«.

Falls wir uns in Mitteleuropa als Nachfolger der germanischen und keltischen Stämme fühlen, gibt es genug Gründe, deren Wertschätzung des Honigs zu übernehmen. Das Trinken des Met, einem vergorenen Honigwein, ist uns heute nicht mehr so wichtig wie den wackeren germanischen Kämpfern, die sich manches Mal den Mut damit stärkten. Sie nutzten die wilden Bienen in den Wäldern und lernten erst von den Römern eine Hausbienenhaltung meist in Klotzbeuten, d. h. ausgehöhlten Stammabschnitten. In der alten Rechtsprechung nach der Völkerwanderung geht es häufig um Bienen, ein Zeichen für ihre Bedeutung. Die Vorschriften Karls des Großen, der auf jedem seiner Meierhöfe (Muster- und Lehrgüter würden wir heute zu diesen Höfen sagen) eine Bienenhaltung verlangte, bewirkten eine Förderung der bäuerlichen Bienenhaltung. Zeitweise mußten die Bauern auch Steuern in Form von Honig- und Wachsabgaben leisten und wurden so zu einer eigenen Bienenhaltung gezwungen. Die Bienenstände der Klöster stellten ebenso Muster-Bienenhaltungen dar. Aus den genauen Chroniken wissen wir heute um gute und schlechte Bienenjahre. Die Zeidlerei, nämlich die Waldbienennutzung in großen, zusammenhängenden Wäldern, war über Jahrhunderte hinweg ein mit Zunftordnungen und eigener Gerichtsbarkeit versehener Erwerbszweig. Der Honigraub wurde außerordentlich hart bestraft. In den Zentren der Zeidlerei entstand die Lebkuchenherstellung als eine Art Industrie, wobei Nürnberg mit seinen Lebkuchen und die Zeidlerei im Nürnberger Reichswald wohl am bekanntesten sein dürfte. Heute bietet der Nürnberger Reichswald ein bedrückendes, trostloses Bild mit seinem schwer erkrankten Baumbestand.

In den weiten Heidegebieten, die durch Entwaldung und einen oft zu hohen Besatz mit Schafen entstanden, entwickelte sich die Korbbienenzucht der Heideimker (Heidjer) mit den für die Spättracht Heidekraut ausgelesenen, geeigneten Bienen.

Solange die Menschen den Honig schätzten und gewohnt waren, sich selbst mit vielen anderen Dingen zu versorgen, bestanden überall im Land kleine und mittlere Bienenhaltungen in jedem Dorf, Weiler und Einzelhof und in der näheren Umgebung der Städte. In den ersten 50 Jahren dieses Jahrhunderts bestand in Deutschland eine Bienendichte von 6 bis 7 Völkern/km², wohingegen heute in der Bundesrepublik die Bienendichte bei 4–5 Völkern/km² liegt. In Mitteldeutschland dürfte die Entwicklung ähnlich verlaufen sein, was auch für die Alpenländer gilt. Ohne dieses Thema hier nun auszuweiten, sei darauf verwiesen, daß die Bienenhaltung für den Naturhaushalt und den Nutzen des Imkers viel zu wertvoll ist, um einen solchen Rückgang geschehen zu lassen. Was wie die Wertschätzung der Biene und ihrer Produkte Honig und Wachs sich so stetig auf einem hohen Stand durch die Geschichte aller Kulturen und neuerer Reiche und Staaten zieht, so haben wir aus diesen Vorbildern Gründe genug, dem Honig dieselbe Hochachtung entgegenzubringen. Die tägliche Ernährung in gesunden und kranken Tagen wird der Gegenstand der folgenden Abschnitte, um die richtige und sinnvolle Verwendung des Honigs sowie die Grenzen seiner Hilfe zu erklären.

Recht typisch war in den letzten 2 Jahrhunderten die Bienenhaltung der »Dorfgelehrten« Lehrer und Pfarrer, die oft genug ihr schmales Salär mit den Erträgen ihrer Imkerei aufbessern mußten. Als einen von ihnen läßt Theodor Fontane den Lehrer Krippenstapel aus Stechlin in seinem Roman »Stechlin«

zum alten Dubslav von Stechlin sagen: »Ich weiß wohl, in eine richtige Kur darf der Laie nicht eingreifen. Aber der Honig macht vielleicht 'ne Ausnahme. Richtiger Honig ist wie gute Medizin und hat die ganze Heilkraft der Natur.«

Honig in der Kinderernährung

Das Kind ist kein »kleiner Erwachsener« mit denselben Ernährungsbedürfnissen wie Erwachsene. Es wächst je nach Lebensalter mehr oder weniger schnell. Dadurch werden an seinen Organismus besondere Anforderungen gestellt. Obgleich zwar die Kinder heute nicht unter den Infektionskrankheiten Diphterie, Tuberkulose und anderen leiden und Mangelkrankheiten wie Rachitis durch Vorsorge, bessere Ernährung und Wohnverhältnisse weitgehend verschwunden sind, so treten dafür andere Gefahren und Belastungen auf wie ein hoher Lärmpegel in der Wohnumgebung, Reizüberflutung, Verkehrsgefahren und seelische Überforderungen bei familiären Problemen in größerem Ausmaß wie früher. Die Auswirkung der Schadstoffe in der Luft auf den kindlichen, empfindlichen Körper kennt man bisher nur in Ansätzen. Erscheinungen wie der Pseudo-Krupp, ein durch Abgasbelastung hervorgerufener Reizhusten, die auffallende Häufigkeit von chronischer Bronchitis, die verbreiteten Haltungsfehler, Anfälligkeit gegen Infekte, die Folgen falscher Ernährung, dazu die seelischen Beeinträchtigungen und Verhaltensstörungen spiegeln die Umwelt unserer Kinder wider, die alles andere als »kindgerecht« geworden ist. Nun kann man davon ausgehen, daß Kinder in einer Familie mit gewisser Selbstversorgung und einer ausgewogenen, »gesunden« Ernährung ohne **zu viel** Süßigkeiten, Fleisch, Fett, Zucker, Weißmehl es besser haben als die Mehrzahl aller Kinder, was die Ernährung angeht. In unserem Zusammenhang interessiert die Frage nach der Rolle, die ein regelmäßiger Genuß von Honig für die Kinder bedeuten kann. Am besten kann man hier auf die Urteile erfahrener Ärzte zurückgreifen sowie auf Auswertungen von Universitätskinderkliniken, Kinderheimen und Sanatorien. Als ein Beispiel sei die Meinung eines Landarztes aus Sachsen herausgegriffen, der in den 30iger Jahren sagte: »Die körperliche Entwicklung ist, wie ich aus hundertfacher eigener Erfahrung weiß, damit eine derart glatte, gleichmäßig gute, daß diese ›Flaschenkinder‹ geradezu auffallen. Nicht nur, daß die Zahnung leichter erfolgt und sie früher ›auf die Beine kommen‹, habe ich den ganz bestimmten Eindruck, daß sie weniger krankheitsanfällig sind. Im Honig schlummert eine anregende, aufbauende, blutreinigende und schützende Kraft neben der nährenden Eigenschaft!...« (Dr. med. Paul W. Phillip, Döbeln).

Zahlreiche Untersuchungen zur Auswirkung von täglichen Honiggaben bei Kindern aller Altersstufen zeigten, daß Ausdauer, Frische und Widerstandsfähigkeit gegen Infektionskrankheiten bei den »Honigkindern« erheblich besser waren als bei denen, die keinen Honig erhielten. Die meisten Untersuchungen dieser Art fallen in die Zeit von etwa 1930 bis in die 50iger Jahre. Danach begann der Siegeszug der Antibiotika, der vitaminierten Kinderfertignahrungen vom Milchpulver bis zu Fertigbreien und Kindermenüs in Gläschen. Für Forschung und verkaufsfördernde Reklamen gab der Honig nicht mehr viel her, man konnte ohne ihn Kinder »richtig« ernähren und vertraute im allgemeinen mehr auf die zahlreichen wirksamen Medikamente, wenn es zum Infekt, zur Magenverstimmung, zur Bronchitis usw. gekommen ist. Wie aus der Beschreibung der Honiginhaltstoffe zu erfahren war, kann der Honig in keiner Weise ein starkes Antibiotikum oder ein Vitaminpräparat ersetzen. Von Mineralstoffen, Vitaminen, Inhibinen, die natürlichen Antibiotika entsprechen und Fermenten, welche die körpereigene Verdauung unterstützen, enthält der Honig nur geringe Mengen. Soll eine Wirkung eintreten, muß er lange oder immer täglich verzehrt werden. Bei Säuglingen kommt ein Teelöffel jeden Tag ins Fläschchen. Kleinkinder erhalten den Teelöffel in die Milchtasse statt eines fast nur aus Zucker bestehenden Kakaogetränkepulvers. Größere Kinder lassen sich gut an ein Frühstücksbrot mit Honig gewöhnen und behalten meist diese Gewöhnung als Erwachsene bei.

Eine solche stete Zufuhr kommt dem kindlichen Organismus, der durch das Wachstum beansprucht ist, besonders zugute, weil im Honig das Angebot von Mineralstoffen, Spurenelementen, Inhibinen usw. aufgrund der gleichzeitig mitgelieferten Fermente außerordentlich gut verwertet wird. Calcium und Phosphate sorgen für eine optimale Zahn- und Knochenausbildung. Die B-Vitamine geraten bei einer verbreiteten gewöhnlichen Ernährung leicht ins Hintertreffen, so daß weite Bevölkerungskreise an einer gewissen Unterversorgung leiden. Diese Vitamingruppe fördert die Funktion der Nerven, die Konzentrationsfähigkeit, die Gehirnarbeit – für unsere Schulkinder ein wichtiges Startkapital an jedem Morgen. Magnesium als wesentlicher Mineralstoff für das Herz ist heute ebenfalls recht häufig im Mangel. Honig hilft, diesen Mangel nicht entstehen zu lassen. Von überragender Bedeutung für das wachsende Kind ist die Förderung der Blutbildung durch verschiedene Stoffe im Honig. Der Gehalt an leicht verwertbarem Eisen allein macht es nicht, auch die Säuren des Honigs direkt und indirekt über die Anregung der Drüsentätigkeit wirken daran mit. Das vielfach gefundene bessere Blutbild von »Honigkindern« bestätigt dies.

Nicht zuletzt sei auf die physiologisch ideale Zusammensetzung des

Zuckeranteils im Honig hingewiesen: Der Traubenzucker wird ohne Umwege sofort in Energie umgesetzt und liefert so die Kraft für schnell erforderliche Leistungen im Sport, beim Spiel und allen plötzlichen Belastungen. Der Fruchtzucker wird als Glycogen (tierischer Stärke) in der Leber gespeichert und wartet auf den Abruf bei späterem Bedarf. Der Fruchtzucker hält also vor und hilft noch in der 5. Schulstunde bei der Klassenarbeit oder in der 6. beim Korbballspiel. Was die durchweg beobachteten »stärkeren Nerven« der »Honigkinder« angeht, so kann man diese bei den heutigen Anforderungen der Kinder in der Schule, bei den Wegen im Gewühl des Berufsverkehrs usw. kaum hoch genug bewerten.

Kurz und gut: Honig kann weder eine völlig falsche Ernährung ausgleichen noch bedingt er gute Schulnoten noch ersetzt er die liebevolle, verstehende Atmosphäre im Elternhaus noch heilt er eine Lungenentzündung, aber er ergänzt und rundet die tägliche Nahrung ab. An den eigenen vier Kindern konnte ohne Ausnahme beobachtet und erlebt werden, daß sie nur selten einen Infekt in Kindergarten und Schule erwischten, von Verdauungsstörungen verschont blieben, auch wenn im Stadtteil »etwas herumging«, also insgesamt eine hervorragende Konstitution haben. Gewiß, das liegt nicht nur am Honig, aber für die allgemeine Kräftigung darf man ruhig den Honig mit seiner vielseitigen Wirkung verantwortlich machen.

Der Ausspruch von Pfarrer Kneipp über Heilmittel als tägliche Nahrungsmittel trifft auf den Honig in geradezu vollendeter Weise zu. Der kindliche Bewegungsdrang, das frische Drauflosstürmen erfordern die Zufuhr schnell verfügbarer Energie, die Ausdauer bei Sport und Spiel sowie das Aufpassen und Konzentrieren in der Schule und bei den Hausaufgaben benötigen eine nachhaltige Verfügbarkeit von Energie – etwas Idealeres als Honig gibt es kaum. Außerdem erübrigt die tägliche Honiggabe die Verwendung von Beruhigungsmitteln, Vitaminpräparaten und allen möglichen Aufbauhilfen. Nebenwirkungen, Überdosierungen wie bei Vitamingaben sind bei Honig ausgeschlossen; seine hervorragende Verträglichkeit muß nicht betont werden. Lediglich bei der kindlichen Zuckererkrankung (Diabetes) wird Honig meist verboten, bzw. wäre eine geringe Honiggabe mit dem Arzt abzusprechen.

Die vielen Anwendungsbeispiele und Rezepte mit Honig sind für Kinder natürlich dieselben wie für Erwachsene und werden deshalb zum Abschluß dieses Kapitels aufgeführt.

Auf das speziell bei Säuglingen und Kleinkindern vorkommende Mundschwämmchen oder die Soorkrankheit (Soormycose) sei hier verwiesen. Bei einer schwächenden Grundkrankheit wie einem Infekt, Durchfall, Ernährungsstörungen, einer Grippe usw. überwindet der Soorpilz leicht die

Abwehr der Mundschleimhaut und besiedelt sie mit seinem Mycel, das zahlreichen weißen Stippen oder Punkten gleicht. Häufig wird durch die Verabreichung von Antibiotika der Pilzbefall begünstigt, weil diese Mittel die körpereigene Mundflora stören und verändern, welche eigentlich die erste Barriere für fremde, schädliche »Einwanderer« darstellt. Früher hatte man als einziges Heilmittel den Rosenhonig, d. h. durch einen Borsäurezusatz (Boraxglycerin) rosa gefärbten Honig. Wegen der Gefahr von Borsäurevergiftungen beim Baby kam man von diesem Mittel ab und besitzt bessere Medikamente, die man auf die Pilzbeläge pinselt. Gleichzeitig kam man aber auch vom Honig ab, und das sollte rückgängig gemacht werden. Ob nun der Honig allgemein kräftigt und damit die Grundkrankheit leichter überwinden hilft oder ob er tatsächlich die Behandlung gegen den Pilz unterstützt oder beides zusammenkommt, ist letztlich gleichgültig. Jedenfalls kann empfohlen werden, bei Soor der Mundhöhle die uralte gute Erfahrung mit Honig weiter zu nutzen. Ein Soorbefall darf nicht unbehandelt bleiben, da er sich auf andere Schleimhäute und die Haut ausweiten kann und dort Ekzeme und Vereiterungen hervorruft.

Erfahrungsgemäß kommen Kinder häufig mit mehr oder weniger ernsthaften Schürfwunden und ähnlichen Verletzungen nach Hause. Hier sollte man neben Trost und Pflastern auch etwas Honig bereithalten, um ihn dünn auf die Wunde zu geben. Die Wunde nicht vorher auswaschen, sondern Honig darauf träufeln. Nicht nur die Ärzte der Antike und die Heilkundigen der Naturvölker schätzten den Honig als desinfizierende, die Heilung fördernde Wundauflage, auch in den Ländern des Ostblocks wird Honig heute noch in der ärztlichen Praxis und in Krankenhäusern angewendet. Es gibt Heilsalben, die Honig enthalten, denn in Verbindung mit Ölen und Lebertran konnte man bei der Wundheilung überraschend gute Erfolge beobachten. Fazit: Für die kleinen Verletzungen des Lausbubenalltags (und des Lausemädchenalltags genauso) eignet sich Honig zur Linderung und schnelleren Heilung, obgleich dieses gute alte Mittel nicht dazu verführen soll, die Tetanus-Impfungen für überflüssig zu halten oder ernste Wunden nicht ärztlich behandeln zu lassen. Allerdings gilt folgendes für einen Notverband bei größeren Verletzungen, daß man ruhig ein mit Honig bestrichenes, keimfreies Mullstück direkt auf die Wunde legen kann und dann erst einen Verband darüber gibt. Bis man das Krankenhaus oder die Ambulanz erreicht hat, vergeht vor allem auf dem Lande oft eine geraume Zeit. Solche mit Honig versorgten Wunden bleiben sauber und frisch, weshalb sie nachträglich genäht werden können. Sie bleiben länger »nähfähig« als nicht mit Honig versorgte Wunden.

Nicht alle Waben lohnen das Schleudern: »Angetragene« Waben enthalten meist keinen reifen Honig.
Rechts Tasche für Zucker als Reserve bei Schlechtwetterperioden.

Nachschau im Brutraum: Das »Honig-Stockwerk« wird auf dem Boden abgestellt.

Brutnest mit verdeckelter Brut innen und Eiern und jungen Maden anschließend: So soll es sein!

Entnahme von Honigwaben zum Schleudern; vorne ein Ableger mit Futterballon.

Die Zarge mit Honig-
waben in der Schub-
karre auf dem Weg zum
nahen Schleuderraum.
Man sieht den Honig
glänzen.

Entdeckeln mit der Ent-
deckelungsgabel in
einer Schüssel – das
reicht für den Klein-
betrieb.

Links: Honigschleuder, Sieb und Eimer stehen bereit! – **Rechts:** Der Lohn für viele Mühen!

Sonnenwachsschmelzer (Eigenkonstruktion): etwas primitiv, aber funktionstüchtig. Im Schmelzer: alte Waben, davor Wildbau aus einer Futtertasche.

Honig in der Lebensmitte

Ob man unter der »Lebensmitte« die »besten Jahre« versteht oder mehr wehmütig den langsamen Abschied von der höchsten Leistungsfähigkeit oder der vollen Lebenskraft meint im Sinne der »midlife crisis«, für die Überlegung, wo und wie Honig bei den besonderen Problemen dieser Altersstufe helfen kann, ist das gleichgültig. Der junge Erwachsene, der zumindest körperlich ausgewachsen ist, denkt gewöhnlich nicht an seine Gesundheit. Man fühlt sich »stark«, ist belastbar in Beruf, Ausbildung und Freizeit. Der Aufbau einer Existenz fällt in diese Zeit, die Gründung einer Familie, die Geburt und das Aufziehen von Kindern, das Bauen eines Hauses sowie die Anstrengung um viele Dinge, die man sich angeblich leisten können muß. Das bedeutet eine Fülle von Belastungen und ein völliges Ausfüllen der zur Verfügung stehenden Zeit. Oft genug gewöhnt man sich einen leichtfertigen Umgang mit seinem Körper, mit seiner Gesundheit an und spürt dann in der Lebensmitte die Folgen. Aber auch wer bewußter mit mehr Rücksicht auf die Bedürfnisse des Körpers lebt, sich »richtig« ernährt, abhärtet, trainiert, Risiken wie übermäßiges Rauchen, Trinken und Medikamentenmißbrauch vermeidet, spürt ebenfalls die Wirkung der vorausgegangenen Belastungen. Die typischen Erkrankungen, mit denen der Körper auf die Be- bzw. Überlastungen antwortet, sind Störungen von Herz und Kreislauf und der große Formenkreis der psychosomatischen Erkrankungen, Störungen des vegetativen Nervensystems und der Verdauungsorgane. Zusammenbrüche und Herzinfarkte häufen sich in diesem Alter.

Was hat diese ausholende Einleitung mit dem Honig zu schaffen? Am Beispiel des **Herzens** läßt sich seine Wirkungsweise verständlich erklären: Einen durch Raubbau am Körper, durch ungesunde Lebensweise und langfristige Überlastung verursachten Herzinfarkt kann Honig weder verhindern noch ungeschehen machen, aber das beanspruchte, geschwächte Herz wieder »auf die Beine« bringen und dabei jede verordnete Therapie unterstützen, das kann ein unverfälschter, naturbelassener Honig. Was im einzelnen von den Inhaltsstoffen des Honigs diese seit der Antike hochgerühmte herzstärkende Wirkung des Honigs ausmacht, ob die Mineralstoffe, vor allem das Magnesium, oder die »Arbeit« des Acetylcholins oder die Zucker infolge der besseren Energieversorgung auch des Herzmuskels, genau konnten Forschungen das nicht auseinanderhalten. So liegen wir sicher mit der Annahme richtig, daß **alle** Inhaltsstoffe zusammenwirken, sich ergänzen und verstärken.

Grundlegende Forschungen über die Beeinflussung Herz und Honig stammen aus den 40iger und 50iger Jahren von den Herzspezialisten Prof.

Koch und seinen Schülern in Bad Nauheim. Sie fanden eine verbesserte Regelung der Herztätigkeit, eine Steigerung der Coronardurchblutung, die günstige Beeinflussung von Blutdruckschwankungen und zu niedrigem Blutdruck. Gerade das geschädigte Herz reagiert besonders dankbar auf die Verbesserung der Durchblutung und erholt sich bei täglichen Honiggaben auffallend besser als ohne Honig, der übrigens auch als Lösung gespritzt werden kann. Man beobachtete darüber hinaus, daß eine Behandlung mit Digitalis-Präparaten oder mit Strophantin unter täglichem Honigverzehr wirksamer anschlägt als ohne Honig. Der günstige Einfluß von Honig auf Verlauf und Behandlung von

– mangelhafter Herzdurchblutung (Coronarinsuffizienz),
– Herzmuskelschädigungen nach Infektionskrankheiten,
– Herzmuskelentzündungen,
– Blutüberdruck (Hypertonie) sowie Blutunterdruck (Hypotonie)

wurde von ernst zu nehmenden Ärzten immer wieder bestätigt. Nicht umsonst schwärmte vor fast 2500 Jahren ein Hippokrates von Honig und seiner Herzwirkung, und Paracelsus pries ihn aus demselben Grund vor etwa 400 Jahren. Paracelsus (eigentlich Theophrastus Bombastus von Hohenheim, 1493–1541) erkannte die Bedeutung der Einbeziehung von Körper und Seele in den Heilungsprozeß beim Menschen und setzte auf die Unterstützung der Selbstheilungskräfte des Körpers. Dazu wendete er »chemische« Mittel (Mineralstoffe, Mineralwasser ...) an ebenso wie den Honig, dem er besonders hilfreiche Wirkung zuschrieb. Der Ausspruch »Honig ist Hafer für das Herz«, den die Volksmedizin prägte, drückt treffend die Förderung ausdauernder Kraft aus.

Natürlich bleibt es nicht bei der direkten Wirkung des Honigs. Da Honig allgemein beruhigend auf die Nerven wirkt, kommt dies auch dem Herzen zugute. Wenn man außerdem die uralte Erfahrung der Schlafförderung durch Honig nutzt, hilft man damit ebenfalls dem Herzen. So wenden wir uns einem weiteren, heute hochaktuellem Problem zu, nämlich den **Schlafstörungen**. Als Ursache dafür erweisen sich Hektik, langandauernde Lärmeinwirkung, ungelöste seelische Konflikte in Beruf und Familie, Reizüberflutung (gewollt wie ungewollt) und ähnliche Erscheinungen des »modernen Lebens«. Zum Teil kann sie der einzelne abstellen, zum Teil nicht wie die Angst vor einem Verlust der Arbeitsstelle oder den Flug- oder Verkehrslärm vor dem Fenster. Ein altbewährtes »Landarztrezept« besteht darin, einfach eine Stunde vor dem Schlafengehen einen Eßlöffel Honig langsam im Munde zergehen und ihn in kleinen Schlucken hinunter gleiten zu lassen. Schon mit der Zeremonie fängt die Vorbereitung auf den Schlaf an, die Umstimmung des Körpers auf die Nachtruhe wird eingeleitet, und der beruhigende Einfluß des Honigs besorgt das übrige.

Ferner leiden heute viele Menschen unter unangenehmem **Sodbrennen**, hervorgerufen durch dieselben Ursachen wie die Schlafstörungen. Der Magen rächt sich für Aufregungen und Belastungen und produziert ein Zuviel an Magensäure. Vor allem Schwangere in den letzten Monaten werden durch das zwar nicht gefährliche, aber lästige Sodbrennen in ihrem Wohlbefinden gestört. Der Honig enthält zahlreiche Säuren in geringer Konzentration, daher sollte man ihn bei Sodbrennen nicht »pur« mit dem Löffel essen. Ein altes Volksmedizinrezept aus Rußland wird von den Imkern gern an Ratsuchende weitergegeben: Morgens auf den nüchternen Magen ein Glas warmes Wasser trinken, in dem ein bis zwei Teelöffel Honig gelöst worden sind. Es hilft, auch wenn es heute genügend andere Medikamente gegen Sodbrennen gibt. Man sollte es also erst einmal mit Honig versuchen.

In die gleiche Richtung geht das häufige Auftreten von **Magengeschwüren**. Zwar werden sie vom Arzt mit Medikamenten, Diät und einer Operation, wenn sie notwendig erscheint, behandelt und zum Abklingen gebracht, wobei der Patient entsprechend mitarbeiten muß. Ältere Erfahrungen insbesondere aus Rußland liegen vor, die beachtliche Erfolge mit hohen Honiggaben zur Abheilung von Magengeschwüren aufwiesen. Man sollte sich ruhig wieder auf den Honig besinnen und ihn zur unterstützenden Behandlung hinzuziehen. Man tendiert dazu, die Operation so weit als möglich zu vermeiden – die Hilfe, die der Honig dazu geben kann, wird noch zu wenig ausgenutzt. Darüber hinaus dürfte er für die Zeit nach der Operation zur Erholung und Wiederherstellung des Patienten gute Dienste leisten. Einzelne Berichte über die gute Wirkung von Injektionen mit Honiglösung bei Magengeschwüren gibt es ebenfalls, aber es ist nicht der Sinn dieser Schrift, ausführlich ärztliche Behandlungsmethoden zu diskutieren.

Eine heute weit verbreitete Erscheinung stellt die mehr oder weniger chronische **Verstopfung** dar, ein Tribut an die ballaststoffarme, »feine« Ernährung. Die seit alters her bekannte, leicht abführende Wirkung des Honigs läßt sich hier in Verbindung mit Tee anwenden. Der Honig regt die Darmbewegung an. Regelmäßige Honigzufuhr läßt eine Verstopfung kaum entstehen. Tritt sie dennoch auf, hilft ein Kaltauszug von Sennesblättern, der trinkwarm erwärmt wird und in dem dann ein Eßlöffel Honig gelöst wird. Faulbaumrinde erweist denselben Dienst. Hippokrates empfahl mit Honigwasser verdünnten Weißwein. Wichtig ist bei den »Honigabführmitteln« das Ausschließen von Nebenwirkungen, die nicht selten bei konzentrierten, käuflichen Abführmitteln auf pflanzlicher oder anderer Basis auftreten in Form von Darmwandschädigungen und ähnlichem. Rezept für einen mild abführenden Sennesblättertee mit Honig: 3–4 Teelöffel 24 Stunden mit 2 Tassen Wasser kalt ansetzen, durchseihen, anwärmen nicht über 38–40 °C, einen Eßlöffel Honig darin lösen und trinken; für Kinder nimmt man 1–2 Teelöffel Sennesblätter.

Zusammengesetzter Tee zum Abführen mit Honig: Faulbaumrinde, Sennesblätter, Schafgarbenblätter, Stiefmütterchenblätter zu gleichen Teilen mischen, 1 Eßlöffel davon kalt ansetzen mit $^1/_8$ l Wasser, 3 Std. ziehen lassen, anwärmen und 1 Teelöffel Honig lösen, morgens und abends eine Tasse trinken.

Beim Gegenteil der Verstopfung, einem **Durchfall oder Darmkatarrh** aufgrund einer Infektion oder auch einer plötzlichen Aufregung oder Überlastung, die manchen Menschen »auf den Darm schlägt«, hilft Honig in Verbindung mit Fasten und Tee: öfter am Tag dünnen schwarzen Tee mit je einem Teelöffel Honig trinken, nichts essen bis auf einen fein geriebenen, rohen Apfel; die übrigen, bei Durchfall helfenden Heilkräutertees aus Brombeerblättern, Eichenrinde, Heidelbeere, Kamille, Knoblauch, Kümmel, Pfefferminze, Tormentillwurzel, Walnußblättern werden trinkwarm **nie** mit Zucker gesüßt, sondern mit Honig, zumal er durch seinen Mineralstoffgehalt den der Tees ergänzt und die beim Durchfall entstehenden Verluste ausgleichen hilft. Die allgemein kräftigende Wirkung ist zusätzlich zu begrüßen.

Der berühmte »verdorbene Magen« oder Magenkatarrh, der häufig mit Durchfall verbunden ist, erfordert als altes, einfaches Hausmittel Fasten und das mehrmalige Trinken einer Tasse Wermuttee, der trinkwarm mit reichlich Honig gesüßt wird. Hier muß betont werden, daß ernsthafte Durchfälle, vor allem bei Säuglingen und Kleinkindern, schnell eine ärztliche Behandlung verlangen, um eine lebensbedrohende Austrocknung und einen zu hohen Mineralstoffverlust zu verhindern.

Zu den Organen, die heute oft durch Genußmittel- und Medikamentenmißbrauch in Mitleidenschaft gezogen werden, gehört die **Leber**. Auch ohne Mißbrauch wird die Leber als »Entgiftungszentrale« des Körpers vielfach beansprucht, sei es infolge von »Umweltgiften« an einem belasteten Arbeitsplatz, von regelmäßig nötigen Medikamenten usw. Die Zahl der verschiedenen **Lebererkrankungen** hat in erschreckendem Maße zugenommen – ein Zeichen für die häufige Überlastung dieses lebenswichtigen Organs. Alles, was an »fremden« oder »giftigen« Stoffen über das Verdauungssystem oder die Haut oder Schleimhäute in die Blutbahn gelangt, wird in der Leber »entgiftet«, biochemisch umgebaut, abgebaut und der Ausscheidung zugeführt. Zusätzlich leistet die Leber die Bildung von Stärke

(Glycogen) zur Energieversorgung von Muskeln und Organen und beeinflußt in entscheidendem Maße den gesamten Energiehaushalt, einer Vorrats- und Schaltstelle vergleichbar. Honig hilft ihr indirekt bei den verschiedenen Aufgaben. Diese indirekte Hilfe ist so wirksam und vielseitig, daß sie eine Unterschätzung nicht verdient: Der Fruchtzuckeranteil des Honigs erleichtert die Glycogen-Bildung. Man fand im Vergleich bei reinem Traubenzucker und reinem Fruchtzucker die höhere Glycogenanreicherung nach der Fruchtzuckergabe. Die noch bessere Leberarbeit wurde aber nach Honiggaben erreicht. Für die Entgiftungsarbeit benötigt die Leber Traubenzucker als Grundstoff für bestimmte Umwandlungsprodukte (Glucuronsäure u. a.), an welche die Gifte gebunden und damit unschädlich gemacht werden. Die infolge von Honigzufuhr gute Herztätigkeit und Durchblutung wirkt auch in der Leber im Sinne ihrer intensiven Versorgung mit Sauerstoff und Energie. Die Entleerung der Gallenblase hängt mit der Regelung der Darmbewegung (Darmperistaltik) zusammen und wird vom parasympathischen Nervensystem gesteuert, das wiederum über das Acetylcholin aus dem Honig günstig beeinflußt wird. Eine ungestörte Gallenentleerung ist für das gesamte Wohlbefinden wichtig – wenn es nicht funktioniert und die »Galle überläuft«, spürt man an den Folgen der Gelbsucht Schäden für den ganzen Körper. Die Ursache für Gallensteine, Entzündungen, Geschwülste, nervöse und seelische Einwirkungen lassen sich nie durch Honig beseitigen oder aufheben, aber eine sinnvolle Vorbeugung und die schnellere Erholung nach einer Lebererkrankung kann der Honig durchaus bewirken.

Was im großen und ganzen für die Leber und den Honig zutrifft, gilt genauso für die **Niere**, deren Arbeit der Honig unterstützt. Schon Hippokrates verordnete als harntreibendes Mittel Ziegenmilch mit viel Honig. Die im Honig enthaltenen organischen Säuren, ätherischen Öle und Farbstoffe (Flavonverbindungen) dürften die leicht wassertreibende Wirkung verursachen. Ferner wird Honig als Bestandteil einer Schonungsdiät bei Nierenentzündungen, Nierensteinen und Gelbsucht empfohlen. Als wesentliche Vorteile bringt er das völlige Fehlen von Kochsalz mit sowie den geringen Eiweißgehalt und die schon oft genannte allgemein kräftigende Wirkung.

Der Aufenthalt in Räumen mit Klimaanlagen und/oder zu trockener Heizungsluft am Arbeitsplatz oder im Haus oder in Fabrikhallen mit hoher Staubbelastung und ähnliches bedingen bei empfindlichen, belasteten Menschen **Erkältungskrankheiten** bis hin zur chronischen Bronchitis. Fördernd wirken ferner die Abgasgehalte der Luft, das Beisammensein vieler Menschen in Verkehrsmitteln, Kantinen, Behörden, Großraumbüros usw., während die Erkältungsursachen früherer Zeiten infolge eiskalter, ungeheizter Zimmer und feuchter, nicht isolierter Wände so gut wie verschwunden sind.

Die Abhärtung fehlt dem Durchschnittsbürger weitgehend, auch das fördert die Anfälligkeit für Erkältungen. Es sind relativ wenige, die sich durch bewußte Abhärtung, gesunde Lebensführung, glückliche Veranlagung und Vorbeugung Husten, Schnupfen, Heiserkeit sich »vom Halse halten« können. Aus welchem Grunde man sich auch erkältet, seit der Antike wird der Honig gerühmt als Husten- und Erkältungsmittel. Dem »gestreßten« Menschen der Lebensmitte helfen dieselben Tees mit Honig wie Kindern und Älteren. Deshalb werden mehrere Hausmittel mit Honig am Ende dieses Kapitels genannt.

Was zur Wundbehandlung mit Honig bei Kindern gesagt wurde, gilt für Erwachsene in gleichem Maße. Ergänzend gehört hierhin, daß mit Honig hervorragende Heilerfolge bei Furunkeln und Karbunkeln erzielt wurden. Alle entzündlichen Prozesse und Vereiterungen heilen unter einem 1–2mal täglich erneuerten Honigverband bestens ab und hinterlassen nur unauffällige Narben. Nun kann jemand der Meinung sein, daß bei den verfügbaren guten antibiotischen Wundsalben heute die Honiganwendung überholt sei und in eine vergangene Zeit gehöre, in der es »nichts Besseres« gab. Können wir heute wissen, ob unsere derzeit verwendeten Medikamente für immer und ewig in dieser Form zu empfehlen sind? Kennen wir alle ihre Nachteile und Nebenwirkungen? Wird man vielleicht vermehrt auf seit Jahrtausenden bewährte Mittel zurückgreifen in dem Sinne: »Prüfet alles, und das Gute behaltet!«?

In einem anderen Zusammenhang verdient der Honig Erwähnung, nämlich für seine Hilfe in der **Schwangerschaft.** Die meisten Schwangerschaften fallen zwar in das junge Erwachsenenalter, aber auch in den »besten Jahren« wird noch mancher Kinderwunsch erfüllt. Gerade während einer Schwangerschaft in »reiferen Jahren« trägt die allgemeine Kräftigung und die Unterstützung aller Organe durch den Honig besonders zu einem problemlosen Verlauf der Schwangerschaft bei, da der Körper dann nicht immer so leicht mit der erhöhten Belastung fertig wird. Eine in schweren Fällen gefährliche Unannehmlichkeit zwischen dem 3. und 5. Monat ist das Schwangerschaftserbrechen morgens in der Frühe. Schweres Erbrechen wurde bei zahlreichen Frauen mit mehreren Injektionen von Honiglösung geheilt, und zwar ohne durch medikamentöse Nebenwirkungen eine Schädigung oder Gefährdung des Kindes zu riskieren, worüber Berichte aus Schweizer Kliniken aus den 40iger und 50iger Jahren vorliegen. Es muß nicht so dramatisch werden, alle guten Wirkungen des Honigs nützen bei täglichem Verzehr Mutter und Kind: die Stärkung des Herzens und die verbesserte Durchblutung, die Förderung der Leber, die günstige Beeinflussung aller Verdauuungsorgane, der regelmäßige Stuhlgang. Die Hilfe von in

Wasser gelöstem Honig bei Sodbrennen wurde schon erwähnt.

Man machte in Tierversuchen die Beobachtung, daß Honiggaben vor dem Geburtsakt die Ausdauer und Kraft der Uterusmuskulatur förderten, weshalb ein besseres Durchhaltevermögen der »Honigtiere« gegenüber den Tieren ohne Honig festgestellt wurde. Ähnliches dürfte auch für den Menschen gelten: Einen bis drei Löffel Honig zu Beginn der Wehen, dazu die Überzeugung, man habe sich mit einem lohnenden Quantum Kraft versorgt, und man geht gelassener in die nächsten Stunden. Mit sich selbst kann man zwar keine vergleichenden Versuche anstellen, aber aus eigener Erfahrung kann die kräftigende Wirkung des Honigs bestätigt werden. Welche Reserven an seelischer und körperlicher Kraft mobilisiert werden müssen, weiß man vorher nie. Wieviel Einbildung die Wirkung des Honigs vermehrt, ist in diesem Fall völlig gleichgültig, geht es doch darum, einem neuen kleinen Wesen den Eintritt in unsere Welt zu erleichtern.

Damit sind die Hilfen, die wir vom Honig in den Jahren des Existenzaufbaus, des anstrengenden Berufslebens, der Kindererziehung usw. erwarten können, im wesentlichen aufgeführt. So wenden wir uns dem älteren Menschen zu, für den der Honig ebenfalls eine Reihe guter Wirkungen bereit hält.

Honig für ältere Menschen

Von den Buschmännern, die heute in den trockenen Steppengebieten Südwest-Afrikas im Staate Namibia auf einer steinzeitlichen Kulturstufe als Jäger und Sammler leben, weiß man, daß die mit Honigwaben heimkommenden Sammler den Alten der Sippe bevorzugt davon abgeben aus mit Ehrfurcht gepaarter Fürsorge. Aus »Instinkt« und/oder Erfahrung wissen sie, wie gut der Honig und die leicht zu schluckenden Maden den Alten bekommt. Hippokrates schätzte den Honig für den alternden Menschen hoch ein. Das verwundert nicht, denn das Altern, dem sich niemand entziehen kann, besteht unter anderem in einem allmählichen Schwächerwerden des Stoffwechsels, des Kreislaufs, aller Organe. Kräfte und Beweglichkeit des Körpers lassen nach. Die wohltuenden Wirkungen des Honigs auf Herz, Kreislauf, Nerven und Verdauungs- und Ausscheidungsorgane helfen dem alternden Organismus, seine Vitalität länger zu behalten. Unter den über 100jährigen Kaukasiern sind auffallend viele Imker, die auf ihren täglichen Honig schwören. Natürlich können wir sagen, diese Naturburschen auf den Höhen des Kaukasus haben es leichter als wir, 100 Jahre alt zu werden. Wenn diese Leute den Industriestaub und Abgase jahrelang einatmen müßten, nützten ihnen die Veranlagung zur Langlebigkeit und der Honig gar nichts. Das stimmt sicher, schmälert aber nicht die gute Wirkung des Honigs auf den alternden Menschen.

Probleme bereitet oft die nicht mehr ausreichende Aufnahme von Mineralstoffen im Alter. Der Honig, der die Verdauung unterstützende Fermente und gleichzeitig die Mineralstoffe mitbringt, hilft hier, Mangelerscheinungen vorzubeugen. Gerade die leichte Verdaulichkeit und die verlustlose Verwertung des Honigs mit seinen Inhaltstoffen erleichtert die vollwertige Ernährung. Falsche Ernährungsgewohnheiten haben sich häufig im Alter so gefestigt, daß man den Betreffenden kaum zu Änderungen bewegen kann. Zu viel Fett, zu wenig Vitamine aus Obst und Gemüse, zu langes Kochen vieler Speisen, zu wenig Milchprodukte usw. sind häufige Ernährungsfehler der älteren Menschen, die dem geänderten Bedarf gar nicht entsprechen. Der Bedarf an Flüssigkeit, Eiweiß, Vitaminen, Mineralstoffen steigt, der an Fett und Kohlehydraten sinkt, die benötigte Nahrungsmenge insgesamt wird geringer. Schädliche Folgen für die Nieren hat die weit verbreitete, falsche Meinung, auf das wegen der verringerten körperlichen Aktivität verminderte Durstgefühl mit ebenfalls verringerten Trinkmengen zu antworten. Angenehm schmeckende Kräutertees mit Honig stellen ein diplomatisch anzuwendendes Mittel dar, mit dieser falschen Gewohnheit aufzuräumen. Wer eine Abneigung gegen einen süßen Brotaufstrich hat, kann so seinen täglichen Honigverzehr angenehm gestalten.

Für wohlschmeckende Haustees aus Kräutern, die den Stoffwechsel anregen, den Appetit fördern, entwässernd und allgemein beruhigend wirken, eignen sich folgende Kräuter in Mischungen oder abwechselnd: Brombeerblätter, Himbeerblätter, Pfefferminze, Erdbeerblätter, Lindenblüten, Melisse, Holunderblüten, Schafgarbe, Fenchelfrüchte, Kümmelfrüchte, Weißdornblüten, Hopfen, Kamille. Nie im Übermaß eine Sorte trinken, das gilt besonders für Schafgarbe, Pfefferminze und auch Kamille.

Bei Vorliegen von Krankheiten soll selbstverständlich mit dem Arzt über den Honigverzehr geredet werden. Er wird Honig wohl nur bei einer Ausnahme verbieten, nämlich beim Altersdiabetes. Bei leichtem »Zucker« wird er vielleicht eine ganz geringe Honigmenge erlauben, aber im allgemeinen muß Honig aus der Diabetiker-Diät verbannt werden.

In den meisten anderen Arten von Diät und Schonkost wird Honig als wertvoller Bestandteil erlaubt sein – im Zweifelsfalle fragt man den Arzt.

Eine andere »Nebenwirkung« des Honigs wird in Familien beobachtet, in denen alte Menschen leben und liebevoll mitversorgt werden. Der Honig wird als etwas Besonderes, Gutes geachtet, und solch eine wertvolle Gabe wird jeder als wohltuendes Geschenk empfinden, das der Seele aufgrund der

Haltung der Schenkenden ebenso gut bekommt wie der Honig dem Körper. Wenn umgekehrt der Großvater oder die Großmutter in einer Familie die Bienen betreut und den Kindern und Enkeln gegenüber der oder die Schenkende sein kann, macht es Freude, den Honig zu besorgen und den anderen damit Gutes zu erweisen. Lebensfreude, Selbstwertgefühl und die Förderung von Rüstigkeit und Gesundheit ergeben sich daraus.

Abschließend stoßen wir auf die Frage, woran es nun liegen mag, daß der Honig von der Steinzeit bis heute seinen guten Ruf als »heilendes Nahrungsmittel« erhalten hat. Selbst heute, in einer Zeit, in der höchst wirksame Medikamente gegen alle möglichen Infektionskrankheiten und Krankheitserscheinungen zur Verfügung stehen, schwören genügend Menschen auf ihn. Vergleicht man ihn mit den in pharmazeutischen Fabriken hergestellten Medikamenten aller Art, so fällt folgendes auf: Die Medikamente enthalten stets eine oder mehrere wirksame Substanzen gegen etwas ganz Bestimmtes, es wird ein chemischer Defekt im Organismus mit einem Gegenmittel gezielt aufzuheben versucht. Bei einer Katastrophe für den Organismus, wie sie z.B. eine schwere Infektionskrankheit darstellt, führt ein schnell wirkendes, starkes Gegenmittel zur Rettung. Die Medikamente enthalten ihre Wirkstoffe in geeigneter Menge und sonst gar nichts. Der Honig enthält auch Wirkstoffe, und zwar recht viele in sehr geringer Konzentration, aber dazu noch stärkende und nährende, mengenmäßig bedeutende Stoffe, nämlich die Zucker, organischen Säuren und Aromastoffe. Diese Kombination von kräftigenden Stoffen in großen Mengen und biochemisch wirkenden Stoffen in geringen Mengen scheint sich auf den menschlichen Organismus günstig auszuwirken. Der Mensch ist mehr als die Summe seiner Organe und Teile. Für langsam verlaufende Erkrankungen, für Genesung, Wiederherstellung, für Wachstum und Altern, also Vorgängen, an denen viele Organe und Körperteile beteiligt sind, stellt der breit wirkende, behutsam und schonend eingreifende Honig eine unerreicht wertvolle Ergänzung einer jeden Behandlung und überhaupt der gesamten Ernährung dar.

HONIG IM ALLTAG –
EINE KLEINE AUSWAHL AN RATSCHLÄGEN UND REZEPTEN

Die Überlegung, wieviel Honig denn eine Familie im Jahr verbraucht, bildet die Grundlage für die Größe der einzurichtenden (oder, ausgehend von einem geschenkten Schwarm, auszubauenden) Imkerei.

1) Wer Honig als Brotaufstrich, zum Süßen von Tee, Bratäpfeln, Rohkost und für das Backen von Lebkuchen verwendet, benötigt in einer Familie aus zwei Erwachsenen und drei bis vier Kindern etwa 50 kg/Jahr oder 1 kg/Woche. Bei weniger Personen etwas weniger, bei mehr »Leuten um den Tisch« entsprechend mehr, gut 100 g/Woche und Person oder Persönchen bzw. 5–10 kg/Jahr.

2) Wer auf jeden gekauften Industriezucker verzichtet und daher Honig zum Backen, Konservieren usw. zusätzlich verwendet, muß für eine Familie in der o. g. Größe mit mindestens 100 kg/Jahr rechnen.

Wieviele Völker benötigt man für diese Mengen im Durchschnitt der Jahre? Der »amtliche« Durchschnittsertrag an Honig pro Volk liegt in Mitteleuropa zwischen 12 und etwa 16 kg/Jahr mit weiten Schwankungen von Gegend zu Gegend. Dazu kommen die Schwankungen der einzelnen Jahre: In manchen Jahren erntet man beinahe nichts und muß den Sommer über füttern, um die Bienen nicht verhungern zu lassen. In anderen Jahren »honigt jeder Zaunpfahl«, wie eine alte Redensart sagt, und man muß sich weitere Honigeimer kaufen. Von dem einen oder anderen Volk erntet man nichts, ein anderes bringt 15 kg, ein weiteres schafft 30 kg Honig. So reicht für eine Selbstversorgung eine Völkerzahl zwischen *5 und 10 Völkern* reichlich aus. In guten Jahren gibt man gerne innerhalb der Verwandtschaft Honig ab, bzw. man sollte für ein möglicherweise schlechtes Jahr eigene Vorräte anlegen. Bei geeigneter Lagerung (trocken, kühl, dicht verschlossen!) hält sich reifer Honig ohne Wertverlust 2 bis 4 Jahre.

Anschließend folgen einige bewährte Anwendungen von Honig im Haushalt.

Hausmittel bei Erkältung und beginnender Grippe (Kratzen im Hals, Anfang einer Halsentzündung)

1) In einem halben Liter warmem Wasser löst man 2 Eßlöffel Honig auf und füge eine Messerspitze chlorsaures Kali hinzu oder ein übliches, anderes Gurgelmittel; stündlich ein Glas leer gurgeln.

2) Tee aus Blüten der Großen Königskerze kochen (auch Großblumiges Wollkraut genannt, Verbascum thapsiforme), abkühlen lassen, bei angenehmer Trinktemperatur mit Honig süßen und in kleinen Schlucken trinken.

3) Tee aus Schafgarbenkraut bereiten, abkühlen lassen, trinkwarm mit Honig süßen.

Hausmittel bei Husten und Heiserkeit

1) Einige große Zwiebeln schälen und in Scheiben schneiden, in einem Liter Wasser eine Stunde kochen, durchseihen, die »Brühe« abkühlen lassen

auf Trinktemperatur, ein halbes Pfund (250 g) Honig darin auflösen, jede Stunde ein Likörglas trinken.

Eine Abwandlung dieses Tees »aus Großmutters Zeiten« ist folgende: Zwei zerschnittene große Zwiebeln läßt man 15 Minuten in einem halben Liter Wasser kochen. Dazu bereitet man zwei Tassen Fencheltee und gibt den Zwiebelsud hinzu. Die Mischung wird abgesiebt und bei Trinkwärme mit reichlich Honig gesüßt. Drei Tassen täglich sollen davon getrunken werden.

2) Tee aus Malvenblättern und Malvenblüten, Königskerzenblüten, Huflattichblättern (zu je gleichen Teilen) bereiten, abkühlen lassen, mit reichlich Honig süßen ...

3) Tee aus Spitzwegerichblättern bereiten ..., mit Honig süßen.

4) Käufliche fertige Hustenteemischungen nach dem Abkühlen mit Honig süßen ...

Hausmittel bei Keuchhusten

Glücklicherweise ist durch die Schutzimpfung der Keuchhusten der Säuglinge und Kleinkinder selten geworden bzw. verläuft in milder, abgeschwächter Form, denn er bedeutete früher eine wochenlange Quälerei für die erkrankten Kinder. Bei einer leichten Form kann folgendes alte Rezept Erleichterung bringen:

30 g Thymian (auch Quendel oder Feldkümmel genannt) wird mit 0,5 bis 0,75 l Wasser zu einem starken Tee aufgekocht, durchgeseiht, den Tee läßt man abkühlen und löst darin ein halbes Pfund (250 g) Honig auf; davon erhält das Kind alle zwei Stunden zwei Teelöffel oder einen Eßlöffel voll.

Tritt (bei einem nicht geimpften Kind) der Keuchhusten in schwerer Form auf, gehört das erkrankte Kind in ärztliche Behandlung, der rasch wirkende Medikamente verschreibt. Hier bei einem Hausmittel zu bleiben, heißt, das Kind unnötig belasten.

Honig in der Küche – nur einige Anregungen

Beilagen in Form von Rohkostsalaten bilden eine dankbare, ernährungsphysiologisch wertvolle Möglichkeit, das tägliche Essen mit Honig anzureichern. Eine »Grundlage« aus Öl, Zitronensaft oder Obstessig, Honig und ggf. Kräutern schmeckt sehr gut zu geraspelten Möhren mit Äpfeln. Ebenso paßt dazu ein Endiviensalat mit kleingeschnittenen Äpfeln. Feldsalat (oder Ackersalat oder Rapunzeln) oder Chinakohl als Salat schmeckt ebenfalls dazu.

Statt Zucker gibt man in alle Obstsalate Honig. Ein Obstsalat »quer durch den sommerlichen Garten« mit einer Soße aus Joghurt oder Magerquark, etwa 150 g, 2–3 Eßlöffel Honig, etwas Zitronensaft und allen Beerenarten, Kläräpfeln dürfte bei allen Anklang finden. Später im Frühherbst gibt es dann Obstsalate aus frühen Birnen, Äpfeln, Zwetschen und mit einer Soße aus Quark, Apfelsaft und Honig, dazu die ersten Nüsse (Haselnüsse). Mit zunehmendem Herbst bleibt man bei den verschiedenen Apfelsorten und Birnensorten und ergänzt mit späten Zwetschen, Wal- und Haselnüssen.

Daß man alle Kompotte, die gesüßt werden, mit Honig nach dem Abkühlen süßen kann, versteht sich von selbst.

Für alle Arten von Müslis bietet sich Honig als *der* ideale Energiespender an, solange er noch nicht kandiert ist.

Kinder lieben erfahrungsgemäß als Brotaufstrich den kandierten Honig – man kann ihn höher schichten als den noch flüssigen. Der flüssige Honig läuft leicht in die Poren des Brotes, die Finger der kleinen bis mittleren Persönchen kleben, so daß man als Mutter den Kindern lieber den kandierten Honig gibt trotz des höheren Verbrauchs. Auf »Imkers Frühstücktisch« stehen also meist mindestens zwei verschiedene Honiggläser.

Wie man auch den Honig im Haushalt anwendet, eins muß immer beachtet werden, möchte man die Wirkung der Enzyme, Inhibine und Vitamine nicht schmälern: Über eine Temperatur von **38 bis 40 °C** darf er nie erhitzt werden, ob im Tee oder im Kompott oder einer anderen warmen Speise! Die hitzeempfindlichen Wirkstoffe werden bei Temperaturen, die über die Körper- und Brutnesttemperatur hinausgehen, zerstört. Gerade wenn man z. B. bei Erkältungen die volle heilkräftige Wirkung des Honigs erzielen möchte, wäre ein Erhitzen nicht sinnvoll.

Nun einige Worte zum Abfüllen von kandiertem Honig. Wie schon erwähnt wurde, kandiert jeder naturbelassene Honig. Der helle Blütenhonig schneller, Rapshonig oft schon nach einer Woche, der hellbraune Sommerblütenhonig von Wiesenblumen, Klee, Robinie, Linde, Him- und Brombeeren bleibt mehrere Wochen bis zu etwa fünf Monaten flüssig, während der Waldhonig (Honigtauhonig) meist nach einem halben Jahr kandiert. Größere Erwerbsimkereien besitzen thermostatisch gesteuerte Wärmeschränke, um den kandierten Honig zum Abfüllen schonend zu verflüssigen. In einer kleinen Imkerei lohnen sich so teure Geräte nicht. Was sich zum Abfüllen von kandiertem Honig lohnt, ist ein stabiler »Honigspaten« aus Edelstahl. Spätestens, nachdem man einige normale Löffel verbogen hat, wird man den Honigspaten besorgen und sich mit Muskelkraft einige Gläser auf Vorrat für die Küche abfüllen. Wenn man den Eimer mit dem festen Honig zwei Tage in die warme Küche stellt statt den Honig gleich nach dem Heraufholen aus dem kühlen Lagerraum abzufüllen, so wird er weicher und kann leichter in die Gläser gegeben werden. Bis ein 10- oder 12,5-kg-Eimer im Wasserbad bis zum Verflüssigen des Honigs erwärmt ist, dauert es lange, und man verschwendet eine Menge warmes Wasser. Ein wenig eigene Muskelkraft ersetzt hier viel Energie zur Warmwasserbereitung, was sicher eine der zahlreichen Kleinigkeiten darstellt, im täglichen Leben mit Energie sparsamer umzugehen.

Backen mit Honig

Die traditionellen Honigkuchen oder Lebkuchen, was die ältere Bezeichnung ist, werden in der Vorweihnachtszeit gebacken. Bedenken wir, daß in den früheren Jahrhunderten kein Zucker in den Haushalten zur Verfügung stand und der Honig als einziges süßes Nahrungsmittel verwendet wurde! Die Masse der Menschen in den Dörfern und den Städten lebten ärmlich und bescheiden und waren froh, wenn nicht eine der regelmäßigen Hungersnöte die Vorfreude auf die weihnachtlichen Lebkuchen zunichte machte. In der mittelalterlichen Küche war das Lebkuchengebäck beinahe das einzige süße Gebäck. Bekannt waren die »Pfefferkuchen« vieler Klöster, die sogar als Tauschware in großen Mengen hergestellt wurden. Der Name Pfefferkuchen kommt von der Verwendung fremder, »exotischer« Gewürze wie Zimt, Nelken, Ingwer, Muskatnuß, Kardamon, Safran und tatsächlich Pfeffer, denn alle ausländischen Gewürze wurden im Sprachgebrauch als »Pfeffer« bezeichnet. Die vielen Geschichten, Legenden und Bräuche um den Lebkuchen zeigen uns heute, wie die Menschen sich über diese Köstlichkeit freuten, die den schweren Alltag im wahrsten Sinne des Wortes versüßte. Betrachtungen über die unzähligen Formen der Lebkuchen würden einen Kulturhistoriker lange beschäftigen.

Über die Entstehung der »richtigen« feinen Nürnberger Lebkuchen gibt es folgende Geschichte: Im Mittelalter ging es irgendwann in der Vorweihnachtszeit bei einem Bäckermeister lebhaft zu. Aus Versehen stellte er einen halb mit Honigkuchenteig gefüllten »Hafen« an die Seite und vergaß ihn einfach. Erst zur nächsten Weihnachtszeit entdeckte er den vergessenen Teig, der ihm nicht verdorben vorkam. Also mischte ihn der sparsame Mann unter frischen Teig und staunte nicht schlecht, als die daraus gebackenen Lebkuchen besonders fein und aromatisch gerieten. Wie läßt sich das erklären? Während der langen Ruhezeit (ob ein ganzes Jahr stimmt, bzw. ob die Geschichte überhaupt stimmt, weiß man natürlich nicht) lief im Teig eine Milchsäuregärung ab. Dazu hatten die Fermente des Honigs in dem Teig reichlich Zeit zu »arbeiten«. Beides zusammen wurde die Ursache für den hervorragenden Lebkuchen.

Auch nach dem Backen muß Lebkuchen mindestens noch vier Wochen lagern, am besten in dicht verschließbaren Dosen oder Steinguttöpfen, die mit einer Folie verschlossen werden. Dann erst werden sie weich und mürbe und bilden ihren charakteristischen Geschmack aus.

»Richtiger« Lebkuchenteig wird nach der Zubereitung eine Woche an einem kühlen, nicht kalten Ort, in einer Schüssel lose zugedeckt aufgehoben, bevor er gebacken wird. Es gibt zwar viele Rezepte für Lebkuchen ohne Ruhezeit, die man mit Backpulver als »modernem« Triebmittel backen kann, aber an das Aroma des »Lebkuchens nach Großmutters Art« kommen sie nicht heran.

1) *Lebkuchen nach Großmutters Art*
   Zutaten:

1 kg Mehl, 350 g Butter, 700 g Honig, 13 g Pottasche (altes Triebmittel für Lagerteige, Kaliumsalz der Kohlensäure), 1 Teelöffel Zimt, ½ Teelöffel Nelken, ½ Teelöffel Kardamon, 100 g Zitronat, 100 g Orangeat, das Abgeriebene einer (ungespritzten) Zitrone und einer Apfelsine, 100 g Mandeln, 3 Eßlöffel Rosenwasser.

Die Butter wird im Topf geschmolzen, Honig dazugegeben, die Masse unter Rühren erwärmen und anschließend abkühlen lassen. Inzwischen gibt man das Mehl, die fein gehackten Mandeln, die Fruchtschalen, Orangeat, Zitronat und die gestoßenen Gewürze in eine große Rührschüssel und gieße die kühle Butter-Honig-Masse dazu. Im Topf, in dem Butter und Honig waren, erwärmt man das Rosenwasser und löst die Pottasche. Dies samt den gelösten Honigresten schüttet man zu den übrigen Zutaten und knetet den Teig gut durch. 8 Tage bleibt er zugedeckt auf einer Fensterbank oder in der Speisekammer ruhen. Nach dem dünnen Ausrollen sticht man runde »Lebkuchen« aus, setzt sie auf ein gebuttertes Blech und backt sie bei mittlerer Hitze 15 Minuten aus. Man kann sie auch auf Oblaten setzen, aber zu dem alten Rezept gehört eigentlich das gebutterte Blech.

Folgende Vereinfachungen lassen sich gut durchführen: Statt der einzelnen Gewürze kann eine Tüte »Lebkuchengewürz« verwendet werden. Läßt sich das Rosenwasser z.B. in einer Drogerie nicht besorgen, kann man die Pottasche auch in Rum oder Orangenlikör lösen. Statt 700 g Honig können 350 g Honig und 350 g Farinzucker genommen werden.

2) *Einfacher Lebkuchen auf dem Blech*
   Zutaten:
625 g Mehl, 500 g Honig, 100 g Mandeln, 1 Teelöffel Zimt, 1 Messerspitze gemahlene Nelken, 50 g Zitronat, 50 g Orangeat, 6 g Hirschhornsalz, Glasur aus Puderzucker und Zitronensaft.

In einem Topf erwärmt man den Honig und gibt ihn zu dem Mehl und den Gewürzen in eine Schüssel. Man mischt alles gut durch und streut das Hirschhornsalz (Ammoniumsalze der Kohlensäure und Karbaminsäure, als weißes Pulver in Röhrchen mit Grammeinteilung zu kaufen) darüber. Anschließend wird der Teig geknetet, bis er glänzt. Nach Möglichkeit soll der Teig einige Tage ruhen. Dann wird er auf einem gefetteten Blech ausgewellt und bei mittlerer Hitze gebacken. Noch warm bestreicht man den Lebkuchen mit der Glasur, verziert nach Belieben mit Zuckerstreuseln und bunten Perlen (Kinder lieben das sehr), schneidet ihn in kleine Vierecke und hebt ihn wenigstens 4 Wochen auf, bevor man ihn zum Naschen »freigibt«.

3) Lebkuchen mit Backpulver
Zutaten:
250 g Honig, 200 g Farinzucker, 500 g Mehl, 50 g Butter, 50 g Schweineschmalz, 2 Eier, 1 Päckchen Lebkuchengewürz, 50 g Zitronat, 50 g Orangeat, 200 g gemahlene oder gehackte Haselnüsse, 1 Päckchen Backpulver.

Die Butter rührt man schaumig und gibt abwechselnd Zucker und Eier dazu. Der Honig und die übrigen Zutaten werden darunter gerührt, am Schluß das mit dem Backpulver vermischte Mehl. Der Teig kommt mehrere Stunden in den Kühlschrank zum Ruhen. Man wellt ihn auf einem gefetteten Blech aus und backt bei mittlerer Hitze (180 °C). Noch heiß schneidet man Vierecke. Dieser Lebkuchen wird nach längerem Lagern weich und mürbe und ist frisch hart.

4) Honigkuchen auf dem Blech mit buntem Belag
Zutaten:
für den Teig: 500 g Honig, 375 g Farinzucker, 125 g Schweineschmalz, 250 ml Milch, 1 kg Mehl, 1 Prise Salz, 2 Teelöffel Zimt, ½ Teelöffel gemahlene Nelken, 4 Tropfen Bittermandel-Aroma, 2 Päckchen Backpulver;
für den Belag: 100 g Rosinen, 20 g Korinthen, 200 g Mandeln (gestiftelt), 100 g Zitronat, 100 g Orangeat, Saft von einer halben Zitrone, abgeriebene Schale von 1 ungespritzten Zitrone, 2 Eßlöffel Rum, 6 Eßlöffel Apfelmus; zum Verzieren: ganze Mandeln und Hagelzucker nach Belieben (oder auch nicht).

In einem Topf werden Honig, Zucker, Schmalz und Milch erwärmt. Man schüttet die Masse in eine große Schüssel, gibt die Gewürze und das mit dem Backpulver vermischte Mehl hinzu und verknetet alles zu einem geschmeidigen Teig, der auf ein gefettetes Blech gestrichen wird. Für den Belag verrührt man alle Zutaten und verteilt die Masse auf dem Teig. Bei mittlerer Hitze wird auf der 2. Schiene von unten etwa 40 Minuten gebacken (175 °C).

Nach dem Auskühlen auf dem Blech wird der Kuchen in Stücke geschnitten und in Dosen aufbewahrt.

5) *Honigkuchen auf dem Blech mit fruchtiger Füllung*
Zutaten:
für den Teig: 500 g Honig, 100 g Butter, 100 g Schweineschmalz, 250 g Farinzucker, 50 g Kakaopulver, 1 Päckchen Lebkuchengewürz, 1 Prise Salz, 200 g gehackte Mandeln, abgeriebene Schale von einer ungespritzten Zitrone und Apfelsine, nach Belieben 1 Teelöffel Ingwerpulver, 650 g Mehl, 1½ Päckchen Backpulver;
für die Füllung: 100 g Zitronat, 450 g (1 Glas) Marmelade von Aprikosen, Mirabellen oder gelben Pflaumen, 100 g Zucker, 200 g gehackte Mandeln oder Walnüsse, 75 g Korinthen, 75 g Rosinen;
zum Bestreichen: zerlassene Butter mit etwas Rosenwasser;
zum Verzieren: Guß aus 250 g Puderzucker und Zitronensaft oder Apfelsinensaft.
   Wieder erwärmt man Honig, Fett und Zucker in einem Topf und schüttet die warme Masse in eine große Schüssel, Kakao, alle übrigen Gewürze und das mit Backpulver vermischte Mehl werden dazugefügt und zu einem glatten Teig verknetet. Die Hälfte des Teigs gibt man auf ein gefettetes Blech, die andere Hälfte rollt man in der Form und Größe des Bleches aus (Arbeitsplatte gut mit Mehl bestreuen!). Die Zutaten für die Füllung vermischen und auf den Teig streichen, dann die zweite Teigplatte darauflegen und festdrücken. Bei mittlerer Hitze etwa 60 Min. backen. Den noch heißen Kuchen mit der Rosenwasser-Butter bestreichen. Nach dem Erkalten den Zuckerguß auftragen, und nach dem Festwerden den Honigkuchen in Vierecke schneiden.

6) Die berühmten »*Basler Leckerli*« werden nach verschiedenen, jeweils leicht abgewandelten Rezepten hergestellt.
   a) Basler Leckerli für die große Familie (altes Rezept):
Zutaten:
1 kg Honig, 875 g Zucker, 1,25 kg Mehl (2½ Pfund), 500 g grob gehackte Mandeln, 125 g Zitronat, 40 g Zimt, 20 g gemahlene Nelken, 2½ Päckchen Backpulver, 1 bis 2 Gläschen Kirschwasser;
   Honig und Zucker erwärmt man unter stetem Rühren in einem Topf. Das Kirschwasser wird langsam dazugegossen und verrührt. Das mit dem Backpulver vermischte Mehl, die Gewürze und die noch warme Honig-Zucker-Masse wird zu einem glatten Teig geknetet (bei der Menge kann man auch die Küchenmaschine kneten lassen), aus dem sofort bleistiftdicke,

länglich, kleine »Leckerli« geformt werden, solange der Teig noch warm ist. Bei mittlerer Hitze werden sie gebacken und sofort mit einer Glasur aus 2 großen Eiweiß und 250 g Puderzucker bestrichen.

b) Basler Leckerli für die nicht so große Familie:
Zutaten:
250 g Honig, 250 g Zucker, 400 g Mehl, 2 gestrichene Teelöffel Backpulver, 1 Messerspitze Salz, 2 Messerspitzen Zimt, 2 Messerspitzen gemahlene Nelken, Saft von einer halben Zitrone, 100 g Zitronat, 100 g Orangeat, 200 g gestiftelte Mandeln, 4 Eßlöffel Wasser;

Das Wasser, Honig, Zucker und Salz zusammen erwärmen und dann in eine Schüssel schütten. Alle Gewürze und das mit dem Backpulver gemischte Mehl dazugeben und gut durcharbeiten. Zitronat, Orangeat und Mandeln als letztes unterkneten. Den Teig auf ein mit Butter gefettetes Blech etwa 0,5 cm dünn ausrollen und ungefähr 25 Minuten bei mittlerer Hitze backen. Inzwischen den Guß vorbereiten und 75 g Zucker mit 3 Eßlöffeln Wasser kochen, bis die Flüssigkeit eindickt und schwer vom Löffel tropft. Das heiße Gebäck mit der heißen Glasur bestreichen und kleine Vierecke schneiden.

Nicht nur für die Weihnachtsbäckerei, sondern auch für den gewöhnlichen Sonntagskuchen aus weißem sowie Vollkornmehl läßt sich Honig verwenden. Dabei sind dem Einfallsreichtum keine Grenzen gesetzt. Folgendes Grundrezept mag für einen Mürbeteigboden in einer normalen Springform (26 cm Ø) als Beispiel genannt werden:

Mürbeteigboden mit Honig:
Zutaten:
125 g Butter oder Margarine, 130 g Honig, 1–2 Eier, 300 g Mehl, ½ Päckchen Backpulver;

Die Butter weich werden lassen und dann mit dem Honig und den Eiern schaumig rühren, das mit dem Backpulver vermischte Mehl nach und nach dazu geben. Je nach Geschmack kann man den Grundteig mit Vanillinzucker, Rum oder Rumaroma, Anis (gemahlen), Zitronenaroma usw. verfeinern. Vor dem Backen sollte dieser Teig eine Zeitlang zugedeckt im Kühlschrank oder der kühlen Speisekammer ruhen.

Möchte man für Kuchen in der Kastenform, in der man Kuchen aus 250–350 g Mehl backt, Honig verwenden, benötigt man etwas mehr Honig als Zucker. Man rechnet etwa ein halbes Pfund (250 g) Honig für einen Teig von 300 g Mehl. An den feinen, je nach Honigsorte verschiedenen Geschmack der »Honigkuchen« werden sich alle Familienmitglieder schnell gewöhnen.

Um sich nach dem Großeinsatz in der Küche, nach dem Schleudern oder Einfüttern der Bienen zu stärken, empfiehlt sich eine **Honigmilch** aus:

½ Liter Milch, 3 Eßlöffel Honig, ½ Zitrone ohne Schale oder 1 Banane, 1 Eigelb; alles in den Mixer geben und gut durchmixen lassen, anschließend je nach Jahreszeit mit oder ohne Eiswürfel in einem passenden Krug austeilen. Bei großer Arbeitsmannschaft, Kindergeburtstagen usw. die doppelte oder dreifache Menge zubereiten.

Da wir inzwischen bei einem Getränk mit Honig angelangt sind, sollte die Erwähnung von **Honigmet** nicht vergessen werden. Im Altertum galten die Illyrer im heutigen Dalmatien als berühmte Met-Spezialisten ebenso wie die iberischen Volksstämme in Spanien zur Römerzeit. Die Römer mischten Honig in sauer geratenen Wein und lernten über Gallier und Germanen den mit Gerstensaft und Kräutern zubereiteten Honigmet der Germanen kennen, von dem in Walhall, dem Götterhimmel, der Vorrat nie erschöpft. Den Göttern und verstorbenen Helden gönnte man in allen Kulturen das Beste, das sich die Bewohner des »irdischen Jammertals« vorstellen konnten. Demnach muß der germanische Honigmet nicht schlecht gewesen sein.

Wer in der Weinbereitung Erfahrung hat, möge sich anhand von Anleitungen aus weiterführender Literatur Met selbst herstellen. Es lohnt sich nur bei entsprechenden Mengen und beim Vorhandensein von für die Gärung geeigneten Räumen und Gefäßen. Die stürmische Gärung dauert etwa 2 Monate bei einer Raumtemperatur von 20 bis 25 °C, nach weiteren 6 Monaten wird auf Flaschen gezogen. In den Anleitungen wird meist empfohlen, Regenwasser zu nehmen – das kann heute nicht mehr geraten werden. Das Leitungswasser ist auf jeden Fall besser als der »saure Regen«. Es lassen sich auch Honigweine auf der Grundlage von allen möglichen Fruchtsäften bereiten, dazu gibt es zahlreiche Gewürze und verschiedene Kulturhefen, also beinahe unendlich viele Honigwein-Möglichkeiten.

Zieht man selbst am Haus oder einer Pergola Reben und läßt den Saft im eigenen Keller vergären, kann man in einem sonnenarmen Jahr den eigenen Wein mit etwas Honig »aufwerten«. Kommt es einmal vor, daß noch unreifer Honig geerntet wird, wird zur Herstellung von **Honigessig** geraten nach einem alten Rezept, was in jedem Haushalt relativ leicht durchzuführen ist: In 6 Liter Wasser gibt man 1 kg Honig und einen Brocken Sauerteig (wenn man ihn nicht selber hat, gibt ein Bäcker vielleicht etwas ab), löst durch Verrühren den Honig gut und gießt alles in ein Steingutgefäß. Auf keinen Fall erwärmen! Das offene Gefäß stellt man zum Gären in einen warmen Raum, am besten in die Küche, und deckt es nur zu, wenn es wegen Fliegen, Staub usw. nötig ist, aber Luft muß an den Inhalt herankommen. Ist die Gärung beendet (das Schäumen hört auf), läßt man den Essig klären und füllt nach

146

einiger Zeit den klaren Essig in Flaschen.

Der bekannte **Honiglikör** »Bärenfang« stellt eine Spezialität aus Ostpreußen dar und wird gewerblich von Versandimkereien hergestellt. Ob sich seine Herstellung im Haushalt lohnt, liegt daran, wie teuer man 96 %igen Alkohol zum Lösen des Honigs erhalten kann. Meist wird es günstiger sein, sich an und ab eine Flasche Bärenfang zu kaufen.

Es gibt umfangreiche, sachkundig und liebevoll zusammengestellte Honigkochbücher, welche noch viel mehr Möglichkeiten, den eigenen Honig zu verwerten, nennen. Da jede familiäre Küchenchefin wie auch jeder familiäre Küchenchef einen eigenen Stil und eigene Ideen entwickelt, sollen diese Anregungen genügen. Honig ist vielseitig einsetzbar, und man hat die Gewähr, eine rundherum gute Zutat zu verwenden.

BLÜTENPOLLEN – GEWINNUNG UND VERWENDUNG

Wie schon erzählt wurde, sammeln die Bienen die Pollenkörner an den Blüten und tragen sie, als »Pollenhöschen« verpackt, in den heimatlichen Stock. Dort stampfen die jungen Arbeiterinnen im Innendienst die einzelnen Höschen in bestimmten Zellen in Brutnestnähe ein und konservieren so diese empfindliche Eiweißnahrung. Das Futter der jungen und älteren Maden wird im wesentlichen aus Pollen bereitet; die Jungbienen fressen Pollen, um sich die für ihre Lebensdauer wichtigen Fett-Eiweiß-Polster anzulegen. Das Pollenangebot aus der Natur beginnt im zeitigen Frühjahr mit Weiden, Krokussen usw. und hat einen Höhepunkt im vollen Frühling und frühen Sommer, wenn noch Obstbäume blühen und die Wiesenblüte einsetzt, bzw. Kulturpflanzen wie Raps und etwas später die Kleearten blühen. Der Verbrauch von Pollen im Volk reicht bis in den Spätsommer und Herbst. Die Brutmassen des Frühjahrs und Sommers werden von frisch gesammelten Naturpollen versorgt. Das Pollenangebot im Hochsommer und zum Herbstbeginn fällt dagegen weniger ergiebig aus, so daß während der Aufzucht der Winterbienen auf die Pollenvorräte aus der Pollen-Überflußzeit zwischen Mai und Juli zurückgegriffen wird. Die blühenden Zwischenfruchtfelder im Herbst mit Gelbsenf, Ölrettich, Phazelia und Sonnenblume sowie die Herbstblüher in den Gärten werden eifrig beflogen. Ihr Pollen stellt die wichtigste Grundlage für reichliche Fett-Eiweiß-Polster der Winterbienen dar. Daran hängt wiederum die Überwinterung der Völker. Aus diesen zur Erinnerung aufgezählten Tatsachen zur Bedeutung des Pollens für die Bienen können wir ersehen, wie vollständig Pollen für den Aufbau der

Körper äußerst leistungsfähiger Tierchen zusammengesetzt sein muß! Das im Laufe eines Jahres erzeugte »Lebendgewicht« aller Bienen eines Volkes, nämlich einige 100 000, stammt aus dem Pollen, von dem ein starkes Volk rund 30–60 kg im Jahr sammelt.

Es liegt nahe, daran zu denken, wie solch gehaltvolles, aufbauendes Nahrungsmittel auch beim Menschen eine günstige Wirkung haben kann. Deshalb erhebt sich die Frage, was denn die Pollenkörner enthalten. Die Pflanzen produzieren die Pollenkörner in solchen Mengen, daß man in der Umgangssprache von »Blütenstaub« redet. Die Blütenpflanzen oder genauer die Samenpflanzen (Spermatophyta) besitzen als männliche Teile der Blüte die Staubblätter, deren oberer Teil die Staubfäden oder Antheren sind. Die Pollensäcke in den Antheren stellen die Entstehungsorte der Pollenkörner dar. Die bei der Zellteilung (Meiose) gebildeten Pollenkörner enthalten den halben Chromosomensatz der Pflanze. Abschließend teilt sich jedes Pollenkorn noch einmal und besteht dann aus zwei Zellen, einer vegetativen und einer generativen Zelle. Dieses nun reife Pollenkorn muß, um seinen »Lebenszweck« zu erfüllen, auf die Narbe einer anderen Blüte derselben Pflanzenart gelangen. Dort bleibt das Pollenkorn auf der klebrigen Narbenoberfläche haften, es keimt aus und schickt Pollenschläuche auf den Narbengrund, wo der »Embryosack« mit der Eizelle auf die Kerne des Pollenkorns wartet. (Es gibt zwar Pflanzen, bei denen Pollenkorn und Eizelle von einer Blüte verschmelzen, die sog. Selbstbefruchter, z. B. der Weizen, aber sie sind im Prinzip für die Bienen nicht interessant.)

Pflanzen, deren Pollenkörner durch den Wind verbreitet werden, stellen für diese unsichere Beförderungsart riesige Mengen an Pollen bereit. Man denke nur an die Pollenwolken, die der Wind über ein blühendes Roggenfeld treibt. Etwa 80 % unserer heimischen Blütenpflanzen sind dagegen »Insektenbestäuber«. Sie können es sich erlauben, sparsamer mit Pollen umzugehen, und vertrauen auf Insekten, die von Blüte zu Blüte fliegen und dabei an ihrem Haarkleid einzelne Pollenkörner mitnehmen, die sie an einer anderen Blüte derselben Art abstreifen. Daß Insekten auch Pollen für den eigenen Verbrauch sammeln, scheinen die Pflanzen sozusagen als Botenlohn einkalkuliert zu haben. Wie wir hörten, schicken die Pollenkörner von der Narbenoberfläche durch das Narbengewebe einen Schlauch an den Narbengrund. Der Weg kann bei langen »Griffeln« oft recht lang sein und macht verständlich, daß die Pflanzen die Pollenkörner mit entsprechenden Vorräten für diese Wachstumsleistung ausgerüstet haben, und zwar zusätzlich zu den für die Zellen nötigsten Stoffen.

Pollenkörner enthalten Eiweiße, Kohlenhydrate, Fette, Wasser, Mineralstoffe und Wirkstoffe (Vitamine, Fermente, Hormone), im Prinzip dieselben wie der Honig, nur in völlig anderen Verhältnissen. Jede Pflanzenart hat ihren »individuellen« Pollen mit charakteristischer Form und eigener Zusammensetzung. Die Eiweißgehalte der verschiedenen Pollensorten schwanken von rund 7 % bis zu 30 %, die Fettgehalte von 2 bis fast 15 %, die Kohlenhydratgehalte von 25 % bis beinahe 50 %. Die Wassergehalte liegen um 10 %. Alle übrigen Substanzen machen ungefähr ein Drittel aus. Insgesamt ist der Pollen also eine recht »gehaltvolle Sache«, ein Konzentrat an Energie und Wirkstoffen.

Die Steinzeitmenschen früher sowie die Naturvölker heute pflegten bzw. pflegen beim Honiggenuß meist die ganzen Waben zu kauen, wobei sie die Pollenzellen mitbekamen bzw. mitbekommen. Der vor der Erfindung von Wabenrähmchen und Schleuder gewonnene Preßhonig enthielt reichlich Pollen. Unser geschleuderter und gesiebter Honig enthält nur einzelne Pollenkörner, welche die Bienen beim Sammeln zufällig mitnahmen. Die als Pollenhöschen gesammelten Pollen gelangen nicht in den Honig, sondern man kann manchmal von dem Sieb einzelne Pollenhöschen naschen. Die festgestampften Pollen werden beim Schleudern nicht aus der Zelle gelöst.

Um an Pollen zu kommen, müßte man ihn extra gewinnen. In Zeiten des Pollenüberflusses schadet es den Völkern nicht, wenn man bei einem starken Volk, das durchaus Pollenmengen von 50 kg/Jahr sammelt, einige kg mithilfe einer »Pollenfalle« entnimmt. Selbstverständlich darf man nur an Tagen mit ergiebiger Tracht die Falle am Flugloch aufbauen, beispielsweise, wenn die Bienen an einem Rapsfeld oder in einer großen Obstanlage ein überreiches Angebot nutzen können. Bunte Mischpollen von zahlreichen Pflanzenarten erhält man auf den Almen des Hochgebirges, auf extensiv genutzten, nicht oder wenig gedüngten Wiesen oder Hutungen der Mittelgebirge oder in blumenreichen Schrebergarten- und Vorstadtvierteln.

Die **Pollenfalle** ist ein Vorsatz für das Flugloch. Möchten die Bienen in ihren Stock, müssen sie durch die Falle. Ein Brett mit Öffnungen, die zwar den Körper der Bienen hindurchlassen, aber die abstehenden Pollenhöschen abstreifen, bildet das Kernstück der Falle. Durch ein Drahtgitter fallen die Pollenhöschen auf den Boden der Pollenfalle, von wo sie abends, wenn man die Pollenfalle abnimmt, leicht herausgeschüttet werden können. An einem guten Flugtag bringt ein starkes Volk durchaus 100 g und mehr an frischem Pollen.

Frischer Pollen würde schnell schimmeln und aufgrund seines Wassergehaltes verderben. Während des Sammelns haben die Bienen die Pollenkörner mit Nektar befeuchtet für den nötigen Zusammenhalt der Höschen, was eine Verdoppelung des Wassergehaltes bedingt. In größeren Erwerbsimkereien trocknet man die täglich anfallenden Pollenmengen sofort in flachen

Wannen unter Infrarotlampen, was die wohl schonendste Trocknung ermöglicht. Der Boden der Pollenfalle sollte nicht aus Blech oder Plastik sein, da die feuchten Pollenhöschen auf einer nicht saugfähigen Unterlage in ihrem Schwitzwasser liegen bleiben. Holz nimmt die Feuchtigkeit auf. Luft muß unbedingt an die Höschen kommen, denn die frisch eingetragenen Höschen enthalten etwa 20 % Wasser.

Trocknungsanlagen lohnen sich natürlich für eine kleine Imkerei nicht. Die Tagesernte verteilt man also auf einem saugfähigem Papier (Löschpapier, Zeitungspapier ohne zu viel Druckerschwärze und ohne bunte Druckfarben) möglichst dünn, nicht höher als 1–1,5 cm, und läßt in einem dunklen, gut durchlüfteten, warmen Raum trocknen. Sonnenlicht und Wärme über 40 °C würden die meisten Wirkstoffe zerstören. Ein- bis zweimal schichtet man die Höschen um, damit alle gleichmäßig trocknen.

Hat man nun die völlig trockenen Höschen so gewonnen, sollte man die Pollenhöschen in dunklen, luftdicht schließenden Gläsern oder Dosen bei kühlen Temperaturen unter 15 °C aufbewahren. Der Kühlschrank oder die Tiefkühltruhe wären zu empfehlen oder ein trockener, kühler Raum. Ein Wiederbefeuchten muß auf jeden Fall unterbleiben, sonst verderben die Höschen rasch. Der Einfluß von Licht wurde schon erwähnt. Die Kälte ist wichtig, weil sich Wachsmotteneier zwischen den Pollenhöschen befinden können, die in die Pollenfalle gerieten. Bei Kälte entwickeln sie sich nicht und können dann auch nicht den Pollen mit Gespinsten verunreinigen und ihn nicht verzehren. Die Pollenmilbe (Carpoglyphus passularum), welche die Pollenvorräte in Randwaben und den überwinternden Waben vernichtet und als wertloses braunes Mehl hinterläßt, wird bei Kühle und Trockenheit keinen Schaden anrichten. Dasselbe gilt für andere tierische Schädlinge, die als kaum sichtbare Verunreinigungen in den Pollen fallen und selbst bei sauberstem Arbeiten nicht herauszureinigen sind.

Blütenpollen zählen offiziell zu den »diätetischen Lebensmitteln«. In seriösen, anspruchsvollen Tageszeitungen ebenso wie in zahlreichen Illustrierten, Anzeigenblättern usw. findet der aufmerksame Leser häufig Anzeigen, die für Blütenpollen werben. In Drogerien, Reformhäusern, Apotheken und über Versandimkereien kann man Blütenpollen meist in 100-g-Portionen oder auch in Großpackungen kaufen. Was ist also der gesundheitliche Wert von Pollenhöschen, wo helfen sie, welche Wirkungen weiß man genau, welche vermutet man?

Auffallend erscheint dem Mitteleuropäer, daß in den skandinavischen und osteuropäischen Ländern weit mehr Blütenpollen verbraucht wird. Dort wird er auch als Heilmittel verwendet.

Während die Flugbienen die Pollenhöschen sammeln, versetzen sie die

Pollenkörner während des Fluges mit Honig und Drüsensekreten, damit die Körner sich zu Höschen zusammenkleben lassen. Das bedeutet, daß von Bienen gesammelter Pollen doch etwas anderes ist als Pollen, die wir selbst z. B. auf ein Papier schütteln und aufheben würden. Derart gesammelte Pollen stellen zwar ein nährstoffreiches Nahrungsmittel mit hohem Vitamin- und Wirkstoffgehalt dar, aber die Beeinflussung des gesamten menschlichen Organismus, die man beim regelmäßigen Verzehr von Blütenpollen aus Sammlung durch die Bienen beobachten konnte, traten beim Verzehr des »mechanisch« gewonnenen Pollens nicht auf. Wie beim Honig wirken im Blütenpollen nicht die einzelnen Inhaltsstoffe isoliert voneinander, sondern alle im Zusammenspiel. In Tierversuchen mit Ratten und Mäusen stellte man bessere Gewichtszunahmen bei geringer Pollenbeigabe zum Futter fest. Darüber hinaus hatten die weiblichen Tiere eine höhere Fruchtbarkeit als die Tiere ohne Pollenzusatz im Futter. Dies läßt auf eine insgesamt erhöhte Vitalität, d. h. einen besseren allgemeinen Gesundheitszustand der mit Pollenzusatz versorgten Tiere schließen.

Wurden mit geschwächten, genesenden Patienten mehrwöchige Pollenkuren unternommen, erholten sich diese Menschen auffallend gut. Schnell wachsende und daher anfällige, blutarme Kinder zeigten bei und nach einer Pollenkur ein besseres Wohlbefinden und bekamen bessere Blutwerte. Aus zahlreichen Einzelbeobachtungen können die Pollenwirkungen wie folgt zusammengefaßt werden:

Nach Krankheiten, Operationen, Unfällen usw. erfolgt eine sichere, schnellere Genesung und Erholung.

Die Nahrung wird besser ausgenutzt, die Verdauung und Darmtätigkeit wird normalisiert, d. h. Pollen fördert die Arbeit aller Verdauungsorgane. Außerdem wird der Appetit besser. Pollen fördert das Wachstum, was wichtig ist für Kinder, die Heilung von Wunden und Knochenbrüchen usw.

In Pollen ist u. a. das Vitamin Riboflavin enthalten, das für die Besserung der Sehkraft nach Pollenkuren verantwortlich gemacht wird. Riboflavin (Vitamin B_2) beeinflußt die Netzhaut des Auges günstig.

Pollen wirkt fördernd auf Gehirn und Nerven und verbessert die Durchblutung der feinen Gefäße in Hirn und Herz. Damit kann die von mehreren Forschern beobachtete Hebung der Stimmung und Lebensfreude zusammenhängen, oder sie ist die Folge der verbesserten organischen Funktionen im Körper.

Wir sehen, alles spielt zusammen, man kann kaum Einzelwirkungen isolieren, bis auf eine Ausnahme:

Pollen enthalten weibliche Hormone. Wie alle Hormone wirken sie in unwahrscheinlich geringen Mengen. Die Behandlung von Prostatabeschwerden wird u. a. mit weiblichen Hormonen vorgenommen, bzw. sie werden zur Ergänzung neben anderen Medikamenten und nach einer Operation gegeben. Vor allem in Schweden werden Prostatabeschwerden mit Blütenpollen, die regelmäßig eingenommen werden müssen, erfolgreich behandelt. Pollen liefert ja nicht nur die Hormone, sondern auch natürliche Antibiotika, nämlich die entzündungshemmenden Inhibine, Vitamine, Aminosäuren und weitere Aroma- und Wirkstoffe zur Hebung des Allgemeinbefindens. Diese Kombination des Pollens, den die Bienen gesammelt und aufbereitet haben, dürfte einmalig sein und die Wirkung erklären, wenngleich die Forscher bei der Frage nach den genauen Ursachen ziemlich »im Dunkeln tappen«. Ob regelmäßige Pollenkuren oder täglicher Pollenverzehr grundsätzlich das Entstehen von Prostatabeschwerden mit allen Folgen verhindern können, läßt sich so einfach nicht sagen: Wer keine bekommt und Pollen ißt, weiß natürlich nicht genau, ob er ohne Pollen auch keine bekommen würde. Wer Pollen nimmt und Prostatabeschwerden bekommt, kann natürlich nicht wissen, ob er ohne Pollen diese Beschwerden früher oder stärker bekommen hätte. Sicher sind jedenfalls die Erfahrungen, daß bei Polleneinnahme mit wirklicher Hilfe, mit Milderung der Beschwerden vor allem bei den widerholt auftretenden Entzündungen zu rechnen ist, solange Pollen immer genommen werden, auch wenn der Patient sich gesund fühlt.

Nun aber zu dem praktischen Vorgehen: Man hat die Pollenhöschen getrocknet, in verschraubbaren Gläsern untergebracht und möchte den kostbaren Vorrat endlich nutzbringend für die Familie und sich anwenden. Es ist zu bedenken, daß jedes Pollenkorn von der Natur mit einer derben Haut umgeben ist, die Schäden durch Austrocknen bei Hitze, durch Quellen bei Nässe am Inhalt, d. h. an einer Hälfte des Erbgutes einer neuen Pflanze, fernhalten soll. Unsere Verdauung löst diese Haut kaum auf, solange sie unverletzt ist. Deshalb werden die Pollenhöschen, die zu den käuflichen Pollenkapseln verarbeitet werden, gemahlen und dann erst in die Kapseln verpackt. So erhält man die beste Verwertung und Wirkung aller Inhaltstoffe.

Für den Hausgebrauch kann man versuchen, kleine Mengen in der Kaffeemühle zu mahlen. Leider kommt es dabei häufig zu einem Verschmieren oder Verstopfen, aber vielleicht gibt es die eine oder andere Maschine, die befriedigend arbeitet.

Eine andere Möglichkeit besteht darin, die Pollenhöschen in Flüssigkeit oder flüssigem Honig zu lösen. Sie trocken herunterzuschlucken, dürfte nicht jedermanns Geschmack sein. In Milch oder Saft gelöst oder als Brotaufstrich in flüssigem Honig – jeder wird seinem Geschmack gemäß eine ihm passende Art, Pollen zu essen, herausfinden. Ob man es vorzieht, einen Monat im Jahr eine »Pollenkur« mit täglich einem gehäuften Eßlöffel voll Pollen durchzuführen (rund 25 g Pollen), oder täglich ein bis zwei Teelöffel nimmt, hängt ganz vom Befinden, Lebensalter und von der verfügbaren Pollenmenge ab.

Ältere Menschen mögen sicher mehr und über längere Zeit Pollen nehmen, jüngere dagegen bevorzugen vielleicht eine Pollenkur zu einer Zeit, in der sie unter besonderer Belastung stehen. Die einfache Frage, was denn am besten sei, kann natürlich nicht beantwortet werden – dazu sind alle unsere Lebensumstände viel zu verschieden.

Nur einen Grundsatz darf man nicht außer acht lassen, nämlich nie angeschimmelten oder sonstwie nicht ganz einwandfreien Pollen zu verzehren! Die Gifte der Schimmelpilze (Toxine) sind gesundheitlich bedenklich und verursachen im günstigsten Falle »nur« Verdauungsstörungen. Trockene, dunkle Aufbewahrung und sauberes Arbeiten beim Gewinnen und Trocknen stellen die obersten Gebote für einen wertvollen Pollenvorrat dar. Vergessen wir nicht: Die Bienen als rein vegetarisch lebende Insekten bauen aus dem Polleneiweiß sowie den im Pollen enthaltenen Fetten, Kohlehydraten, Vitaminen, Inhibinen, Fermenten und Hormonen als Wirkstoffen ihre Völker auf. Ein wenig dieses von ihnen so vollkommen aufgearbeiteten Pollens kommt mit vielfältiger Wirkung unserer Gesundheit zugute.

PROPOLIS, DAS KITTHARZ DER BIENEN

Der aufmerksame Imker stellt beim Reinigen oder Reparieren von Rähmchen, Beuten und Beutenteilen oft eine bei niedrigen Temperaturen glasig harte, spröde, rötlich-bräunliche Substanz fest, die entweder perlenartig aneinandergereiht oder wie einzelne Tropfen an den Oberseiten der Rähmchen oder in den Ecken der Beuten oder an Ritzen oder ohne erkennbaren Sinn und Zweck an den Beutenwänden verteilt haftet. Mit einem alten Messer lassen sich diese Beläge leicht lösen, da sie infolge ihrer Sprödigkeit abspringen. Wachs dagegen ist weich und von völlig anderer Struktur. Dieses **Propolis** wird von den Bienen an den Knospen der Bäume und Sträucher gesammelt. An den dicken Knospen der Kastanie fällt uns am ehesten der klebrige Schutz der braunen Schuppen über den zarten, noch nicht entfalteten Blättern auf, aber alle anderen Gehölze weisen einen ähnlichen Schutz ihrer Knospen auf. Aus dieser harzigen Substanz gewinnen die Bienen ihr Kittharz, das sie im Laufe ihrer Evolution entwickelten, um

153

Fremdkörper in ihrer Höhle oder Felsspalte »einzumauern« und dauerhaft Ritzen oder ein zu großes Flugloch zuzubauen. Die kleinen Bienen können nie eine tote Maus aus einer Baumhöhle entfernen, also wurde dieser infektiöse Fremdkörper, bevor er sich zu zersetzen begann oder Parasiten anzog, mit einer harten Substanz luftdicht und keimfrei überzogen und konnte dann der Volksgemeinschaft nicht mehr schaden. Mit derselben Substanz dichteten die Bienen zugige Ecken, Risse und Löcher und brachten das Flugloch auf eine richtige Größe. In den Kästen, in die wir unsere Bienen einquartieren, finden sie immer Stellen, an die sie Propolis kleben. Ritzen an zusammenstoßenden Bauteilen verkitten sie ebenso wie die Unterseite der Futtereimer, die man in die Kästen auf Absperrgitter oder Rähmchen stellt. An den Rähmchen und den Falzen der Zargen beim Magazin findet man häufig besonders viel Propolis. In den skandinavischen Ländern, in denen erheblich mehr Propolis verwendet und es gezielt gewonnen wird, macht man absichtlich »zugige« Beuten mit undichten Stellen, damit die Bienen mehr Propolis ablagern.

Untersucht man das Bienenkittharz, findet man als Bestandteile etwa zur Hälfte pflanzliche Harze und Balsam, ein Drittel Wachs, das die Bienen dazu mischen, und als restliche Anteile flüchtige Öle, Pollen, Asche aus Mineralstoffen wie Eisen, Calcium, Aluminium, Mangan, Silicium, Vanadium.

Wozu läßt sich Propolis verwenden? Erwähnt wurde es als Salbenzusatz, und zwar für Wundsalben wegen seiner desinfizierenden, aber auch leicht reizenden Wirkung. Diese Reizung fördert die Durchblutung und kann so die Heilung beschleunigen. Insgesamt weiß man nicht allzu viel über die Wirkung von Propolis als eine Art Naturheilmittel, weshalb hier mit Hinweisen und Empfehlungen vorsichtig umgegangen wird.

In früheren Zeiten bzw. möglicherweise heute noch, wurde Propolis in der zahnärztlichen Praxis in östlichen Ländern als schmerzhemmendes, narkotisierendes Mittel verwendet. Man nahm, was verfügbar war und eine gewisse Wirkung zeigte. Vorstellbar ist eine solche Wirkung: Wenn man eine Handvoll frisch abgekratztes Propolis in einem Glas zusammen hat und daran riecht, kommt es einem so vor, als würde man berauscht – der Duft hat etwas »Benebelndes« an sich. Das wird an den ätherischen Ölen liegen.

Für die Herstellung von Salben wird Propolis aufgekauft. Ob der gebotene Preis für die Mühe des recht langweiligen Abkratzens lohnend ist, mag dahingestellt sein. Die käufliche Propolis-Salbe scheint beliebt zu sein. Für den Haushalt dürfte die Herstellung zu kompliziert und umständlich sein, da die Wirkstoffe durch hochprozentigen Alkohol herausgelöst werden müssen.

Ein »Propolis-Aufgesetzter« bzw. -Schnaps oder -Likör für den Hausgebrauch läßt sich einfach herstellen, wenn auch unklar ist, wofür oder wogegen er wirksam sein kann: Einige Eßlöffel Propolis gibt man in dieselbe Menge 80%iger Alkohol und läßt dies etwa 4 Wochen stehen. Mehrmals wird umgeschüttelt, dann abgefiltert und dieses Konzentrat in einem »guten« Schnaps oder ähnlichem verdünnt. Es schmeckt nicht besonders, soll aber wie ein Magenbitter wirken.

Alte Verwendungen von Propolis als Zusatz zu Lederfett, Farben und Lacken, als Imprägniermittel und Dichtungsmittel sind heute aufgrund preiswerter, leicht beschaffbarer Rohstoffe nicht mehr sinnvoll. Die Rezeptur für eine selbst hergestellte Schuhcreme ist recht kompliziert und Zusätze wie Walrat usw. dürften kaum zu besorgen sein.

Dennoch wird hier ein Rezept für einen Lack aus Kittharz, der sich für Bienenkästen und -häuser eignet, genannt, denn die giftigen Holzschutzmittel sollten, wie schon gesagt wurde, nicht in Berührung mit den Bienen kommen, so gut sie auch für den Schutz des Holzes sind. Wer Freude an der Herstellung eines eigenen Anstrichmittels für die hölzernen Teile seiner Imkerei hat, möge ihn sich nach einem alten Rezept zusammenmischen:

Man gibt 150 g Propolis in eine abdeckbare Schüssel und fügt ½ l Salmiakgeist hinzu. 24 Stunden bleibt die Mischung zugedeckt stehen. Dann kocht man die Lösung unter ständigem Rühren und gießt langsam 2 l Wasser hinzu. 15 Minuten muß die Lösung kochen. Man läßt die Lösung abkühlen auf rund 30 °C und grundiert die zu streichenden Teile mit der noch warmen Lösung. Nach dem Trocknen wird noch ein- bis zweimal gestrichen und abschließend mit einem weichen Lappen poliert. Man erhält einen matt glänzenden Anstrich, der es mit jeder anderen nicht giftigen, aus natürlichen Zusätzen bestehenden Farbe aufnehmen kann.

Ein altes Dichtungsmittel für Holzgefäße, die man z. B. zum Bepflanzen nehmen möchte, besteht aus in 60%igem Alkohol gelöstem Propolis. Eine bestimmte Menge Propolis löst man in ungefähr der doppelten Menge Alkohol (60%ig) völlig auf und überzieht damit ein- oder mehrmals die Innenseite des Holzgefäßes. Man »imprägnierte« so früher Tränkeimer und ähnliches.

Lassen wir uns überraschen, was über weitere, vor allem medizinische Verwendungsmöglichkeiten von Propolis im Laufe der Jahre von der Forschung herausgefunden wird. Von den Inhaltstoffen her dürfte einiges zu erwarten sein, wenn man den Gehalt an verschiedenen natürlichen Antibiotika denkt. Vielleicht werden auch uralte Rezepturen zu neuen Ehren kommen, wenn man ihre Wirkungen erforscht und so manche alte Erfahrung bestätigen kann.

BIENENWACHS

Über das Wachs wurde bisher im Zusammenhang mit den Vorgängen im Bienenvolk und der Behandlung alter Waben und ihrem Einschmelzen sowie der Wabenaufbewahrung und der Wachsmotte ausführlich berichtet. Nun gibt es im Haushalt einige sinnvolle Möglichkeiten, das im Sonnenwachsschmelzer (oder in Gemeinschaftsarbeit im Dampfwachsschmelzer) gewonnene Wachs zu verwerten. Den größten Teil des anfallenden Wachses wird der Imker natürlich benötigen, um es gegen Mittelwände einzutauschen, von denen er für jedes Volk und jeden Ableger 5–7 Stück im Jahr zum Ausbauen braucht.

Die Zeiten, in denen das Bienenwachs zur Herstellung von Kerzen in großen Mengen benutzt wurde, sind vorbei. Wachs war z. B. in Mitteleuropa seit der Völkerwanderung eine gefragte Handelsware. Es gab Wachsabgaben an Kirchen und Klöster für die Sicherstellung der Kirchenbeleuchtung. Der Wachsbedarf war einer der Gründe, weshalb in den Klöstern zu den übrigen Wirtschaftszweigen der Selbstversorgung stets eine Imkerei gehörte. Jahrhundertelang blieben die duftenden, klaren Wachskerzen aus Bienenwachs ein luxuriöses Gut, das sich nur die begüterten Stände erlauben konnten. Die Erfindung des billigen Stearins für die Kerzenherstellung brachte die Wende und ließ das Bienenwachs als Kerzenrohstoff unbedeutend werden. Inzwischen wird in Kerzen gehobener Qualität Bienenwachs beigemischt, bzw. man kann auch reine Bienenwachskerzen kaufen und sich an dem Wachsduft erfreuen. Kerzen aus dem eigenen Bienenwachs? Als Hausfrau wird die Imkerin sich bedanken, wenn experimentierfreudige Imker in der Küche Kerzen gießen möchten. So einfach ist das nicht, und der Anfall an hartnäckigem Schmutz (Wachsflecken) und die Mühe des Saubermachens steht in keinem Verhältnis zum Endergebnis. Da ist es besser, aus übrigen oder zusätzlich eingetauschten Mittelwänden Kerzen zu rollen. Ein Baumwolldocht (bitte extra Dochtgarn besorgen, Topflappenbaumwolle eignet sich nicht gut!) wird an den Anfang einer längs durchgeschnittenen Mittelwand gelegt und die leicht angewärmte und daher biegsame Mittelwand vorsichtig gerollt. Aus einer Mittelwand erhält man so zwei schöne Kerzen, deren Höhe und Dicke vom jeweiligen Rähmchenmaß abhängen.

Wie alles übrige, das die Bienen herstellen, weist auch das Wachs eine antibiotische Wirkung auf. Das nutzten schon die Ärzte der Antike aus, die Wachs als Salbengrundlage verwendeten. Heute besitzt zwar der Apotheker eine ganze Reihe verschiedener Salbengrundlagen wie Vaseline, Lanolin usw. Früher nahm man tierische Fette wie Schweineschmalz, Rindertalg, Gänsefett zusätzlich, aber gereinigtes Bienenwachs hat vor allen anderen

156

Salbengrundlagen die antibiotische Komponente und einen außerordentlich hohen Vitamin-A-Gehalt. Das fettlösliche Vitamin A gilt als Schutz- und Wachstums-Vitamin für die Haut und alle Schleimhäute und stellt daher für eine Salbengrundlage einen sinnvollen Zusatz dar, obgleich unter Dermatologen die Vitaminaufnahme durch die Haut nicht unumstritten ist. Dennoch bleibt es dabei, daß Wachs die Haut weich und geschmeidig macht und als angenehm empfunden wird. Nicht umsonst ist es in Salben antiker Königinnen ebenso enthalten wie in modernen Kosmetikpräparaten. Besonders die Produkte der »Naturkosmetik« enthalten Bienenwachs.

Im Haushalt lohnt es sich, einige Salben für den täglichen Gebrauch selbst herzustellen. Am besten und einfach anzusetzen ist eine Ringelblumensalbe, die eine wirklich hervorragende Wirkung bei kleinen Wunden, Schürfungen, rauhen Händen, Schrunden, Frostrissen usw. hat. Selbst bei Fußpilz, der eine rissige, abspringende Haut an Zehenunterseite und Fußballen hervorruft, wurde eine verblüffend gute Wirkung beobachtet.

Ringelblumensalbe: Eine Handvoll frische Ringelblumen-Blüten* (Calendula officinalis) oder einen großen Eßlöffel getrockneter Blütenblätter der Ringelblume wird in ungefähr 200 ml Olivenöl auf kleiner Flamme etwa 20 Minuten gekocht. Bitte gutes, kalt gepreßtes Olivenöl nehmen. Anschließend filtert man das Öl ab, z. B. durch einen Kaffeefilter oder, wer es schneller haben möchte, durch ein feines Sieb. Das gefilterte, nun orange gewordene Öl stellt man auf die Seite und erwärmt im Wasserbad ein Porzellangefäß mit 40 g reinem Bienenwachs, am besten aus dem Sonnenwachsschmelzer. Als Porzellangefäß eignet sich eine ausrangierte Tasse ohne Henkel, die man nur für diesen Zweck nimmt. In das geschmolzene Wachs gießt man das gefilterte Öl und läßt alles unter dauerndem Rühren abkühlen. Das Rühren ist sehr wichtig, damit die Salbe gleichmäßig wird und gut zu verstreichen geht.

Bevor die Salbe fest wird, kann man noch einige Tropfen Melissenöl unterrühren.

Die Salbe wird in verschraubbaren Salbendosen aufbewahrt und hält bei nicht zu warmer Lagerung etwa ein Jahr, d. h. innerhalb eines Jahres sollte sie aufgebraucht werden.

Bei dieser Zubereitung erhält man eine milde, nicht reizende Salbe. Es gibt andere Zubereitungen der Ringelblumensalbe, die für die Behandlung von Krampfadern geeignet sind und nicht für offene Wunden.

---

* Die Ringelblume, eine alte Bauerngartenpflanze und gute Bienenweide, ist ein kräftig orange bis gelber Korbblütler. Wuchshöhe der einjährigen, durch Aussamen immer wieder kommenden Pflanze: bis 50 cm, Blütezeit von Juni bis zu den ersten Frösten. Die Blüten-»Blätter« der Scheinblüte werden zu Tee und zur Salbenbereitung in der Vollblüte gesammelt.

Eine andere, alt bewährte Heilsalbe kocht man auf die beschriebene Weise aus Wachs, Olivenöl und Arnikatinktur statt des Ringelblumenöles.

Eine milde Hautcreme für Gesicht und Hände bei allgemein trockener Haut läßt sich aus verschiedenen Ölen und Wachs sowie etwas Rosenwasser herstellen:

Hautcreme mit Rosenwasser: Im Wasserbad erwärmt man ein Porzellangefäß mit 35 g Mandelöl, 10 g Lanolin, 16 g Olivenöl und 15 g Bienenwachs (helles aus dem Sonnenwachsschmelzer). 40 bis 50 g Rosenwasser erwärmt man getrennt und gießt es dann unter Rühren in die Öl-Wachsmasse. Unter dauerndem Rühren läßt man die Salbe abkühlen und füllt sie in mehrere kleine Töpfchen. Die Haltbarkeit bei kühler Lagerung beträgt ein halbes Jahr.

Nicht nur als Salbe für die menschliche Haut wurde Wachs benutzt. In früheren Zeiten einschließlich der Notzeiten während und nach den letzten Kriegen stellten die Hausfrauen Bohnerwachs, Lederfett, Schuhcreme, Möbelpolitur unter Zuhilfenahme von Bienenwachs her.

Eine einfache Anwendung von sauberem Bienenwachs möchte der nicht missen, der alte Möbel aufarbeitet oder pflegt: Ein Klümpchen Wachs auf ein weiches Tuch gegeben, und man hat das beste Politurmittel für altes Holz. Wurmlöcher verschließt man ebenfalls mit Wachs, mühsam zwar, aber für das alte Holz ein geeignetes Verfahren zur Erhaltung seiner Schönheit. Da wir gerade beim Holz sind: Ein brauchbares Baumwachs für das Schließen von Wunden beim Obstbaumschnitt kann selbst gemischt werden, sofern man heute die Zutaten bekommt.

Baumwachs: 50 g Bienenwachs, 100 g Harz (Im Wald sammeln), 50 g Terpentin und 20–30 g Schweineschmalz werden in einem alten Topf geschmolzen. Nach dem Erkalten kann man die Masse in Stangen oder Würfel schneiden. Bei Bedarf erwärmt man, soviel wie benötigt wird, und streicht es mit einem Pinsel auf die Baumwunden.

Dies waren mehr praktisch geprägte Anwendungsgebiete vom Bienenwachs. Es gibt noch eine bedeutende medizinische Anwendung von Wachs in Verbindung mit Honig, nämlich das Kauen von Honigwaben. Seit Jahrhunderten stellte der »**Scheibenhonig**« der Heidimker eine begehrte Spezialität dar. In einer Chronik des Klosters Sankt Gallen berichtet der Chronist Ekkehard um das Jahr 1000, daß auch Wabenhonig zum gebräuchlichen Essen gehörte, selbstverständlich aus eigener Erzeugung. In den »Buddenbrooks« berichtet Thomas Mann von Scheibenhonig, der auf dem Frühstückstisch im Lotsenhause in Travemünde steht: »Dem Scheibenhonig können Sie vertrauen, Fräulein Buddenbrook ... Das ist ein reines Naturprodukt ... Da weiß man doch, was man verschluckt ...«.

Beim Kauen von Wabenhonig schluckt man den Honig in kleinen Portionen hinunter, kaut das unverdauliche Wachs eine Weile und spuckt es dann aus. Dabei scheinen flüchtige Stoffe frei zu werden, welche sich im Rachenraum ausbreiten. Welche Stoffe das sind und wie sie genau wirken, weiß man nicht, aber fest steht, daß Asthmatikern und an Heuschnupfen leidende Allergiker durch das Mitkauen von Wachs Erleichterung verspüren. Das regelmäßige Kauen von Wabenhonig bzw. dem Wachs soll die Atemwege vor Anfälligkeit gegen alle Arten von Schnupfen schützen. Diese alte Erfahrung der Volksmedizin sollte man nicht vergessen, auch wenn uns für akute Erkrankungen mehr als genug Medikamente zur Verfügung stehen. Wer häufig unter »verstopfter Nase« leidet, ist mit regelmäßigem Wabenkauen in der Lage, dieses Problem zu mildern. Selbst bei Stirnhöhlenkatarrhen wurden gute Erfahrungen mit Wabenhonig gemacht. Natürlich muß eine heftige Stirnhöhlenvereiterung ärztlich behandelt und darf auf keinen Fall verschleppt werden. Gegen die Unterstützung der Behandlung mit dem Wachskauen sowie einer Fortsetzung zur Vorbeugung wird kein Arzt etwas haben. Besser ist es, nicht eine so ernste Erkrankung entstehen zu lassen und bei erblicher Anfälligkeit der Atemwege sich vor den gefährlichen Jahreszeiten »Wachs-Kuren« anzugewöhnen.

Wie erhält der Imker Wabenhonig? Legt man keinen besonderen Wert auf eine gezielte Erzeugung von Wabenhonig, begnügt man sich meist mit Zufallsprodukten wie beispielsweise den »Wäbchen« im Baurahmen, die bei guter Tracht mit Honig vollgetragen werden, oder mit Wildbau in einem leeren Rahmen oder in der Futtertasche. Das Problem ist, daß eine überreiche Tracht herrschen muß und die Bienen zum Füllen aller verfügbaren Zellen anregen muß. Das ist bei uns selten genug der Fall.

Man kann auf einem anderen Weg mehr Wabenhonig erhalten, wenn man Bedarf an ihm hat und deshalb einige zusätzliche Arbeit nicht scheut. Man nimmt einem fleißigen Volk die Honigwaben aus dem Honigraum und stellt in den leeren Honigraum leere Honiggläser mit der Öffnung nach unten auf das Absperrgitter. An die Innenwände der Gläser oder Becher lötet man passend zurechtgeschnittene Mittelwandstücke mit einigen Tropfen flüssigen Wachses. Meist bauen die Bienen zwischen den Gläsern, und man kann sie nur schlecht herausnehmen und zerstört dabei den Wildbau, in dem auch Honig sein kann. Deshalb ist es sinnvoll, aus Sperrholz eine Platte in der Größe des Absperrgitters zu sägen und in der passenden Größe der Glasöffnungen Löcher hineinzusägen, damit die Bienen nur in die Gläser können. Gewiß, das sagt sich leichter, als es durchgeführt werden kann. Wer aber Wabenhonig zur Linderung seiner Atemwegs-Leiden oder seines Heuschnupfens benötigt, wird nach einem ersten Probieren, ob der

Wabenhonig hilft, gerne diese Mühe auf sich nehmen, was für ein Kind ebenso wie für den Ehepartner gilt.

In Honigjahren mit gutem Ertrag füllen die Bienen die kleinen Wäbchen in den Gläsern schnell voll, in schlechten Jahren muß der Imker nachhelfen und »normal« geernteten Honig füttern, der dann zum größten Teil in die Gläser getragen wird bis auf einen gewissen Anteil, den die Bienen in der Nähe des Brutnestes als Honigkranz lagern.

Kurz und gut, wer sich an die Hilfe von Wabenhonig bei Beschwerden der Atemwege gewöhnt hat, wird Wabenhonig nicht mehr missen wollen. Wer dagegen bei sich oder in der Familie damit keine Probleme hat, wird sich kaum für ihn interessieren.

BIENENGIFT UND GELÉE ROYALE (KÖNIGINNENFUTTERSAFT)

Mit diesen beiden Bienenprodukten verlassen wir die in der Selbstversorgung möglichen Nutzungen der Bienenprodukte und erwähnen beide der Vollständigkeit halber.

Das **Bienengift** bekommt jeder zu spüren, wenn er von einer Biene gestochen wird. Je nach Empfindlichkeit des betroffenen Körperteils und der jeweiligen Person kommt es zur Schwellung um die Einstichstelle in mehr oder weniger starkem Ausmaß. Die Bienen besitzen gleich am Stachel die Giftblase, die bei der eben geschlüpften Biene noch leer und erst mit dem 15. bis 20. Lebenstag gefüllt ist und dann etwa 0,3 mg flüssiges Gift enthält. Nach dieser Zeit bildet sich die Giftblase zurück und enthält entsprechend weniger Gift. Die jungen und die alten Bienen stechen also weniger »giftig« als die im mittleren Alter. Dazu kommt der Einfluß der Jahreszeit: Die mit viel Pollen im Frühjahr und Frühsommer aufgezogenen Bienen bilden mehr Gift als die Winterbienen.

Über die Wirkung des Bienengiftes wußten schon die alten Ägypter Bescheid und benutzten zerriebene Bienen als Einreibemittel. In Mitteleuropa wurde in der Volksmedizin ebenfalls Bienengift bei Rheuma, Gicht und Nervenschmerzen angewendet. Nach einer Legende sollte Karl der Große (um 800) durch Bienenstiche von seinen Gichtschmerzen befreit worden sein. Ob das nun stimmt oder nicht, es zeigt jedenfalls die Kenntnis der damaligen Ärzte um die Heilwirkung des Bienengiftes. Mit den heutigen Untersuchungsmethoden wurden die Wirkstoffe gefunden, nämlich verschiedene Polypeptide, komplizierte organische Verbindungen aus Aminosäuren mit anderen Stoffgruppen. Der mengenmäßig bedeutendste Stoff ist

160

Weißklee (Trifolium repens), wertvoll für Rinder und Bienen.

Luzerne (Medicago sativa), die »Königin der Futterpflanzen« – auch etwas für die Bienen.

Bienenstand in den Schweizer Alpen.

Bienenfreundlicher Wegrand im Hochsommer mit Klatschmohn, Ackerglockenblume, Geruchlose Kamille.

Einfacher Bienenstand ohne Schleuderraum in Mittelfranken, sinnvoll, preiswert.

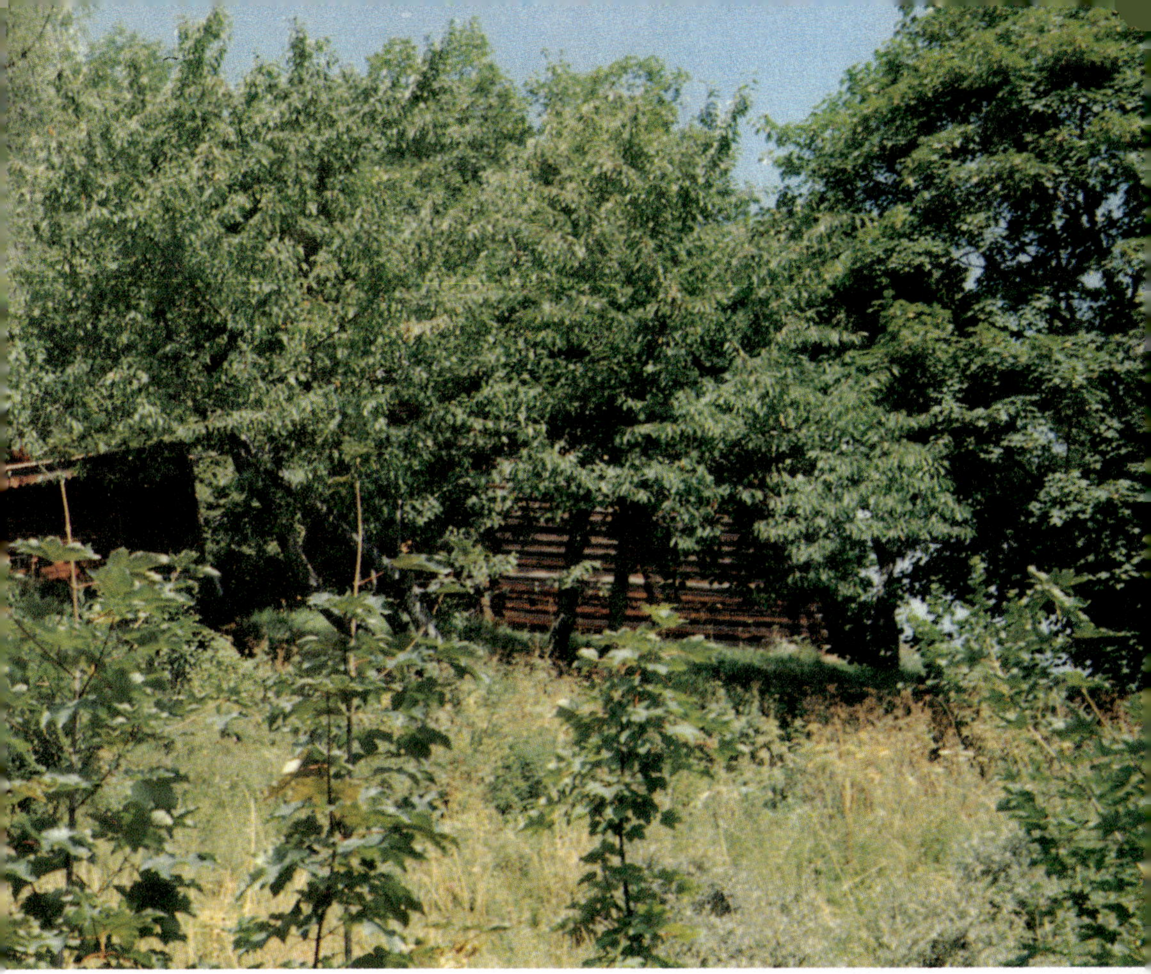

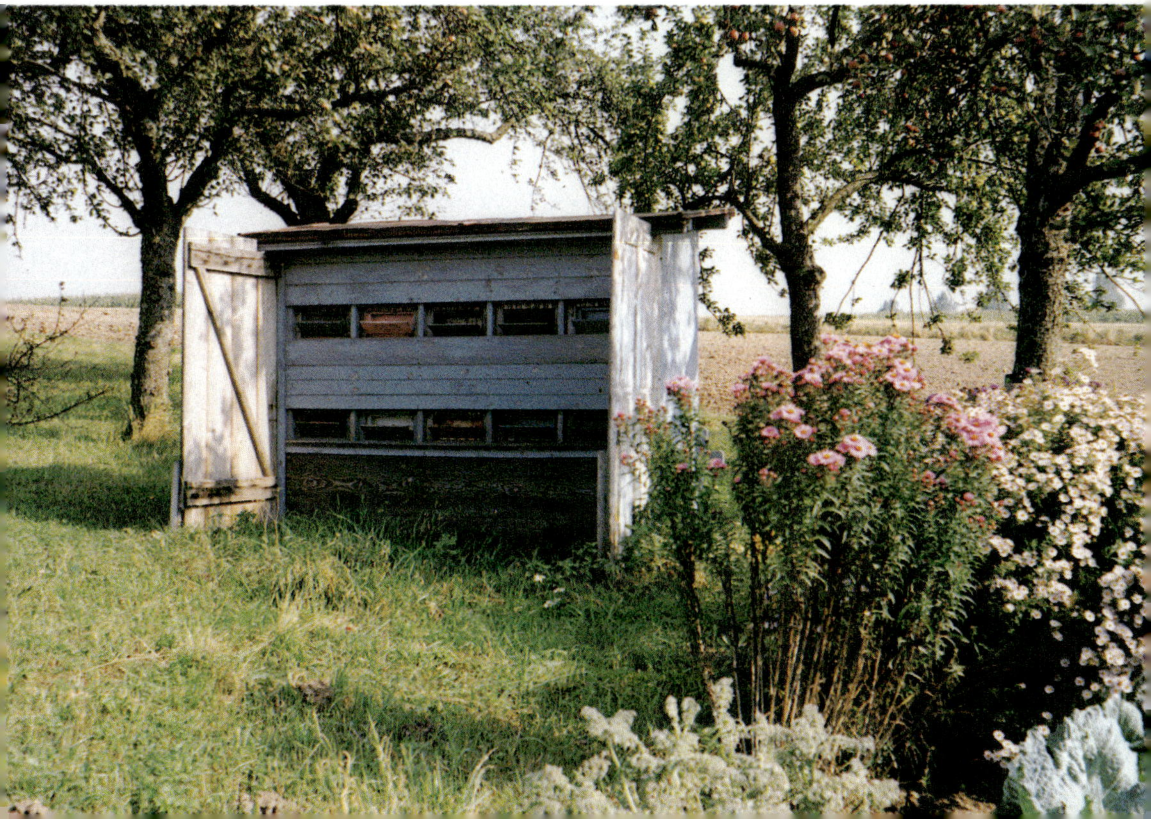

Phazelia, die »Königin der Bienenpflanzen«, als Begrünung des Komposthaufens.

Honigtau im Wald: Fichtenzweig mit Blattlauskolonie (schwer zu erkennen) und Honigtautropfen (klebrig, süß).

Melittin; als Hauptgift kann man es bezeichnen. Auch für das Bienengift gilt das zu den übrigen Bienenprodukten gesagte: Das Zusammenspiel der verschiedenen Inhaltstoffe macht die eigentliche Wirkung aus.

Das Bienengift für Salben gegen Rheuma und Nervenschmerzen wird gewonnen, indem man Bienen in saugfähige Unterlagen stechen läßt und anschließend aus diesen Unterlagen das Bienengift isoliert und weiter aufarbeitet. In einer hochmodernen pharmazeutischen Fabrik wird Salbe hergestellt, die den Patienten die für uns heutigen Menschen die unangenehme Prozedur erspart, sich regelmäßig von Bienen stechen zu lassen. Dennoch haben laut Statistik Imker weniger Rheuma als die »Durchschnittsbürger«. Ohne statistische Zahlen zu überschätzen, läßt sich dies aus der Wirkung eines Bienenstiches erklären:

Die Biene spritzt ihr Gift in die Haut, das sofort in die feinen Blutgefäße der Lederhaut gelangt. Es verteilt sich in der Umgebung der Stichwunde und ruft dort eine Entzündung hervor, sofern nicht ein alter, völlig immuner Imker gestochen wird. An dieser Stelle strömt reichlich Blut zusammen, sorgt für die Schwellung und regt die Bildung von Abwehrstoffen an. Gleichzeitig wird von der Nebennierenrinde Cortison ausgeschüttet, weshalb zwei Wirkungen zusammenkommen, die örtliche über die Entzündung und die Produktion von Abwehrstoffen und die allgemeine Wirkung über die Hormonausschüttung. Bei der Behandlung rheumatischer Leiden wird häufig künstliches Cortison gegeben, wenn man auch wegen der unerwünschten Nebenwirkungen damit zurückhaltender geworden ist. Die durch einen Bienenstich angeregte »natürliche« Cortison-Gabe, die ein Imker ohne viel Federlesens öfter genießt, dürfte diese Nebenwirkungen kaum auftreten lassen. Ob diese Bienenstiche vorbeugend wirken? Vielleicht, ein genauer Nachweis wird schwierig sein. Jedenfalls helfen Injektionen und/oder Einreibungen mit bienengift-haltigen Mitteln bei Muskel- und Gelenkrheumatismus und Nervenschmerzen und -entzündungen.

Über die Allergie gegen Bienengift, die heute im Vergleich zu früher häufiger vorkommt, wird im Zusammenhang mit der ersten Hilfe bei Bienenstichen berichtet.

Der besondere Futtersaft, mit dem eine königliche Made für ihre Entwicklung zur Königin gefüttert wird, unterscheidet sich im groben nicht vom Futtersaft für Arbeiterinnen-Maden. Den feinen Unterschied herauszufinden, wurde die modernste chemische Analysentechnik gefordert, mit der die Forscher hormonähnliche Stoffe fanden. Als **Gelée royale** oder Weiselfuttersaft oder Königin-Futtersaft kam er vor allem aus dem angelsächsischen Raum als ein wahres Wundermittel in den Handel. Die Werbung überschlug sich in schönen Reden von einer Förderung der Vitalität,

Verjüngung, Heilung von Depressionen und dergleichen mehr.

Inzwischen hat sich der Wirbel gelegt, so daß man nüchtern die Frage nach der Wirksamkeit von Gelée royale beantworten kann: Gewiß wurden an geschwächten Patienten Besserungen des Befindens beobachtet, aber sonst gibt es zu viel widersprüchliche Meldungen und Berichte, um die Sache ernst zu nehmen. Imkerinnen, die an sich selbst bei täglicher Einnahme von Weiselfuttersaft erfuhren, daß ihr Hormonhaushalt durcheinanderkam und Regelstörungen eintraten, raten davon ab. Außerdem muß man bedenken, wie mühsam die Gewinnung und wie hoch der Preis von verarbeitetem Gelée royale ist!

Den Völkern, die zur Futtersaft-Gewinnung herangezogen werden, entnimmt man die Königin und gibt Zuchtrahmen, die vorher in jeden Weiselbecher eine Larve erhielten. Die zahlreichen Larven nimmt das weisellose Volk in »königliche« Pflege. Nach zwei bis zweieinhalb Tagen werden die Zuchtrahmen entfernt, eine neue Serie hereingehängt und aus den entnommenen Weiselbechern der Futtersaft herausgeschabt. Großimkereien, die sich mit dem Verkauf von Gelée royale befassen, haben ihre »Geheimverfahren« für eine möglichst ergiebige Ausbeute, dennoch ist es ein mühsames, arbeitsreiches Geschäft und daher nicht besonders ratsam, zumal man mit Honig und dem leichter zu erhaltendem Pollen für die Gesundheit sicher keine schlechtere Wirkung erwarten kann.

Meist wird Gelée royale zusammen mit Ginseng, Pollen und Vitaminen in Kapseln oder Pillen angeboten. Was von diesen Bestandteilen überwiegend wirkt, läßt sich kaum feststellen. Was davon zu halten ist – das Urteil muß jeder selber fällen.

Eine kleine Modellrechnung
für die Selbstversorger-Imkerei

Wer Honig kauft, weiß, wieviel Geld er für eine bestimmte Menge ausgeben muß. Wer ihn selbst erzeugt, bzw. die Bienen für die Honiggewinnung hält, hat es mit dem Ausrechnen des eigenen Honigpreises etwas schwieriger. Nun wurde zu Beginn dieser Schrift gesagt, daß die Imkerei kein unnützes, nur Geld verschlingendes Hobby darstellt, sondern für eingesetzte Arbeit und bereitgestelltes Kapital eine Belohnung im Wert der Honigernte zu erwarten ist.

Den Neuimker interessiert, wie teuer insgesamt die Erstausstattung an Geräten und Bienenkästen für eine kleine Imkerei zwischen 5 und 10 Völkern wird, welche Geräte in welchem Zeitraum erfahrungsgemäß ersetzt werden müssen und welche ein ganzes »Imkerleben« lang halten.

Grundsätzlich gibt es zwei Gruppen von Neuimkern: 1) Diejenigen, die eine aus Altersgründen oder wegen eines Todesfalls aufgegebene komplette Imkerei übernehmen, sind für den Anfang meist gut ausgestattet und werden nach und nach verbrauchte, veraltete Kästen oder Geräte gegen neue austauschen. 2) Diejenigen, welche mit einem geschenkten Schwarm oder zwei gekauften Ablegern anfangen, müssen Geräte und Kästen neu oder teilweise gebraucht besorgen.

1) Einige Faustzahlen und allgemeine Bemerkungen zu den Folgekosten bei der Übernahme einer älteren kleinen Imkerei. Natürlich hängt es vom Zustand und Alter der einzelnen Bestandteile ab, wann etwas ersetzt werden muß. Beispielsweise übernahmen wir zu Beginn unserer Imkerei alte Zander-Trogbeuten, d. h. einen dickwandigen Brutraum im Zandermaß und zu jedem Brutraum einen dünnwandigen, aufsetzbaren Honigraum, die der längst verstorbene Imker in den 30iger Jahren selbst in seiner einfachen Werkstatt baute. An einigen dieser Kästen ersetzte mein Mann die Böden und Flugbrettchen; die meisten erhielten einen neuen Anstrich – das war

alles Nötige. Die Schleuder dagegen ist heute nicht mehr in Benutzung, wenn sie auch in Reserve steht und durch Löten schadhafter Teile und einen Anstrich wieder benutzbar gemacht wurde.

Übernimmt man eine Imkerei in der genannten Größenordnung, wird ein Preis von 500 bis 1000 DM einschließlich etwa 5 Bienenvölkern und aller Geräte, Kästen, Rähmchen und Waben gerechtfertigt sein. Dazu rechnet man Material für die nötigen Reparaturen in Höhe von vielleicht 100 bis 200 DM.

Etwas anders sieht es aus, wenn der vorhandene Kastentyp unpraktisch und veraltet ist oder sich für eine geplante Freiaufstellung nicht eignet. In solch einem Falle empfiehlt sich die Anschaffung einfacher Magazinbeuten (Armbruster Sparstock, Erlanger Magazinbeute in verschiedenen Ausführungen, Hohenheimer Wanderbeute u. a.), für die man bei drei Zargen, Boden- und Deckelteil Anschaffungskosten von 250 bis 350 DM rechnen muß in der Holzausführung. Die Kunststoffbeuten sind etwas billiger. Nur muß man bei ihnen bedenken, daß man sie kaum reparieren kann, während Holzbeuten sehr gut ein Imkerleben lang instandgehalten werden können. Großimkereien reparieren meist nicht, sondern werfen alle 5–10 Jahre die aufgebrauchten Beuten (durch den intensiven Wanderbetrieb bedingt) hinaus. Bei einer Neuanschaffung der Beuten fallen 1500–2000 DM an. Bei Zusammenbau der Einzelteile, die von mehreren Schreinereien für verschiedene Magazin- und Trogbeuten geliefert werden, spart man rund 150 DM pro Beute. Muß die Schleuder neu besorgt werden, wird zu einer Edelstahlschleuder mit 4 Waben geraten, die zwischen 600 und 700 DM kostet. Wer Glück hat, kann von einem Imkerkollegen, der sich eine größere Schleuder anschafft, eine 3- oder 4-Waben-Schleuder günstig erhalten. Normalerweise hält eine Schleuder ein Imkerleben lang, wenn man dem Antrieb gelegentlich einige Tropfen Öl gönnt, sie gut sauber hält und nicht allzu rauh mit ihr umgeht.

Dinge wie Lederhandschuhe, Schleier mit oder ohne Hut und ein Arbeitskittel halten zwischen 5 und 10 Jahre und müssen meist neu angeschafft werden, was mit etwa 80 DM zu veranschlagen ist. Fegebesen, Stockmeißel und Pfeife kauft man meist nur einmal, während die Lebensdauer eines »Smokers« nicht unbegrenzt ist und er vielleicht etwa alle 10 Jahre erneuert werden muß.

So ergibt sich für einen Neuimker, der eine alte, aufgegebene Imkerei übernimmt, folgende Überschlagsrechnung:

Geräte, gebraucht aus aufgegebener Imkerei
(5–10 Bienenkästen, Stockmeißel, Fegebesen,
Imkerpfeife, Wabenlöter, Honigschleuder, Honigsieb,
Entdeckelungsgabel, Kleingeräte ...)   500,–

nötige Ergänzungen
10 Honigeimer (10 kg)	40,-
2. Honigsieb	20,-
Imkerschleier	30,-
Handschuhe mit hohen Stulpen	20,-
»Smoker« (Rauchbläser)	30,-
	640,-

Dies sind ungefähre Preise, es gibt billigere und teurere Handschuhe und Schleier usw., die Preise für Siebe, Eimer usw. sind ebenfalls nicht immer gleich, aber das Niveau der Preise stimmt (Basis 1984).

Neue Bienenkästen und eine neue Schleuder würden grob gerechnet 2000,- DM zusätzlich kosten.

Möchte man einen festen Kostensatz für ein Jahr aufgrund einer Abschreibung von 5 %, d. h. in 20 Jahren sind die Geräte verbraucht und müssen neu angeschafft werden, seiner Imkerei zugrunde legen, wären dies bei einer runden Summe von 3000,- DM 150,- DM pro »Bienenwirtschafts-jahr«. Bei einer mittleren Völkerzahl von rund 7 Völkern, bei einer Schwankung von 5 bis 10 Völkern, bedeutet das für jedes Volk etwa 10,- an »Fixkosten« für Geräte und Kästen.

Dazu kämen die Kosten für die Aufstellung, die je nach den Verhältnissen des Imkers von der kostenlosen Freiaufstellung im eigenen Garten bis zum gepachteten Bienenhaus mit einer spürbaren geldlichen Belastung reichen. Ein Bienenhaus ist nur zu befürworten, wenn in oder an der Wohnung kein Raum für die Lagerung der Waben, Bienenkästen, Geräte und alle Arbeiten vorhanden ist. Ein Bienenhaus für 5 bis 10 Völker kostet von 2000,- DM aufwärts, wobei durch Eigenleistung erheblich gespart werden kann. Bei guter Instandhaltung und Pflege hält es mindestens eine Imkergeneration lang und würde bei einer angenommenen Abschreibung von 50 Jahren oder 2 % im Jahr einschließlich einem Pauschbetrag für Farbe, Dachpappe und andere hin und wieder erneuerungsbedürftige Teile von 50,- DM/Jahr die festen Kosten um 90,- DM erhöhen. Die Pacht für das Aufstellen auf einem nicht dem Imker gehörenden Grundstück dürfte sehr unterschiedlich ausfallen. Während in abgelegenen ländlichen Gebieten am Waldrand das Aufstellen eines Bienenhauses vielleicht umsonst ist oder nur ein paar Mark kostet, kann in der Nähe von Ballungsgebieten dies anders aussehen. Die Forstverwaltungen haben bestimmte Vorschriften über die Pachthöhe, die am zuständigen Forstamt zu erfragen sind, falls man das Bienenhaus auf einer zum Staatswald gehörenden Fläche aufstellen darf.

So kommen wir insgesamt auf feste Kosten pro Volk bei einer kleinen Imkerei von 10,- bis ungefähr 30,- DM/Jahr. Das entspricht einem Gegen-

wert von 1 bis 2,5 kg Honig, wenn von einem niedrigen Honigpreis von 12,–
DM/kg ausgegangen wird.

Die Gesamtkosten müssen noch um die veränderlichen Kosten ergänzt
werden, die z. B. die Futterkosten und die Kosten des Räuchermittels gegen
die Varroa-Milbe, die Schwefelschnitten gegen die Wachsmotten usw. Sie
dürften sich auf 30,– bis 50,– DM pro Volk und Jahr belaufen und entsprechen einem Gegenwert von 2,5 bis 3,5 kg Honig.

Die Arbeitszeit des Imkers wird nicht gerechnet. Wer Freude daran hat,
den Wert seiner imkerlichen Arbeitsstunde auszurechnen, mag dies anhand
seiner tatsächlichen Honigerträge durchführen. In unserem Zusammenhang interessiert, daß zur Deckung aller Kosten ein Bienenvolk ungefähr 3,5
bis 6 kg Honig liefern muß. Jeder Ertrag darüber stellt einen »Gewinn« dar.
Bei den in Mitteleuropa üblichen Durchschnittserträgen einer Standimkerei
(d. h. ohne Wanderung) von 10 bis 17 kg/Volk und Jahr kann davon ausgegangen werden, daß sich die Honigerzeugung mit eigenen Bienen lohnt.
Einzelne Jahre ohne Erträge sind nicht auszuschließen, aber man darf ja
nicht ein Mißjahr überbewerten. Dafür gibt es auch andere, gute Jahre.

Streng genommen, müßte man noch die Ablegerbildung oder den gele-
gentlichen Kauf einer jungen Königin oder eines Ablegers durchrechnen,
aber für eine Selbstversorger-Imkerei scheint mir das übertrieben. In den
Durchschnittserträgen ist genug »Luft« für eine Auffrischung des Bestandes,
und das reicht für unseren Rahmen.

2) Im wesentlichen gilt das bisher gesagte auch für den Neuimker, der mit
neu gekauften Geräten und Kästen beginnt. Die »Einstiegsumme« liegt
höher. Durch den Selbstbau z. B. der Beuten aus vorgefertigten Einzelteilen
läßt sich bei 10 Magazinbeuten mit je drei Zargen 1000,– bis 1500,– DM ein-
sparen. Eine gebrauchte Schleuder ist um die Hälfte mindestens billiger als
eine neue (eine Anzeige in der Imkerzeitung lohnt sich dafür!). Im folgenden nun die Beispielsrechnung:

10 Magazin-Beuten	3000,–
4-Waben-Schleuder	700,–
10 Honigeimer aus Plastik (10 kg)	40,–
Entdeckelungsgabel	15,–
Honigspaten	15,–
Stockmeißel	6,–
»Smoker«	30,–
Fegebesen	5,–
Rähmchenlocher	15,–
Wabenlöter	45,–
Schleier	30,–

Handschuhe	20,-
Honigsieb	25,-
Kleinteile, Unvorhergesehenes	50,-
	3996,-

Die übrigen Kosten für Futter, Medikamente, Stellplatz usw. wurden schon genannt. Bei einer Abschreibung von 5 %, also einer Neuanschaffung nach 20 Jahren, ergibt sich bei den rund 4000,- DM eine Festkostenbelastung von 200,- DM/Jahr. Auf im Mittel 7 Völker bezogen, ergeben sich gut 30,- DM oder 2,5 kg Honig pro Volk und Jahr. Durch Eigenbau und eine gebrauchte Schleuder können die Anschaffungskosten auf die Hälfte verringert werden und damit fast die Größenordnung der Kosten einer alt übernommenen Imkerei erreichen.

Wer dennoch darauf angewiesen ist und alle Geräte und Kästen neu kaufen muß, kann bei der Summe aus festen und veränderlichen Kosten pro Volk und Jahr von etwa 100,- bis 130,- DM oder 8 bis 10 kg Honig im Rahmen der erzielbaren Durchschnittserträge auf einen Überschuß kommen. Wenn die Geräte pfleglich behandelt werden und daher länger als die angenommenen 20 Jahre halten, kommt das dem Geldbeutel des Imkers zugute.

Alles in allem kann man aufgrund dieser groben Rechnungen zu einer Selbstversorger-Imkerei nur Mut machen. Die Kosten kommen wieder herein, und Spaß macht die Imkerei noch zusätzlich, der nichts extra kostet.

Steuerliche Hinweise, Versicherungen

In einem Land, das neben einem hohen Grad der Zivilisation und Industrialisierung auch einen hohen Grad der Bürokratisierung erreicht hat, dürfen derartige Hinweise nicht fehlen, wie die Steuerbehörden eine kleine Imkerei ansehen. Steuerlich gehört die Imkerei zur Landwirtschaft und demnach wird ein Imker steuerlich wie ein Landwirt behandelt. Der Freibetrag für landwirtschaftliche Einkommen liegt bei 4000 DM für Verheiratete und bei 2000 DM für Ledige. Das dürfte ein Kleinimker nie erreichen, denn vom Wert der Honigernte muß er die Kosten abziehen. Das Problem »Einkommensteuer« darf der Selbstversorger-Imker getrost vergessen. Sollte er aber im Laufe der Jahre zunehmend seine Imkerei ausbauen und z. B. auf 30 oder 50 Völker kommen, besitzt er eine »Nebenerwerbs-Imkerei« und fährt am besten, wenn er eine ordnungsgemäße Buchführung vorlegt.

Der Vollständigkeit halber wird die Grundsteuer erwähnt. Ab 30 Völkern muß an die Gemeinde Grundsteuer für Bienenvölker gezahlt werden. Für 90 Völker wäre das zur Zeit etwa 20 DM im Jahr, und das Berechnungsschema aus Völkerzahl, Zu- und Abschlägen und dem jeweiligen Hebesatz der Gemeinde ist perfekt und unpraktisch auszurechnen. Als Kleinimker sind wir der Grundsteuer-Sorge enthoben. Wer aufstockt, sollte sich die 30-Völker-Grenze merken.

Zu der imkerlichen Versicherung der Bienen gegen Schäden, die draußen stehende Bienenvölker erleiden können, folgen einige Worte, um dem Imker bei der Entscheidung zu helfen, ob eine Imker-Versicherung für ihn sinnvoll ist, bzw. um eine Vorstellung davon zu geben, was ihm eine solche Versicherung nützen kann.

Jeder Imker-Landesverband hat für alle seine Mitglieder, soweit sie in angeschlossenen Imkervereinen sind und über die Mitgliedsbeiträge auch die Versicherungsprämie zahlen, eine umfassende Versicherung der Völker sowie der Beuten, Bienenhäuser, Freiständer, Futter- und Honigvorräte, Waben und des übrigen Inventars abgeschlossen. Diese Versicherung gilt für folgende Gefahren: Feuer, Blitzschlag, Explosion, Einbruchdiebstahl, gewöhnlicher Diebstahl, Beraubung, Frevel, Transport, Sturm, Hochwasser, Überschwemmung. Das sind so ziemlich alle Schäden, die den Bienen und dem imkerlichen Inventar von außen durch Naturgewalten und menschliche Böswilligkeit (Frevel) zugefügt werden können. Weiter erstreckt sich die Versicherung auf den Imker und seine(n) Helfer in Form einer Unfallversicherung während der Arbeit an den Bienen. Eine Haftpflichtversicherung ist ebenfalls angeschlossen und ist wegen der Schadenersatzansprüche von gestochenen Personen sicher recht wichtig. Schuldhaft verursachte Schäden sind natürlich nicht abgedeckt.

Schäden werden innerhalb von 3 Tagen dem Vorsitzenden des Imkervereins gemeldet, der den Schaden weiterreicht. Dazu muß der Schaden gleichzeitig der zuständigen Polizeibehörde angegeben werden. Alle weiteren Einzelheiten stehen in entsprechenden Merkblättern und z.T. in den jährlich vom Imkerbund herausgegebenen Imkerkalendern.

Schäden durch unsachgemäßen Gebrauch von bienengefährlichen Pflanzenschutzmitteln fallen nicht unter die Imker-Global-Versicherung, da der Anwender der Pflanzenschutzmittel dann haftbar wird. Ihn zu finden, ist nicht immer leicht, aber eine Meldung bei der Polizei muß auf jeden Fall gemacht werden. Im allgemeinen kann die Imker-Versicherung empfohlen werden. Die Prämie ist mit einigen DM pro Jahr denkbar gering. In den letzten Jahren zeigte sich leider, daß vor allem Frevelschäden und Vandalismus an Bienenständen zunehmen.

Verhalten bei Bienenstichen – Hilfen, Vorbeugung

Ganz ohne Stiche geht die Imkerei nicht. Der Imker und seine Helfer oder Familienmitglieder wissen dies und stellen sich darauf ein. Beim ersten Stich merkt man, wie empfindlich der Körper reagiert oder nicht. Wer mehrere Tage eine störende dicke Schwellung hat, wird sich beim Beobachten der Bienen und bei der Arbeit an den Bienen entsprechend gut »verpacken« und stets Hut, Schleier, Handschuhe und einen langen hellen Arbeitskittel tragen. Steckt man bei einer Fluglochbeobachtung seine Nase nicht zu dicht neben die Fluglöcher, kann man es schaffen, ein ganzes Bienenjahr ohne Stich auszukommen (eigene Erfahrung!). Tage mit Gewitterstimmung im Hochsommer sind erfahrungsgemäß besonders »stichreich« – die Bienen sind dann aggressiv und aufgeregt, auch bei sonst ruhigen Völkern. Da lohnt sich etwas mehr Vorsicht als gewöhnlich. Kinder gewöhnt man leicht an die nötige Vorsicht – sie lernen schnell, wenn sie einmal gestochen wurden. Möchten sie mithelfen und beobachten, sollte man ihnen auf jeden Fall einen Schleier geben.

Schwieriger ist es mit neugierigen Verwandten oder Spaziergängern, die erst nicht nahe genug gehen können und sich dann bei einem Stich beschweren. Infolge der allgemeinen Naturferne des modernen Menschen scheinen mehr Menschen gegen Bienengift empfindlich und sogar allergisch zu sein. Mancher weiß es gar nicht, bis der Bienenstich eintritt. Bei vorliegender Allergie gegen Bienen- oder Wespengift muß schnell und richtig gehandelt werden, weil leicht Lebensgefahr eintritt. Etwa 0,8 % der Bevölkerung – so schätzt man aufgrund von immunologischen Untersuchungen – zeigen eine erhöhte Empfindlichkeit gegen Bienengift, reagieren also allergisch nach einem Stich. Der Schweregrad der Reaktion hängt von der aktuellen Giftmenge und der individuellen Empfindlichkeit der gestochenen Person ab. Die Reaktionen reichen von starken lokalen Erscheinungen,

d. h. verstärkter Schwellung und Rötung um die Stichstelle, über leichtere bis schwerere Allgemeinreaktionen mit Nesselsucht am ganzen Körper, Juckreiz, Übelkeit, Angstgefühlen, bis hin zum lebensgefährlichen Schock mit Blutdruckabfall, Benommenheit und Bewußtlosigkeit, Atemnot, Erbrechen, Schwindel.

Hier die richtige, schnelle »Erste Hilfe« leisten zu können, bedeutet unter Umständen eine lebensrettende Hilfe. Für Bienengift-Allergiker sind das folgende Maßnahmen:

1) Die beste Vorbeugung ist das Fernhalten vom Bienenstand.

2) Bei einem trotz aller Vorsicht erfolgten Stich wird der Stachel **sofort** mit einem Fingernagel herausgestreift oder seitlich herausgedrückt; **nie** mit zwei Fingern oder einer Pinzette den Stachel herauziehen wollen, dabei drückt man nur den gesamten Inhalt der am Stachel hängenden Giftblase in die Wunde!

3) Bei einem Stich in Arm oder Bein oberhalb der Stichstelle eine Staubinde anlegen (Gürtel, Strumpf, Bluse usw.) und nicht zu fest anziehen.

4) Bei schwerer Allgemeinreaktion Arzt rufen, der Kreislaufmittel, Cortison u. dergl. spritzt, um einen Kollaps zu verhindern.

5) Bei leichterer Allgemeinreaktion den Patienten ruhen lassen in liegender Stellung, ein Bad oder Wassergüsse werden oft als lindernd empfunden, da der Kreislauf angeregt wird.

So dramatisch wird es wohl nur bei wenigen Imkern zugehen, wenn Besuch oder sonst eine Person gestochen wird. Als Hilfe für auf einen Bienenstich »normal« reagierende Menschen kann folgendes Verhalten empfohlen werden:

1) Einige Vorsicht in der Nähe des Bienenstandes, z. B. nie sich in der Einflugschneise aufhalten, denn die beladenen, heimkommenden Bienen können vor einem plötzlich auftauchenden Hindernis nicht schnell genug bremsen und die Flugrichtung ändern, sie prallen gegen das Hindernis, die Fluglochwache sowie die behinderten Flugbienen bekommen Angst und stechen. Dunkle Kleidung macht Bienen aggressiv, helle wirkt besänftigend. Bienen mögen nicht den Geruch von Parfüm, Deo-Spray, Haarspray, Rasierwasser, einer Alkoholfahne und ähnlichem. Also »feinen« Besuch oder die »beschwipsten« Freunde lieber von den Bienen mit ein paar Ausreden fernhalten!

2) Im Falle eines Stiches sofort (s. o.) den Stachel herausstreifen.

3) Etwas Hautsalbe gegen Insektenstiche, die immer am Bienenstand greifbar liegen sollte, auf die Stichstelle geben. Die Schwellung wird nicht so dick, die Salbe wirkt juckreizmindernd und kühlend.

Ein altes Hausmittel, das mindestens ebensogut hilft, ist eine frisch durchgeschnittene Zwiebel, die man sofort nach dem Stich auf die Stichstelle drückt und eine Minute festhält. Zwiebel und Messer also in der Nähe der Bienen bereithalten.

Also lieber bei Personen, deren Reaktion auf einen Bienenstich man nicht kennt, vorsichtig sein. Steht man seitlich von den Bienenkästen, kann jeder genug sehen. Die Bienen stören sich nicht an einem ruhigen, nicht »duftenden« Betrachter, der auf ihre Flugrichtung Rücksicht nimmt. Kleinkinder sollten auf jeden Fall von den Bienen ferngehalten werden. Sie werden vorzugsweise im Gesicht oder am Kopf gestochen, wo Schwellungen unangenehme Folgen zeigen können. Ein Stich an der Nasenwurzel bei einem Dreijährigen verursachte ein Anschwellen der Augenumgebung, so daß beide Augen völlig überdeckt waren. Zwei Tage lang konnte das Kind nichts sehen und mußte wie ein Blinder geführt werden.

Was für Wespenstiche im Rachenraum gilt, die man sich beim Verschlukken einer Wespe auf dem Obstkuchen holen kann, gilt auch für Bienenstiche: ein Stich in der Nähe der Luftröhre bedingt durch die Schwellung des Gewebes eine Verengung der Luftröhre bis hin zum Verschluß. Hier kann nur der Arzt helfen und im äußersten Notfall einen Luftröhrenschnitt durchführen. Man muß schon sehr unvorsichtig sein oder besonders Pech haben, wenn solch ein Stich vorkommt, aber wissen sollte man, was alles geschehen kann.

Eine Bemerkung folgt noch für den unter gewöhnlichen Umständen wenig empfindlichen Imker und die entsprechende Imkerin: Steht der Körper unter einem besonderen Streß, z. B. bei Übermüdung, Überanstrengung, Überlastung, wenn »eine Grippe in den Knochen steckt« oder eine andere Infektion den Körper belastet, kann ein Bienenstich eine leichte bis mittlere Allgemeinreaktion hervorrufen. Fühlt man sich nicht wohl, ist folglich Vorsicht angebracht beim Gang zu den Bienen.

Dennoch sollen die Stiche nicht die Freude an den Bienen beeinträchtigen. Bevor sich eine Biene in den Haaren verfängt, setzt man einen Hut auf – so erspart man sich einen Stich am Kopf und einer fleißigen Arbeiterin den Tod. Verhält man sich in diesem Sinne, kommt man mit wenigen Stichen durch das Bienenjahr.

Ausblick: Das Waldsterben und andere Probleme der Imkerei

In einem vorangehenden Abschnitt wurde auf den Nürnberger Reichswald und seine über 1000jährige, hoch entwickelte Zeidlerei (Waldbienenhaltung) hingewiesen. Fährt man heute auf der Autobahn durch den südlichen Teil des Nürnberger Reichswaldes, schaut man mehr oder weniger betroffen die offensichtlich schwerkranken Bäume an. Gewiß, im und nach dem Krieg wurden große Teile des Waldes verwüstet, der Boden besteht aus armen Sanden und gibt nicht viel her – überwiegend Kiefern und Heidekraut im Unterwuchs deuten darauf hin – aber das reicht nicht, um das heutige Aussehen des Waldes zu erklären. Von den Wäldern, die mit einem Anteil von fast 30 % die Landesfläche der Bundesrepublik einnehmen, weisen nach den neuesten Erhebungen die Hälfte Krankheitserscheinungen auf. Bald werden jetzt noch gesunde Wälder kränkeln, der Anteil der abgestorbenen Wälder wird schnell wachsen. Die Forschung nach den zahlreichen Ursachen und den vielfältigen Wechselwirkungen zwischen den verschiedenen Schadstoffen und den verschiedenen Krankheitserregern deckt immer kompliziertere Vorgänge und Einflüsse auf und kommt dennoch nicht so recht vorwärts. An den im großen und ganzen bekannten Ursachen ändert das nichts. Das trifft für die Wirkung aller Schadstoffe und den sauren Regen ebenso zu, wie für die waldbaulichen Sünden der letzten Jahrhunderte. An beidem wird sich die künftige Behandlung und der Neuaufbau der Wälder orientieren müssen: Die Schadstoffe müssen ursächlich beseitigt werden, und der Waldbau muß sich wieder auf die Führung naturnaher, gemischter Bestände besinnen und dafür wirtschaftliche Nutzungen erarbeiten.

Was hat das nun mit der Imkerei für einen Zusammenhang? Für eine wirtschaftlich arbeitende Erwerbsimkerei, zu der die Wanderung mit den Bienenvölkern gehört, bedeutet der dunkle Waldhonig das wichtigste Verkaufsprodukt. Seit zwei Jahren weiß man, daß Weißtannen, die wegen des begehrten »Tannenhonigs« bevorzugt im Schwarzwald, Schwäbischen Wald, Bayrischen Wald angewandert wurden, nicht mehr honigen, wenn sie erkrankt sind. Unsere Weißtanne ist die bisher unter dem Waldsterben am meisten leidende Baumart und mit einem Anteil von über 80 % erkrankt. Als sehr anspruchsvolle Baumart rächt sie sich für den sicher nicht immer passenden Standort mit dem vermehrten Erkranken. Inzwischen haben auch die anderen Bäume wie die Fichte und die Kiefer sowie alle Laubbäume in bezug auf das Waldsterben aufgeholt. Vor allem die weitverbreiteten Fichten-Reinkulturen bieten gebietsweise ein besorgniserregendes Bild. Die Forstleute wissen, daß die Zukunft des Waldbaus widerstandsfähigere, gemischte Kulturen fordert. Gerade diese reinen Fichtenbestände, die von allen Baumarten am schnellsten Nutzholz guter Qualität liefern, müssen für die waldbaulichen Sünden der letzten Jahrhunderte büßen (s. o.).

Es begann mit dem »Bauboom« zur Zeit der absolut herrschenden Landesfürsten und -fürstchen (Absolutismus) und der Schlösser, Kirchen und Bürgerhäuser des Barock. Man brauchte Holz. Bisher wurden gedankenlos die Wälder ausgeplündert, aber infolge der geringen Bevölkerungsdichte in Mitteleuropa blieben die weiten Wälder ziemlich intakt und konnten sich aus eigener Kraft verjüngen. Ein gemischter Wald mit der sog. »Plapternutzung«, d. h. nur die einzelnen starken, hiebreifen Bäume wurden gefällt, alle Altersstufen der Bäume wuchsen nebeneinander, bildete die Grundlage der damaligen Forstwirtschaft. Dieser naturnahe, in Siedlungsnähe sicher übernutzte Wald, was durch Brennholzsammeln, Waldweide, Streugewinnung bedingt war, stellte auch die Grundlage der Waldbienenhaltung mit ordentlichen Honig- und Wachserträgen, wie wir aus Überlieferungen und Berichten wissen. Mit dem Geld- und Holzhunger der Waldbesitzer, d. h. der Landesfürsten und Reichsstädte, wurde eine neue Methode des Waldbaus entwickelt. Die anpassungsfähige, schnell wachsende Fichte lieferte in rund 80 Jahren bei guter Durchforstung und Pflege langes, gutes Bauholz. Viele Wälder wurden umgestellt, Fichten in Reinbeständen angepflanzt, dazu neue Arten eingeführt wie die Douglasie, die serbische Fichte, die Sitkafichte und andere. Weitsichtige Forstleute warnten vor diesen Fichten-Monokulturen. Die Jahr für Jahr anfallende Nadelstreu auf dem Waldboden stellte einen Rohhumus dar, der im Laufe der Zeit eine gefährliche Versauerung des ohnehin schon strapazierten Waldbodens hervorruft. Man mußte den wirtschaftlichen Zwängen nachgeben und konnte nicht, wie erst geplant, eine oder zwei Fichtengenerationen auf einem Standort anpflanzen, sondern es folgten viele Fichtengenerationen. Die Gewöhnung an die schnelle Holznachlieferung schien stärker gewesen zu sein als das Gewicht warnender

Stimmen! Heute kommt deshalb zu dem Einfluß der von einer Industriegesellschaft produzierten Schadstoffe noch die durch die einseitige Nadelstreu verursachte Bodenversauerung auf den meisten Standorten.

Beispielsweise fallen jedes Jahr auf die Waldflächen und die landwirtschaftlichen Nutzflächen in Bayern 110 kg Schwefeldioxyd pro ha (1983). Die Zahlen für andere Gebiete in Mitteleuropa dürften nicht viel davon abweichen. Um diese SO_2-Menge zu neutralisieren, ist ein Aufwand von etwa 130 kg Kalk/ha nötig! Für einen schon versauerten Waldboden, der auf einen pH-Wert von 3,5 bis 4,5 »abgerutscht« ist, bedeutet dieses Mehr an Säure einfach ein Zuviel.

Wie geht es weiter? Die Wälder werden in weiten Teilen wieder vielseitig zusammengesetzt sein aus den zur Wirtschaftlichkeit notwendigen, schnell wachsenden Nadelhölzern und einem Anteil von vielleicht 20–30 % Laubhölzern. Damit wird einem reicheren Unterwuchs die Chance gegeben, die ihm in den reinen Fichtenbeständen, wie jeder Waldwanderer sieht, kaum gegeben ist. Gerade dieser Unterwuchs in gemischten Wäldern bietet den Bienen reiche Weide aus Blütenpflanzen wie Brom- und Himbeere, Hirschholunder, Wald- und Preiselbeere sowie zahlreichen Kräutern und Stauden. Dazu kommen die blühenden Bäume wie Ahornarten, Faulbaum, Eichen, Buchen, die neben einer teilweisen Blütentracht noch Honigtautracht liefern. Der Fichten- und Tannenhonig wird nicht mehr so rein geschleudert werden wie nach der Wanderung in die heutigen Nadelholzkulturen. Dennoch wird man aus den »Wäldern der Zukunft« einen guten Waldhonig ernten können unter einer Voraussetzung: Die Einsicht und auch Opferbereitschaft, modernste Technik zur Verminderung und sogar Vermeidung von Schadstoffemissionen einzusetzen, muß auf schnellstem Wege Fuß fassen. Das gilt für Kraftwerke ebenso wie für die privaten Autos und Heizungsanlagen. Bevor Gesetze und Verordnungen, welche die naturwissenschaftlichen Grundlagen für das nötige, schnelle Handeln kaum berücksichtigen, in Kraft treten und zu greifen anfangen, sollte jeder seine alltäglichen Gewohnheiten bezüglich eines besonnenen Umgangs mit der Technik und eines sparsamen Verbrauchs von Energie »durchforsten«. Als Imker wird man ohnehin die umgebende Natur, bzw. deren Reste in der eigenen Umwelt aufmerksam beobachten. Eine Umgebung, die den Bienen reiche Weide und dem Imker volle Honigeimer beschert, deckt sich mit der, die den Menschen als Lebensraum bekommt. Solch ein bienen- und menschengerechter Lebensraum ist wert, erhalten und wieder erreicht zu werden.

So wie das derzeitige Waldsterben uns dazu zwingt, neue Wälder zu gestalten und die herkömmlichen Techniken gegen umweltschonende und -verträgliche zu tauschen, so besteht kein Grund zu meinen: Es ist alles vergiftet, es ist alles zu spät. Damit verbessert man nichts. So spät, daß nichts verbessert werden kann, ist es nicht. Die Wende im Verhalten gegenüber den natürlichen Lebensgrundlagen wie Wasser, Luft und Boden kann man als Imker eher wie andere mitmachen, man versteht und beobachtet mehr und sollte das dankbar als Chance nutzen, anderen davon durch Vorbild und Belehrung mitzuteilen.

Einige Bienenvölker zur Selbstversorgung finden meist genug Tracht am Standplatz. Die Sorgen der Erwerbsimker, für die eine Suche nach ergiebigen Wanderplätzen ein schwerwiegendes Problem sein kann, hat der Selbstversorger-Imker kaum. Beide »Sorten« von Imkern haben in der Imkerei ihren Platz. In den letzten drei Jahrzehnten ging die Zahl der Imker und Bienenvölker beträchtlich zurück. Die Imkerschaft galt als überaltert. In den meisten Imkervereinen liegt das durchschnittliche Alter der aktiven Mitglieder bei rund 60 Jahren! Aber seit 1982 zeigt die Statistik einen Lichtblick: Die Imkerzahlen beginnen, leicht zu steigen. Der Zuwachs kommt vor allem von Neuimkern aus mittleren Altersgruppen. Hoffen wir, daß dieser Trend sich nicht als bald platzende Luftblase entpuppt, sondern für eine Stabilisierung und Erholung der Bienenhaltung im Lande sorgt. Es wurde früher darauf verwiesen, wie wichtig eine fast flächendeckende Versorgung unserer Landschaften mit Bienen ist für die Erhaltung der insektenblütigen Wildkräuter und für die Erzielung hoher Obsterträge usw. Die neuesten »Imkerzahlen« zeigen, daß der Stand von 1978 in etwa wieder erreicht ist und damit der Tiefpunkt überwunden scheint.

So bleibt am Schluß ein mutverleihender Ratschlag: »Es gibt nur eine Medizin gegen große Sorgen: kleine Freuden.« (K.-H. Waggerl). In diesem Sinne trägt eine kleine Imkerei viel zum Wohlbefinden bei: Der morgenliche Honig, die Erlebnisse mit den Bienen durch das Jahr, die beruhigenden Augenblicke neben dem Flugloch, die Freude an der Ernte – dies alles zählt zu den »kleinen Freuden«.

»Wer etwas kann, der tut es. Wer etwas nicht kann, der lehrt es.« (G. B. Shaw). Nicht ohne Grund haftet an diesem Spott einiges an Wahrheit. Dennoch muß diese Bemerkung nicht immer stimmen. Die eigenen Bienen müßten es besser beurteilen können. Sie scheinen sich wohl zu fühlen und haben uns seit 7 Jahren gut mit Honig versorgt.

Nachschau: Da fehlt die Königin, Arbeiterinnen als »Drohnenmütterchen« legen ein Drohnen-Brutnest an. Oft sind 2–3 Eier in einer Zelle.

Links: Nachschau im Hinterlader. – Rechts: Einfüttern: Eimer mit Futterlösung im geleerten Honigraum – einfacher geht es nicht.

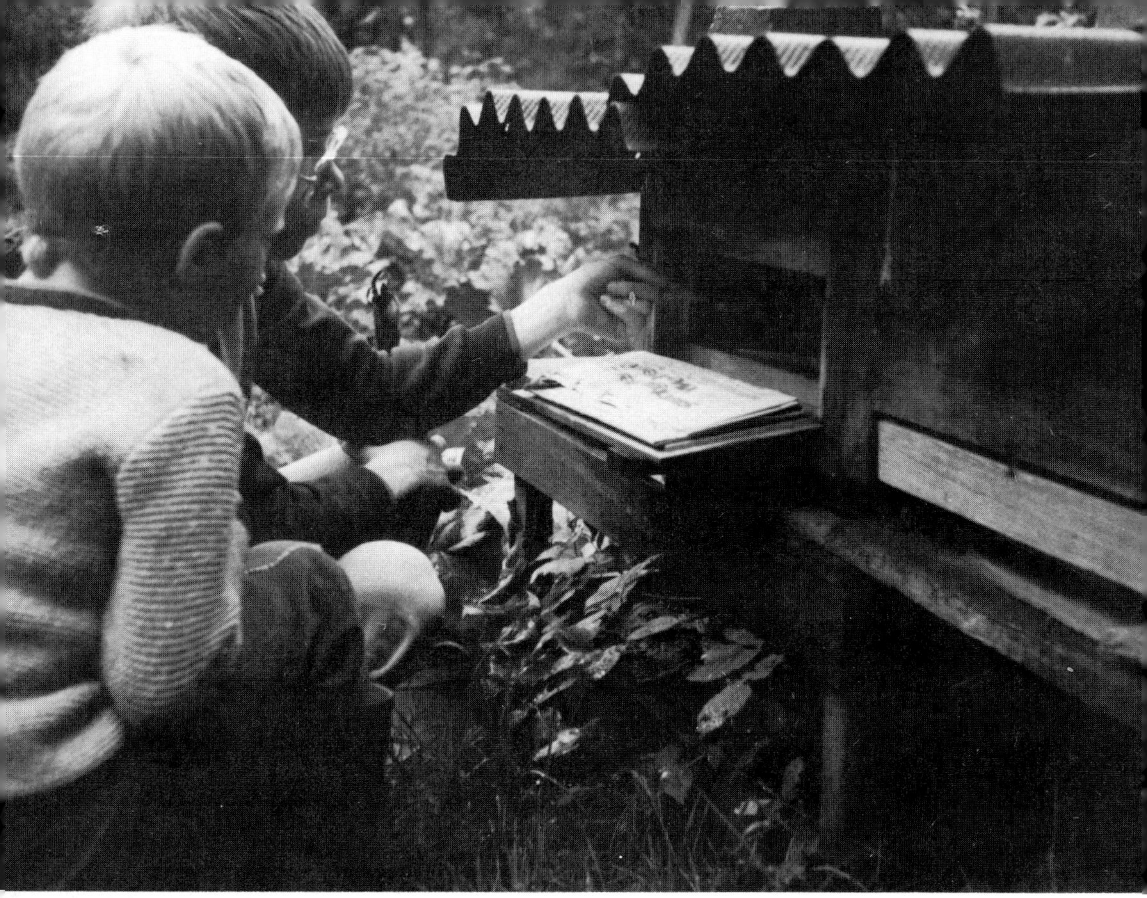

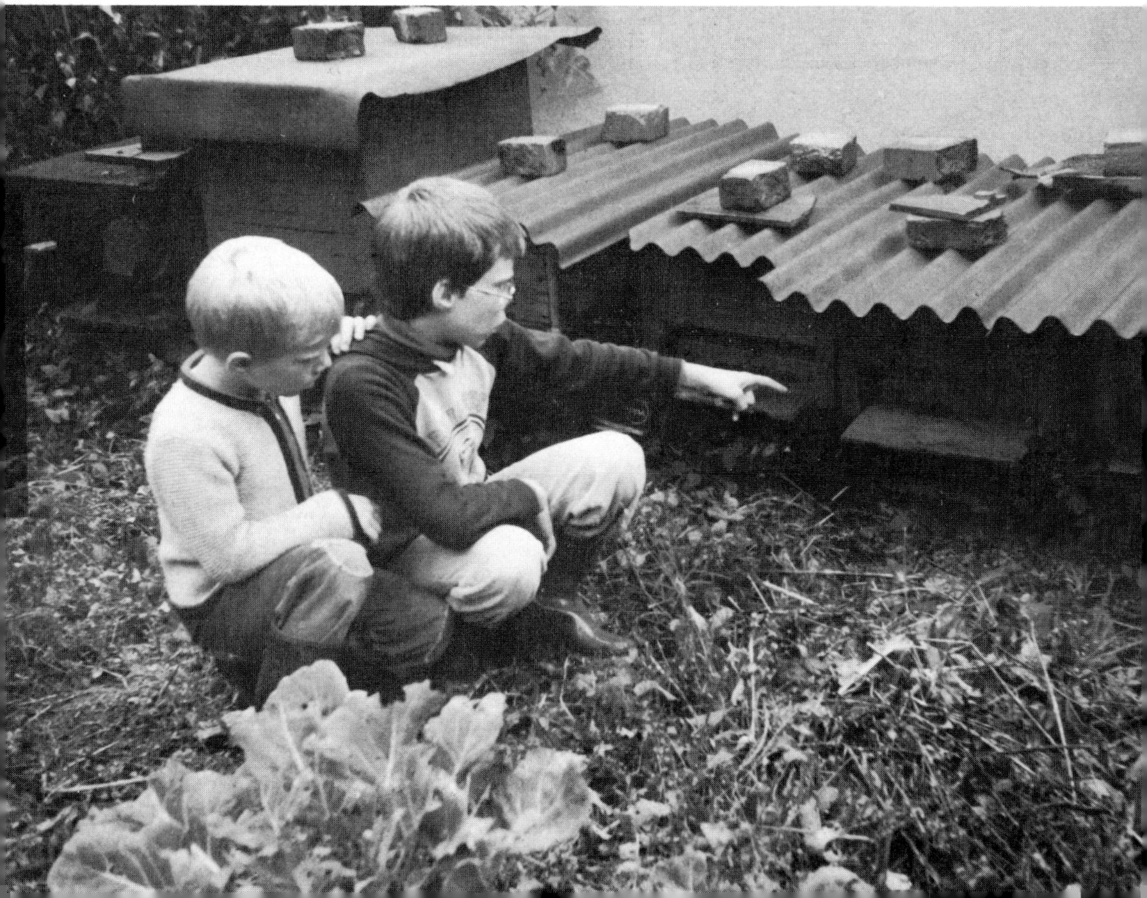

Die Zukunft der Imkerei?

Aufgegebenes Bienenhaus in den Schweizer Alpen: Es läßt sich leicht mit neuem Leben füllen.

Imkerliche Weiterbildung

Mancher Neuimker, der mit wenigen Völkern zur Selbstversorgung beginnt, merkt nach einigen Jahren, daß er viel Freude an der Imkerei bekommen hat und ausreichend Platz und verfügbare Arbeitszeit für die Erweiterung seiner Imkerei übrig hat. Da muß er noch einiges dazulernen, z. B. über eine planvolle Königinnenzucht, die Vermarktung von Honig, über die Bienenkrankheiten, die Bienenweide-Pflanzen, die Wanderung mit den Bienen. Aber auch derjenige, der nicht eine Nebenerwerbsimkerei aufbauen möchte, will mehr über die Bienen und ihre Lebensweise erfahren sowie die imkerlichen Erfahrungen anderer kennenlernen und passende Tips oder Ratschläge für seine Imkerei übernehmen. Hierzu wird eine kleine Auswahl bewährter Imker-Bücher aufgeführt, die vom Inhalt her nicht zu veraltet sind.

Im Reich der Bienen
Anne und Jacques Six, Ehrenwirt-Verlag, München (schöner Bildband)

Der Wochenend-Imker
Eine Schule für das Imkern mit Magazinen
Karl Weiß, Ehrenwirt-Verlag, München

Neue Imkerschule
Theoret. und prakt. Grundwissen
Edmund Herold, neu bearb. von Karl Weiß, Ehrenwirt-Verlag, München

Der summende Wald
Waldimkerei und Waldhygiene
Heinz Ruppertshofen, Ehrenwirt-Verlag, München

Das Wachsbuch
Vinzenz Weber, Ehrenwirt-Verlag, München

Heilwerte aus dem Bienenvolk
Edmund Herold, Ehrenwirt-Verlag, München

Imkern mit dem Magazin und der Varroatose
Karl Pfefferle, Münstertal, Selbstverlag, Postf. 16, 7816 Münstertal

Bienen halten
Franz Lampeitl, Eugen Ulmer Verlag, Stuttgart

Nahrungsquellen des Bienenvolkes
Klaus-Heinrich Gleim, Delta-Verlag, St. Augustin

Die Bienenweide – Pflege und Verbesserung,
Der Ratgeber für Imker
Gabriele Probst, Pietsch-Verlag, Stuttgart

Es gibt ein paar mehr oder weniger umfangreiche Honig-Kochbücher, die sicher manche Anregung für den täglichen Honig-Gebrauch geben können.

Die monatlich erscheinenden Imkerzeitungen der Landesverbände informieren über alle imkerlichen Probleme und dienen dem Erfahrungsaustausch der Imker untereinander. Wertvoll für manchen Neuimker dürften die Termine für Lehrgänge an den überall verteilt eingerichteten Lehrbienenständen oder den bienenwissenschaftlichen Instituten sein. Die meist über ein Wochenende gehenden Lehrgänge und Weiterbildungsveranstaltungen vermitteln praktische Fertigkeiten ebenso wie theoretisches Wissen.

Imker sind auch Menschen, und so kommt es bei einer Wanderung von mehreren Imkern in ein bestimmtes Wandergebiet gelegentlich zu Streitigkeiten um den besten Standplatz oder um die Abstände zu den nächsten Standplätzen. Dies nur zur Information des Neuimkers, der sich am besten da heraushält und ausgleichend eingreifen mag. Der freundschaftliche Kontakt und die gegenseitige Hilfe unter den Imkern sollte vorherrschen. Dazu gehört das Aushelfen mit Zuchtlarven oder Weiselzellen für Ableger, die Beratung bei Krankheiten oder beim Kauf von Bienenvölkern und das Weitergeben von gebrauchten Geräten an Neuimker. Die imkerliche Weiterbildung auf den Vortragsveranstaltungen während des Winters macht alten und weniger alten Imkern Freude. Allgemein kommt bei den Imkern die Geselligkeit nicht zu kurz.

Verzeichnis der verwendeten Literatur

AID (Land- und Hauswirtsch. Auswertungs- und Informationsdienst) Bonn-Bad Godesberg: Bienenhaltung – Hobby und Nebenerwerb, Broschüre Nr. 323, 1971

J. G. Beßler's illustriertes Lehrbuch der Bienenzucht
5. Auflage, bearbeitet von J. Elsäßer, Stuttgart, 1921

Prof. K. v. Frisch: Aus dem Leben der Bienen, Berlin, 1931

E. Herold: Heilwerte aus dem Bienenvolk, München, 1970

Prof. J. O. Hüsing: Die Honigbiene
Die neue Brehm-Bücherei, Wittenberg, 1976

F. Jósko: Das kleine Imker-ABC, München, 1983

W. Oetting, B. Schulze-Everding: Praktische Bienenzucht
Lehrmeister-Bücherei Nr. 11, Minden, 7. Aufl., 1975

Prof. E. Zander: Immen und Imkerei, Stuttgart, 2. Aufl., 1950

Plan des Bienenhauses: Merkblatt des Dt. Imkerbundes zur Zulässigkeit von Bienenhäusern im Außenbereich

Prospekte und Preislisten mehrerer Firmen für Imkereibedarf

Artikel und Berichte aus dem »Imkerfreund«, Organ des Bayer. Landesverbandes im Dt. Imkerbund, und anderen Bienenzeitschriften

Register

190

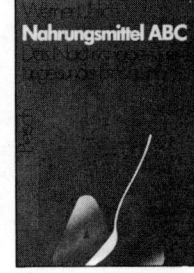

DAS BIENENJAI

	Januar	Februar	März	April	Mai
Vorgänge im Bienenvolk		Winterruhe, erste Brut		größeres Brutnest	
		Reinigungsflug			
				erstes Pollen-eintragen	
				erster Nektar	
Bienenweide in der Kulturlandschaft *					Wint
– auf dem Ackerland					1.
– auf dem Grünland (Wiesen, Weiden)					Löwenzahn
– an Waldrändern, Feldgehölzen, Hecken, Böschungen			Haselnuß, Erlen, Weiden		
				Schlehen	
				Vogelkirsche, Hol	
– in Gärten und Sonderkulturen				Beerensträucher, Obs	
			Frühjahrsblüher		
– im Wald				Honigtautracht von …	
				Blütentracht von …	
Imkerliche Arbeiten			Flugloch-beobachtung	Frühjahrs-nachschau	Einhän
				evtl. Reiz-fütterung	**Aufsetzen der Honigräume**
					Schwa
					Able
					Fütte

* Die Zeitangaben gelten in normalen Jahren für milde Klimagebiete in der ersten Hälfte des Striches, für rauhe Klimagebiete ir